창의 · 인성교육 효율성(效率城)으로의 초대

푸드아트테라피

조주영 저

한국에니어그램교육연구소
Korean Enneagram Education Center
www.kenneagram.com

목 차

- 2판 발간에 부쳐 _4
- 1판 감사의 글 _5

1장. 푸드아트테라피에 대한 이해 _9

    1. 푸드의 다양한 활용가치 _11
    2. 푸드아트테라피의 역사와 정의 _14
    3. 푸드아트테라피의 목표와 생명중심사상 _16
    4. 푸드아트테라피에서의 상담과정과 기술 _21
    5. 푸드아트테라피의 장점과 기대효과 _33
    6. 효과적 창의·인성교육과 푸드아트테라피 _41

2장. 푸드아트테라피의 기초활동 _43

    1. 워밍업 활동 _44
    2. 관계형성 활동 _49
    3. 자기 및 타인이해 활동 _52
    4. 공동체 형성 및 협력 활동 _56

3장. 푸드아트테라피의 대상별 적용 _59

    1. 유아대상 _61
    2. 아동대상 _66
    3. 청소년대상 _67
    4. 대학생 및 성인대상 _74
    5. 노인대상 _86
    6. 가족대상 _88
    7. 집단상담 및 협력활동 _91

4장. 다양한 콘텐츠활용 푸드아트테라피 _93

    1. 푸드아트테라피를 활용한 투사 검사 _94
    2. 책과 함께 하는 푸드아트테라피 _97
    3. 시와 함께 하는 푸드아트테라피 _99
    4. 이야기와 함께 하는 푸드아트테라피 _104
    5. 각종 도구 활용 푸드아트테라피 _106
    6. 장소와 상황 활용 푸드아트테라피 _111

5장. 요리활용 푸드아트테라피 _117

1. 국수(스파게티) _118
2. 당근주스 _119
3. 샐러드 _121
4. 핑거 푸드 _122
5. 단호박 요리 _123
6. 도토리 묵 _126
7. 인절미 _129

6장. 채소원예활용 푸드아트테라피_133

1. 새싹 채소 _134
2. 땅콩 나물 _135
3. 고구마 화단 _139
4. 커피나무 _144
5. 다육식물 _146
6. 기타 각종 채소원예활용 _148

7장. 푸드아트테라피 관련 학술연구 정보_149

1. 푸드아트테라피 연구논문 및 보고서 _150
2. 푸드아트테라피 관련 도서 및 자료 _241
3. 푸드아트테라피 관련 웹사이트 _244

■ 참고문헌 _245
■ 부록 _248

2판 발간에 부쳐

"모든 살아 있는 존재는 자기 자신이 되고자 한다. 올챙이는 개구리가, 애벌레는 나비가, 상처받은 인간은 완전한 인간이 되고자 하는 것이다. 이것이 바로 영성이다(Ellen Bass)." "영적으로 깨어나고 싶으면 일상생활장면에서도 영성적이길 추구해야 한다(Hildegard)." "일상생활장면이 영성훈련장(제4의 길)이다(Gurdjeff)." 이런 명언들은 필자의 모토이며, 연구내용과 지향방향에 포함하고 있다.

푸드아트테라피는 생명중심사상과 중용의 가치를 중시하는 통합적상담접근법으로 필자의 이러한 열망을 잘 실현시켜주고 있다. 푸드아트테라피는 인간이 태생적으로 순수자성(純粹自性)과 명덕(明德)을 타고났지만, 오염된 환경과의 상호작용을 거치며 불균형과 불건강이 초래된 것을 회복하는데 더 없이 좋은 도구이다.

이 책의 1판은 푸드아트테라피 연수를 희망하는 지도자들의 교재로 사용하기 위해 급히 발간하느라 곳곳에 설명미흡, 오탈자 등 아쉬운 흔적이 드러났다. 그럼에도 큰 성원과 지지를 보내주신 분들께 깊이 감사드린다. 2판은 목차의 큰 틀은 그대로 유지하되 1판에서 아쉬움을 남긴 여러 흔적들에 대하여 수정하고 보완하였다. 그렇지만, 여전히 더 발전적과제가 남아 있으며 추후 독자의 의견을 소중히 여기고 받아들일 계획이다. 모쪼록 좀 더 새롭게 발간된 이 책이 푸드아트테라피를 사랑하고 적용하려는 분들에게 도움이 되길 바란다. 그리고 이 책의 발간은 물론 언제나 성원과 지지로 힘을 실어주고, 든든한 버팀목이 되어주는 한국에니어그램 그룹 윤운성 회장, 김새한별 국장, 안신영 팀장께 진심으로 감사드린다.

2020년 새날 새아침에
맑은 고을 임경서원에서
조 주 영

[1판 감사의 글]

'대추야/너는 세상과 통하였구나!' 장석주 시인의 "대추 한 알"이라는 시의 한 대목이다. '대추가 저절로 붉어질 리는 없다 / 저 안에 태풍 몇 개 / 천둥 몇 개'와 같은 은유적 글귀로 시작되는 시를 통해 진한 감동과 여운을 전해 받는다. 훌륭한 시는 상담 및 치료적으로도 매우 유용하여 "대추 한 알"이라는 시를 자주 인용하고 있다. 상담을 공부하고, 상담활동을 하고, 상담학을 가르친 지 어언 30년이 다가온다. 그동안 '세상과 통하는 법'을 보다 잘 터득하고 전하고자 골몰하였다. 그 과정에서 접한 많은 상담이론들이 모두 훌륭하고 개인적 성장에도 많은 도움을 받았다. 학생들을 지도하며, 또는 외부활동을 하면서도 보람을 많이 느낀다. 상담을 전공하고 이 분야의 일을 하게 된 것이 필자의 인생에서 매우 탁월한 선택중의 하나였다고 믿고 있으며 돌이켜 보면 참으로 감사하다.

그렇지만 늘 좀 더 의식수준을 높이고 심리적 자유를 보다 크게 얻어 멋지게 세상과 통하고 싶어 공부를 지속하고 있고 그 과정이 즐겁다. 선현들은 "학문하는 것을 거울 닦는데 비유하며(이황).", "가장 유능한 사람은 가장 배우기에 힘쓰는 사람이다(괴테)."와 같이 가르치고 있다. 그러한 가르침을 기억하며 이행한 결과 차근차근 익어가는 깨우침에 기쁘고 행복하다. 꾸준히 공부하는 과정에서 6~7년 전에 푸드아트테라피를 만났다. 한국상담학회 연차학술대회 기간 중에 여러 워크숍 중에서 푸드아트테라피의 개발자 이정연 교수가 진행하는 "푸드아트테라피를 적용한 가족상담" 과정에 참여하는 행운을 얻었다. 당시에 대학원 제자 몇 명과 함께 워크숍에 참여하였고, 모두들 깊이 매료되었다.

그 이후 대학원생들과 몇몇 관심 있는 교수들이 모여 이정연 교수를 초빙하여 본격적으로 푸드아트테라피를 공부하였다. 이미 하고 있는 일들을 병행하며 수백시간을 공부하고 수련하는 과정을 이어가기 위해 일정을 조율하고 관리하는 것이 쉽지 않았다. 그렇지만 푸드아트테라피를 통해 얻는 기쁨이 과정상의 어려움을 가볍게 상쇄할 수 있었다. 새로 공부를 시작한 푸드아트테라피와 기존에 하고 있던 만만치 않은 일들을 큰 무리 없이 해내기 위해 잠자는 시간을 줄이고 자투리 시간을 최대한

1판 감사의 글

활용하였다. 그 과정이 7년째 이어져오고 있지만 지금도 푸드아트테라피를 향한 깊은 애정은 마르지 않는 샘물처럼 샘솟고 있다.

푸드아트테라피는 진정으로 세상과 통하는 법을 잘 알려 준다. 또 그것을 다른 사람들에게 전하는데도 매우 탁월한 도구이자 수단이 된다. 그동안 일반 아동과 청소년을 비롯하여 보호관찰 청소년 등 위기청소년, 지적 장애, 발달장애 등 특수청소년, 대학생, 전문상담자, 진로지도자, 원예치료사, 놀이치료사, 미술치료사, 교사, 일반 성인 및 노인 등 다양한 분야의 사람들에게 푸드아트테라피를 교육하고 실시해오며 긍정적 피드백과 감사의 인사를 많이 받아왔다. 푸드아트테라피는 그 자체로도 상담 및 치료의 효과 면에서 탁월성을 지니고 있다. 뿐만 아니라 기존의 상담에 부담을 갖는 사람들에게 보다 부담 없이 친근하게 접할 수 있게 하는 마력을 지니고 있다. 때문에 남녀노소 누구나 쉽게 접할 수 있으며 상담은 참 어렵고 부담이 된다는 인식을 긍정적으로 바꾸는데도 크게 기여하고 있다. 때로는 놀이로, 때로는 재미있는 교육으로, 때로는 문화와 예술로, 또 때로는 상담 및 치료도구로 활용될 수 있다. 주어진 상황과 여건에 맞게 활용하면 된다.

푸드아트테라피는 식품을 매체로 하여 감성적인 표현활동을 통해 자신의 내면세계를 표현하고 긍정적 사고로의 전환과 확장을 해 나간다. 그 과정에서 자신은 물론 타인과 세상에 대한 대긍정의 변화를 체험할 수 있다. 개인의 심리적, 신체적, 영적 웰빙을 증진시키는 자연주의 테라피로서 전체 에코시스템과의 상생과 조화를 추구한다. 특히 최근 인성교육진흥법이 시행되면서 창의·인성교육에의 관심이 집중되고 있는데, 효과적인 창의·인성교육을 위해 푸드아트테라피가 매우 탁월한 대안이 될 수 있다. 인성교육진흥법에 따르면 인성교육은 "자신의 내면을 바르고 건전하게 가꾸고 타인·공동체·자연과 더불어 살아가는데 필요한 인간다운 성품과 역량을 기르는 것을 목적으로 하는 교육이다."고 명시하고 있다. 우리 교육은 그동안 지·덕·체 교육의 조화를 이루기보다는 "지"의 비중이 과도하여 인성의 불균형을 초래했다. 그리하여 도덕점수는 높지만 도덕성은 낮고, 체육점수는 높지만 체력은 낮은 아이러니한 현상이 일어나고 있다. 사고(머리), 감정(가슴), 행동(장)의 부조화교육에 대한 회복이 시급하다. 대추 한 알이 태풍 몇 개, 천둥 몇 개, 번개 몇 개를 받아들여 붉고 탐스럽게 익어가듯이 인간도 세월을 살아가며 아름답게 익어갈 수 있도록 조력하는 훌륭한 수단과 조화로운 교육이 필요하다. 푸드아트테라피는 이러한 필요성에 멋지게 부응하리라 기대한다.

　이 책은 필자가 다년간 푸드아트테라피에 몰입하여 공부하고 연구, 교육, 상담하였던 내용과 결과들을 집약한 것이다. 이 책의 구성은 1장 푸드아트테라피에 대한 이해를 시작으로 2장 푸드아트테라피의 기초 활동, 3장 푸드아트테라피의 대상별 적용, 4장 다양한 콘텐츠의 활용, 5장 요리활용, 6장 채소원예 활용, 7장 푸드아트테라피 관련 학술연구 정보와 부록에 몇 가지 참고 자료를 포함한 것으로 되어 있다.

　자료들을 정리하며, 이정연 교수와의 인연, 여러 대학 교수들과 한국푸드아트테라피학회 수퍼바이저 TF팀(이정연 교수를 주축으로 김경순 교수, 백현옥 교수, 유가효 교수, 위영희 교수, 조주영 교수: 이상 가나다 순)으로 활동했던 2년여 기간 동안의 행복했던 추억, 필자의 푸드아트테라피 교육을 받았던 제자와 다양한 분야에서 활약하고 있는 지도자들과의 인연, 그리고 사랑스런 내담자들이 떠오른다. 또한 한국에니어그램 그룹 윤운성 회장의 성원을 빼놓을 수 없다. 십여 년 전이나 지금이나 한결같은 맘으로 든든하게 힘을 실어주는 멘토이다. 그리고 섬세하게 자료를 챙겨주고 건설적인 피드백으로 도움을 주는 김새한별 국장과 김은비 부장, 황은신 전임교수의 응원과 지지도 마음에 새기고 있다. 모두 고맙고 또 고마운 인연이다.

　푸드아트테라피는 필자의 존재가치와 함께 하는 여러 역할들(한 남편의 아내이자 아이들의 엄마, 상담학자, 상담자, 작가, 친구, 선후배)에도 기쁨을 더해 주고 있다. 더 감성적이고 섬세하며 한편으로는 자연을 닮아가고자 하고, 차츰 닮아가는 자신을 발견하곤 한다. 이 책을 구성하며 도움 받은 모든 인연과 그들의 작품 및 스토리들에 대해 지면을 통해 심심한 사의를 표한다. 감사합니다. 귀하의 건강과 행복을 기원합니다.

2015년 아름다운 가을
맑은 고을 임경서원에서
조 주 영

1장. 푸드아트테라피에 대한 이해

1. 푸드의 다양한 활용가치

2. 푸드아트테라피의 역사와 정의

3. 푸드아트테라피의 목표와 생명중심사상

4. 푸드아트테라피에서의 상담과정과 기술

5. 푸드아트테라피의 장점과 기대효과

6. 효과적 창의·인성교육과 푸드아트테라피

1장. 푸드아트테라피에 대한 이해

"사람은 멋진 인생을 보내기 위해 태어났다. 그리고 필요한 자원은 모두 가지고 태어났다.", "사람의 모든 행동의 내면에는 긍정적인 의도가 있다.", "실패는 없다. 다만 배움이 있을 뿐이다." 등은 NLP(Neuro Linguistic Programming: 신경언어프로그래밍)의 기본 전제들이다. NLP의 전제는 동양적 사유와 가치를 바탕으로 하고 있는 푸드아트테라피에서도 통용된다.

푸드아트테라피는 푸드를 활용하여 작품을 만들어내는 과정이 포함된다. 모든 과정과 작품에 실패는 없고 배움과 성장으로 이어진다. 그 사람의 행동 내면에 담긴 긍정적 의도를 찾아내고 이미 가지고 있는 자원을 개발하는데도 대단한 탁월성을 지니고 있다. 지금까지 수많은 상담과 치료기법이 개발되어 있고 도움을 필요로 하는 사람들의 조력수단으로 잘 활용되어져 오고 있다.

그렇지만 보다 쉬우면서도 즐겁게 참여하는 가운데 자연스럽게 치유될 수 있는 방법은 늘 연구되어야 할 과제이다. 푸드아트테라피는 내담자를 조력하는 과정에서 '푸드를 상담 및 치료의 도구이자 조력수단으로 활용하므로 재료가 지닌 특수성이 매우 큰 자산으로 작용한다. 왜냐하면 푸드는 누구에게나 필요하고, 그 자체가 전하는 즐거움과 위로의 기능이 있기 때문이다. 뿐만 아니라 푸드의 섭취를 통해 기운을 북돋우고, 건강을 유지하거나 증진할 수 있으며, 약선 효과의 위력도 얻을 수 있다.

약선(藥膳)은 약식동원(藥食同原)으로 먹는 것과 약의 근본은 같다는 의미를 지닌다. 일찍이 의성 히포크라테스가 "음식으로 고치지 못하는 병은 약으로도 고치지 못한다."고 한 말과 맥을 같이한다. 물론 예기치 않게 질병에 걸리게 되면 전문의의 치료를 받고 대책을 세우는 것이 마땅하다. 강조하고자 하는 것은 질병이 찾아오기 전에 평소 생활습관에서 예방과 건강한 체질로의 개선을 위해 웰빙 식단의 도움을 받는 것이 중요하다. 평상시 몸이 필요로 하는 음식을 잘 골라서 먹으면 약과 비슷한 효능을 기대할 수 있다.

각설하고 푸드아트테라피를 논하기 전에 먼저 푸드의 다양한 활용가치에 대해 살펴보기로 한다.

1. 푸드의 다양한 활용가치

푸드는 인간의 생존에 필수불가결한 요소이다. 옛 어른들은 푸드를 생존을 위한 용도 외에 놀이 등 다른 용도로 활용하는 것을 금기시하였다. 그리하여 "음식을 가지고 장난쳐서는 안 된다"는 말이 불문율처럼 지켜져 왔다(조주영, 2011). William Glasser는 선사시대에는 인간에게 생존의 욕구만이 존재하였으나, 시대가 발달하면서 소속·사랑의 욕구가 분화되고, 이어서 힘·성취의 욕구, 그리고 자유의 욕구 순으로 분화되었다고 주장한다. 여기에 즐거움의 욕구까지 더하여진다(Wubbolding, 2000).

잘 살아가기 위해서는 꼭 생존의 욕구뿐만 아니라 다섯 가지 욕구 모두가 필요하다. 실제로 요즘 우리 사회에는 먹지 못하여 굶주림 때문에 죽기 보다는 심리적 허기로 죽는 경우가 많다. 이런 의미에서 보자면, 인간의 욕구전반을 돌보는 것이 결국 생존을 위한 것이 된다. 시대가 변하고 사회가 변한 현실에서 푸드의 의미와 가치도 새롭게 조명되고 있다(조주영, 문정숙, 2010). 이처럼 푸드는 과거처럼 단순히 허기를 채우기 위해 먹는 기능만 하는 시대는 지났다. 과학의 발달로 푸드를 활용한 다양한 연구개발이 이루어지고 있으며 그 결과 놀라운 발표들이 이어지고 있다.

벼, 밀과 함께 세계 3대 식량 작물의 하나인 옥수수를 예로 들어 보자. 옥수수는 중남미가 원산지로 알려져 있으나 어떤 곳에서나 잘 자라고 생산성이 높다. 중남미에서는 옥수수의 신(神)이 존재할 만큼 소중한 작물로 인식되고 있다. 이런 옥수수로 무엇을 할 수 있을까?

- **옥수수와 옥수수수염의 효능을 활용한 식음료들이 많이 나와 있다.**

동서식품을 비롯하여 정식품, 웅진식품, 광동제약 등 여러 식음료 기업들에서 옥수수와 옥수수수염의 효능을 자랑하는 다양한 식음료를 앞 다투어 생산하여 판매하고 있다. 옥수수를 첨가한 과자나 아이스크림도 다양하고, 옥수수기름도 많이 활용되고 있다. 스위트콘이라는 이름으로 동원식품, 오뚜기 식품 등에서 내 놓은 캔에 담긴 옥수수 알갱이는 다양한 요리에 활용되고 있다.

- **옥수수로 옷을 만든다.**

지난 2007년 제4회 서울환경영화제에서 신동호 아나운서와 최윤영 아나운서가 MC를 맡았다. 당시에 신동호 아나운서가 매고 나왔던 넥타이와 최윤영 아나운서가 착용한 드레스가 옥수수 전분으로 만든 것이어서 세간의 주목을 받았다. 특히 유아용품 시장에서는 친환경 원사인 옥수수로 만든 양말, 옷 등의 제품을 찾는 이들이 늘고 있다고 한다. 친환경 원사는 아토피와 알레르기 질환으로 민감한 아이들에게 문제를 일으키지 않는다. 뿐만 아니라 사용자의 손을 떠나 쓰레기가 되어 땅에 묻히더라도 1년 이내에 완전히 썩어 없어지는 장점이 있다.

- **옥수수로 여러 생활용품을 만든다.**

　옥수수를 재료로 활용하여 만든 여러 용품들은 이미 우리생활 깊숙이 들어와 있다. 각종 그릇, 플라스틱 용기, 바닥재와 벽지, 심지어 휴대폰과 친환경 복합기에 이르기까지 다양하다. 이들 생활용품들은 우리가 끊임없이 활용하며 살아가고 있다. 그러므로 그것들이 인체에 미치는 영향을 고려하여 부정적 영향이 적은 친환경재료로 만든 것이 선호되고 있다.

- **옥수수를 주제로 한 팝아트가 가능하다.**

　예를 들어 임용순 화백의 그림 "추망"은 옥수수 밭에서 가을걷이를 하다가 잠시 쉬면서 한 담하고 있는 모습을 담고 있다. 밭일이 쉽지만은 않을 것이다. 농부들이 옥수수 밭에서 일하다가 잠시 휴식시간을 갖고 한 숨 돌리며 담배 한 대 나눠 피우는 여유와 배려의 모습이 함께 하는 사람들의 아름다운 마음을 느끼게 해 준다.

- **옥수수 껍질을 활용하여 인형 만들기가 가능하다.**

유만찬, 김진경(2013)

　유만찬과 김진경(2013)이 저술한 "갖고 싶은 세계 인형"에는 고마운 옥수수 속에 아로새긴 '공존의 가르침'으로 슬로바키아 옥수수 껍질 인형이 소개되어 있다(왼쪽 사진).

　작품을 보면 옥수수 껍질이 재료라는 게 믿기지 않을 만큼 완성도가 높다. 옥수수 껍질의 옅은 갈색이 정적이며 단아한 느낌의 디자인과 잘 어울리는 작품이다. 다른 재질의 인형에서는 잘 느낄 수 없는 조금은 아련한 고향의 분위기마저 풍긴다.

- **옥수수를 활용하여 심리치료가 가능하다.**

　옥수수를 통째로 활용할 수도 있고, 옥수수 껍질, 옥수수나무, 옥수수 튀밥 등 모든 재료를 치료적 요소로 활용할 수 있다. 아래 사진은 옥수수를 재료로 활용하여 푸드아트테라피 하였던 작품사진 자료이다. 푸드아트테라피는 놀이 치료적 요소, 레크리에이션적 요소, 예술치료적 요소, 심리 치료적 요소를 지닌다.

이정연 作 (2014)

서울초중등영양교육연구회 회원 作 (2015)

통째 말린 옥수수   옥수수 알갱이   한국원예치료복지협회 충북지부 회원 作(2015)

  이 장에서는 옥수수를 활용한 푸드아트테라피의 내용은 생략하고 옥수수나 옥수수 관련 작품사진만 실었다. 각 작품에는 만든 사람의 스토리가 있고, 필요에 따라 해당내용에 대한 치료적 개입을 통한 조력이 이루어진다. 푸드아트테라피의 실제를 이해하기 위해서는 다음 장을 참조하기 바란다.

  푸드아트테라피는 앞에서 제시한 옥수수를 포함하여 모든 푸드를 상담 및 치료의 수단으로 활용할 수 있다. 재료를 준비하는 과정, 재료를 활용하여 작품을 만들거나 요리를 만드는 과정, 그리고 마감의 과정도 활용할 수 있다(조주영, 김민정, 2002). 넓은 의미에서 보자면 채소를 심고 가꾸는 등 원예치료적인 요소와 그 과정에서 나오는 도구 및 부산물, 심지어 쓰레기도 푸드아트테라피에 포함할 수 있다. 선행연구(이정연, 2009; 조주영, 문정숙, 2010)들은 푸드아트테라피를 활용한 창업의 가능성과 산업화의 아이디어를 제공하고 있다.

옛 어른들이 푸드를 생존을 위한 용도로 귀히 여긴 관점을 유지하되 긍정적이고 생산적인 활용방안 모색으로 발전시켜나갈 수 있다. 음식을 가지고 장난을 치는 것이 아니라, 음식으로 위안을 얻고 닫힌 마음을 열어 힐링할 수 있다. 스트레스를 해소하고 긴장을 이완하여 건강해질 수 있다. 상처받은 마음을 치유하고 문제를 해결하여 힐빙(힐링+웰빙) 및 웰니스 할 수 있으며 행복을 실현할 수 있다.

2. 푸드아트테라피의 역사와 정의

1) 푸드아트테라피의 역사

(1) 개발자

푸드아트테라피(Food Art Therapy: FAT)는 상담[1]학 분야에서 언어적 상담의 한계를 보완하는 대안적 기법의 개발필요성이 제기되고 있던 가운데, 이정연 박사에 의해 2005년도에 개발되었다. 이정연은 자연주의 테라피 개발에 초점을 두고 일상생활에서 가장 친근한 식품을 매체로 하여 새로운 통합적인 장르를 개척하였다. 푸드아트테라피(2006)를 출간하여 푸드예술치료사 양성과 프로그램개발에 힘쓰고 있으며, 「푸드아트테라피의 이해」, 「푸드아트테라피에서의 생명중심사상」, 「창의적인 감성표현을 위한 푸드아트테라피」, 「푸드아트테라피에서의 효율적인 상담기술에 관한 탐색적 연구」 등의 논문을 발표하여 푸드아트테라피의 근간이 되는 이론과 기법들을 정교화하고 있다.

이정연은 한국푸드아트테라피학회 초대회장과 한국상담학회 분과 부부·가족상담학회의 회장을 역임하였다. 현재는 목포대학교 아동학과 교수로 재직하고 있다.

---

[1] 본서에서는 "상담"과 "치료"의 용어를 구분 없이 혼용하여 사용하였다. Wubbolding(2000)은 상담과 치료의 차이가 없으며 이들의 구분은 무의미하다고 본다. 또한 국내 학자들도 두 용어에 대해 Wubbolding과 유사한 입장을 취하며 혼용하는 경우가 많다(윤영숙, 1992; 이선혜, 신영화, 서진환, 2005; 조주영, 2011; 최규련, 2008; 홍인종, 2011). 본 서의 필자도 이들의 입장에 동의하기 때문에 두 용어를 특별히 구분하지 않고 중립적으로 사용하였다.

(2) 푸드아트테라피의 역사

푸드아트테라피가 공식적으로 발표된 2005년 이전은 푸드아트테라피의 발아를 위한 준비기에 해당된다고 볼 수 있다. 2005년에서부터 2008년까지의 푸드아트테라피연구회를 시작으로 하여 2008년 12월 20일 한국푸드아트테라피학회가 창립되었으며, 학회를 중심으로 나날이 발전을 거듭하고 있다. 푸드아트테라피는 지난 10여년간 새로운 심리치료기법으로 구축되어 급부상하고 있다.

2015년 11월 3일 기준으로 '푸드아트테라피'를 키워드로 하는 뉴스 검색결과 555건이 확인된다. 대학의 교과목 개설, 대학 평생교육원의 강좌 개설, 유치원을 포함한 초·중·고 학교, 시군 교육청, 다문화가족지원센터, 도서관, 복지관, 농촌, 농업기술원 등 다양한 기관과 단체에서 푸드아트테라피 프로그램을 실시했거나 하고 있는 것으로 보도되고 있다.

배우는 사람이나 활용하는 사람이 다른 상담 및 치료 수단에 비해 보다 수월하게 입문할 수 있다. 그것은 아동에서부터 노인에 이르기까지 부담 없이 즐겁게 참여하며 치유와 치료가 일어나기 때문이다. "내가 깨달으면 100명이 변하고, 백 명이 깨달으면 세계가 변한다."는 후나이 유키오의 역설처럼, 푸드아트테라피는 앞으로 상담 및 치료뿐만 아니라 인성교육의 역사에 기여하는 바가 클 것으로 전망된다.

(3) 푸드아트테라피의 개발과정

푸드아트테라피는 이정연이 한국인의 살림공동체의식과 생활철학으로부터 영감을 얻어 개발한 것이다(이정연, 2014a). 동양사상의 생명 중심 관점과 한국인의 음식문화에 나타난 생명 존중의식에 기초하고 있으며(위영희, 2014), 마당극처럼 펼쳐지는 새로운 치료적 만남의 장을 취한다(이정연, 2014a).

이정연은 푸드아트테라피의 개발에 앞서 음식이 지닌 욕구충족 및 심리적 위로의 기능과, 함께 어울려 음식을 준비하고 만드는 공동체 활동이 개인의 자아성장과 심신의 건강을 촉진할 수 있다는 점에 확신을 가지고 있었다.

푸드아트테라피가 개발되어 발표된 후에는 한국상담학회 등 여러 기관 및 단체의 강의 요청이 늘고 있고, 지속적으로 발표를 거듭하며 그 효과성을 확인하고 또 새로운 연구로 이어가고 있다. 푸드아트테라피의 기본 철학과 핵심 원리 및 중요한 기술들은 이미 공고해졌다. 그렇지만 모든 학문분야가 그렇듯이 푸드아트테라피도 앞으로 더 깊이 있고 폭넓게 연구개발해 가야할 과제는 남아 있다.

2) 푸드아트테라피[2]의 정의와 특징

우리문화는 예로부터 일과 놀이 및 신앙이 풍성하고 공동체적인 면이 많다. 상호 협력하는 공동노동조직체인 두레의 풍습과 문화는 우리민족의 정감어린 공동체적 삶을 잘 보여준다. 이정연(2014a)은 한국인의 전통 생활문화에 배어있는 정감 어린 살림 요소들이 치유적인 특성을 지니고 있다는 점에 주목했다. 푸드아트테라피는 그런 특성을 그대로 담아낸 여러 활동 아이템들을 중심으로 창의적인 작품제작과 감성적인 체험 그리고 직관적인 통찰에 중점을 둔다.

푸드아트테라피는 음식을 주요매체로 하여 예술놀이를 하면서 몸과 마음을 살리는 테라피이다. 놀이 치료적 특성과 예술 치료적 특성을 함께 지니고 있어서 어린아이에서부터 노인에 이르기까지 누구나 큰 부담 없이 즐겁게 참여 가능하다. 놀이·교육·문화·예술·상담·치유적 조력으로 인지·정서·행동의 변화로 이끄는 통합적 상담접근법이다. 푸드아트테라피에서는 인간이 본래 오염되지 않은 순수자성(純粹自性)의 상태를 지닌다고 본다. 인간에겐 살아가는데 필요한 인간의 도리를 알고 행동을 실천하는 가장 근본적인 맑고 밝고 따뜻한 에너지(明德)가 내재되어 있다. 심전(心田)은 명덕의 총체를 의미한다. 푸드아트테라피의 심전훈련은 사고의 전환과 확장을 통하여 순수자성을 회복하고 명덕을 확충하는 훈련이다(이정연, 2015).

3. 푸드아트테라피의 목표와 생명중심사상

푸드아트테라피의 일차적 목표는 "자기효능감 증진"이며, 궁극적 목표는 "우주적 감수성을 회복하고 함께 더불어 사는 대긍정의 세계로 나아가도록 하는 것(이정연, 2010)"이다. 이를 달

---

2) 푸드아트테라피는 여러 교과 영역을 넘나들며 자유로이 진행할 수 있으며, 궁극적으로 통합교과의 성격을 지닌다. 미술(디자인), 음악 등 예술과목을 비롯하여 국어, 사회(경제), 과학, 수학, 체육 등 다양한 교과(분야)지식이 활용되고 자극된다. 에드워드 윌슨(Edward Wilson)이나 최재천 교수는 통섭을 통해 학문의 경계를 넘어 앎의 영역을 확산시켰다. 푸드아트테라피는 각 교과 영역에서 자신의 교과를 중심으로 통섭을 시도하기에도 유용하다.

성하기 위하여 과정목표에 해당하는 것으로 생명체로서의 자기성장과 자기이해증진, 자아성장 및 자기효능감 증진, 인지·정서·행동의 긍정적인 변화, 창의성과 문제해결력의 증가, 개인의 생명력과 자연치유력 강화, 전체 체계와의 상생과 조화, 영성회복 등을 위한 점진적 노력이 필요하다.

푸드아트테라피는 생명 중심적 관점을 지닌다. 우주적인 관점을 지향하며 인간과 인간, 인간과 생태계와의 관계성회복과 중용의 덕을 강조한다. 이정연(2012)은 FAT의 네 가지 핵심개념으로 생명존중, 생명사랑, 생명살림, 생명지킴을 제시하였다.

1) 생명존중

모든 생명체는 신성한 존재로 명예롭고 존귀하다. 즉 살아 있는 모든 것은 귀하고 가치 있는 존재이다. 생명존중은 모든 생명체가 지닌 존엄성에 대한 믿음에서 나오며 도덕성의 기본이 된다. 푸드아트테라피에서의 생명존중은 생명존중의 보편성을 근거로 하여 모든 생명체를 귀중하게 맞이하고 있는 그대로 받아들이는 '인간대접'을 의미한다. 이는 Rogers가 창시한 인간중심 상담의 '인간을 존재 그 자체로서 존중하는 것'과 같은 개념으로 우리민족에겐 이미 고대로부터 내려온 사상이기도 하다.

푸드아트테라피는 동양사상과 문화를 토대로 하고 있어 동양사상과 문화를 알면 그 기본이 되는 생명존중에 대한 깊이를 이해할 수 있다. 도가의 무위자연(無爲自然)사상은 생명을 존중하고 인간의 근원적인 도(道)의 개념에 대하여 설명하며 자연과 생명 존중에 대한 분명한 가르침을 담고 있다. 노자와 장자는 인간과 자연, 인간과 인간 사이의 의사소통을 말하고 있다. 이는 무조건 자연 속에서 살아가는 인간이 아니라 자연과 인간 문명과의 만남과 소통을 의미한다. 근원적 도(道)는 만물을 낳았으며 만물 속에 내재하여 우주의 도(道)를 실현시키는 절대적 존재자로 운행되고 있는 것이다(한림문화, 2007).

우리민족의 생명존중사상은 인간과 자연의 조화를 기본으로 하며 천(天), 지(地), 인(人)이 조화를 이루어 온 누리를 온전하게 하고자 한다(이안태, 2007). 인간존중의 뿌리에서 출발하여 살생을 삼가는 살생유택의 계율과, 신분의 차이를 초월하여 모든 인간의 생명을 존중하는 정신으로 발전되었다(한림문화, 2007). 단군신화의 홍익인간 이념은 "널리 인간 세계를 이롭게 한다."는 뜻으로 인간의 삶을 복되게 하겠다는 생명존중과 인본주의의 가치를 전한다. 우리는 이러한 사상과 가치를 바탕으로 생명의 터전인 자연을 올바르게 보전하여 인간과 자연과의 올바른 관계를 형성하고 유지해 나가야 한다.

화랑도의 세속오계(사군이충, 사친이효, 교우이신, 임전무퇴, 살생유택) 중 생명존중 사상과 맞닿아 있는 살생유택(殺生有擇)은 그것이 인간의 생명을 유지하기 위해서라도 잘 지켜야 할 도리이다. 비록 자연의 미물이라 할지라도 분별없이 잔인하고 무자비하게 살생하지 말며 필요한 경우에만 제한적으로 살생하여, 하는 일이나 태도가 사사로움이나 그릇됨이 없이 아주 정당하고 떳떳할 것을 가르친다.

고려 중기의 승려인 보우(普雨)는 천즉인(天卽人), 인즉천(人卽天)을 통해 그 시대 사람들에게 생명존중의 고귀함을 일깨워 주었다. 즉 '하늘이 곧 사람이요, 사람이 곧 하늘이다.'라는 말을 통해 인간은 불성을 가지고 있어 스스로 깨치기만 하면 석가모니와 다를 바 없다고 가르친다. 인간을 모든 것의 근본으로 삼고 인간 본성의 존귀함을 보여준 것이다. 동학의 인내천(人乃天)사상은 '사람이 곧 하늘이다.'는 의미로 인간 본성에 영원한 존귀성이 있고, 동시에 사람의 마음속에 하늘과 같은 고귀성이 있다고 전한다.

이러한 귀한 생명존중의 사상이 푸드아트테라피의 기본 바탕에 내재되어 있으며, 그 가치 실현을 위해 더욱 발전해 갈 것이다.

2) 생명사랑

푸드아트테라피에서의 생명사랑은 모든 생명체에게 온정적 관심을 가지고, 동질적인 유대감을 가지며 마음을 열고 겸손하게 정성으로 대하는 '인심 쓰기'를 의미한다. 푸드아트테라피에서 만나는 대상자에게 '인심 쓰기'하는 것은 좁은 의미의 생명사랑이고, 넓은 의미의 생명사랑은 자연 생태계를 사랑하는 것이다.

많은 생명체들은 자연의 생태계 속에서 생명사랑을 이어간다. 자연에서 나서 자연에 의지하여 살다가 또다시 자연으로 돌아간다. 그런 삶의 연결망 속에서 오랜 시간에 걸쳐 생명의 그물을 짜게 되며 그것은 우리가 생각하는 것보다 훨씬 복잡하고 거대하다. 자칫 잘못 건드릴 경우 그 영향이 어떻게 나타날지 예측할 수 없다.

인간의 안목이 짧아 자연 생태계를 대책 없이 훼손한 결과 빚어진 엄청난 재앙은 우리의 생명을 위협할 정도이다. 이제 우리는 생명의 그물을 오롯이 지켜가야 하는 과제를 안고 있으며 그것이 온전한 생명사랑이다. 하나뿐인 지구는 우리의 삶의 터전이고, 환경이 곧 생명이다. 생명의 그물을 제대로 지켜가는 것이 우리 자신을 지키는 길이기도 하다. 알면 사랑하게 되고, 사랑하면 지키게 된다.

동물행동학의 권위자 제인구달 박사는 그의 저서 "The ten trusts"에서 '생명사랑 십계명'

을 전하고 있다. 그것은 [① 우리가 동물사회의 일원이라는 것을 기뻐하자. ② 모든 생명을 존중하자. ③ 우리의 마음을 겸손하게 하고 동물들에게 배우자. ④ 우리의 자녀들이 자연을 아끼고 사랑하도록 가르치자. ⑤ 이 세상에서 현명한 생명지킴이가 되자. ⑥ 자연의 소리를 가치 있게 여기고 보존하자. ⑦ 자연을 해치지 말고 자연으로부터 배우자. ⑧ 우리의 신념에 용기를 갖자. ⑨ 동물과 자연을 위해 일하는 사람들을 칭찬하고 돕자. ⑩ 우리는 혼자가 아니므로 희망을 갖고 살자.] 이다.

그녀는 위 책의 서문에서 '아름다운 지구를 구하는 생명사랑의 실천'이라는 글로 시작하여 10계명을 안내하며, 마지막으로 '다 알고 나서도 침묵할 것인가?'라고 우회적인 표현으로 강력히 호소하고 있다. 동물이건, 식물이건, 살아있는 생명체를 사랑하는 것, 범 우주적 생명사랑은 우리가 다 같이 잘 살아갈 수 있는 지름길이며 실천과제이다.

푸드아트테라피에는 이러한 고귀한 생명사랑의 가치와 철학이 고스란히 담겨 있다.

3) 생명살림

푸드아트테라피에서의 생명살림은 우선적으로 생명체를 살려내는 데 초점을 두고 생명체의 氣가 원활하게 운행되도록 격려하고 지지하는 '기(氣)살리기'를 의미한다. 시든 깻잎을 찬물에 담아 두면 얼마 지나지 않아 생생하게 되살아나듯이 기운이 떨어진 생명체에 필요한 기운을 북돋우어 줌으로써 원활한 기의 운행을 돕는다. 다음 장에서 제시될 푸드아트테라피의 상담과정[맞이하기(애정 어린 시선) ⇒ 받아들이기(정감어린 교류) ⇒ 찾아들어가기(진심어린 관심) ⇒ 받아내기(생기어린 한마당)]에 따라 전문적으로 조력할 경우 여타의 상담에 비해 수월하게 내담자의 기 살리기가 가능하다.

전문적 상담조력 외에도 약선 푸드를 지친 개인의 불균형 상태에 맞추어 제공할 경우 인체의 불균형을 건강한 몸으로 회복하는데 기여함으로써 궁극적으로 기 살리기가 가능하다. 예를 들어 일시적으로 지치고 기운이 쳐지는 느낌이 들 때 달콤한 포도를 먹는 것만으로도 금세 기분이 나아질 수 있다. 상황과 여건에 맞게 푸드를 활용하여 생명체의 기운을 살려 낼 수 있다.

마치 할머니들이 손주가 기력이 달리고 어딘가 불편할 경우 경험적 지혜를 발휘하여 정성을 들이고 사랑을 담아 음식을 준비하여 기운을 북돋우어 주듯이 여건이 되면 약선 푸드를 직접적으로 활용하여 생명체의 기를 살려 줄 수 있다. 전통의학에서는 인체를 하나의 정밀한 유기체로 인식하고 병이 나면 몸의 자연치유력 회복을 중요시한다. 생명체의 기를 살려주면 생명체는 그 기운에 따라 생명력을 복원하고 발휘하여 그 기운이 선순환 된다.

뿐만 아니라 필요에 따라 아로마테라피(aroma therapy)적인 요소를 적용하여 생명체의 기를 살릴 수도 있다. 아로마테라피는 아로마(aroma)와 테라피(therapy)를 합성한 용어로 향기치료, 향기요법이라고도 불리며 향기를 이용해 치료하는 것이다. 많은 나라들에서 아로마테라피(향기치료)를 전문적으로 연구하고 개발하여 다양한 영역에서 실용화하고 있다. 아로마테라피는 건강증진, 질병예방 및 치료, 미용 등을 목적으로 향기 나는 식물(허브)을 활용하는 자연치료법이다.

더 나아가 대자연의 섭리를 인식하고 자연이 살아가는 방식대로 자연과 함께 살아가는 것을 배워 본질을 회복하고 기운차게 살아갈 수 있다. 최근 (사)한민족생활문화연구회는 생명살림 포럼을 개최하고, 각 지역마다 1000명의 생명살림공동체를 꾸린 뒤 생명살림운동을 펼치고 있다. 그 일환으로 거짓의학과 거짓음식에 맞서 수만 년 쌓아온 조상들의 지혜를 복원하려는 움직임이 시작된 것이다. 이런 운동도 푸드아트테라피에서 추구하는 넓은 의미의 생명살림과 부합되는 내용이다.

4) 생명지킴

생명지킴은 생태주의 관점에서 생태계의 오염이나 파괴를 방지하고 보호하며 일상생활에서 서로 살피고 보살피는 '나눔과 챙김'을 의미한다. 생명지킴은 단순히 생명체자체를 지키는 것을 넘어 생태계의 파괴를 일으키는 사회구조나 인간의 정신과 가치관을 건강하게 지켜가는 것까지 포함한다.

혹여 자신을 잘 지켜가지 못하는 생명체에겐 '나눔과 챙김'을 통해 그 생명체를 잘 지켜가도록 조력한다. "사람은 자신이 생각하는 모습대로 된다. 지금 자신의 모습은 자신의 생각에서 비롯된 것이다. 내일 다른 위치에 있고자 한다면 자신의 생각을 바꾸면 된다(데이비드 리버만, 미국 심리학자)." 그 개인의 생각, 행동, 말 등이 마음의 움직임에 따라 달라질 수 있다. 마음의 움직임이 그 사람의 운명을 만드는 절대요소이기 때문이다.

"모든 지킬 만한 것 중에 더욱 네 마음을 지키라. 생명의 근원이 이에서 남이니라(잠언, 4:23)." 지금의 자신은 과거 마음속에 스스로에 대해 가진 생각 그대로 된 것이다. 자신의 마음밭에 어떤 씨앗을 뿌리고 가꾸었느냐에 따라 지금의 내 모습이 결정되는 것이다. 당연히 지금 어떻게 하느냐에 따라 미래의 모습도 달라진다.

옛말에 '모든 것은 마음먹기에 달렸다.'고 했듯이 마음을 지키는 것은 곧 자신을 지키는 것이 된다. 자신을 지키는 것은 곧 자신의 인생을 지키는 것이다. 내 마음에 무엇을 담을 것인가? 그 내용에 따라 생각이 정해지고 그것이 자신의 느낌과 행동의 결정으로 이어진다. 더 나아가 그 사람의 인생의 질을 결정하게 된다. 불교에서 말하는 팔정도[八正道: 정견(正見)·정사유(正思惟)·정어(正語)·정업(正業)·정명(正命)·정념(正念)·정정진(正精進)·정정(正定)]의 길을 따르고자 한다면 올바른 지킴이 가능할 것이다.

푸드아트테라피는 이런 생명지킴의 가치와 철학도 기본적으로 갖고 있다. 이 모든 것이 전체 에코시스템과의 상생과 조화를 추구하는 길이기 때문이다.

4. 푸드아트테라피에서의 상담과정과 기술

인간은 순수 자성(純粹 自性)의 상태로 태어나며 하늘로부터 받은 본성, 즉 천성(天性)에는 성장의 욕구와 무한한 잠재능력이 내재하고 있다. 환경과의 상호작용을 거치면서 성품에 차이가 발생하고 잠재능력이 충분히 발현되지 못하거나 비정상적인 방향으로 발달이 반복되면서 사회적으로 병리현상이 증가한다(이정연, 2014b). 이에 이정연은 한국인의 생활양식과 정서에 배어 있는 "살림"의 개념을 반영하는 푸드아트테라피 상담과정을 구성하여 현실에 부합하는 이론적 모형을 정교화하고, 그에 따른 효율적 상담기술을 소개하여 상담현장에서 유용하게 활용하도록 의도하였다.

푸드아트테라피에서의 식품은 매체 그 이상의 영향력을 지닌다. 식품의 생명력이 인간에게 미치는 힘은 위대하다. 그 힘을 활용하여 인간의 존엄성을 소중히 하는 삶을 매우 자연스럽게 안내할 수 있다. 이러한 효용성을 받아들여 각 대학들이 푸드아트테라피를 전공 및 평생교육 강좌로 개설하는 사례들이 늘고 있다. 푸드는 우리에게 활기와 생기를 불어 넣어주는 존재이다. 또한 생명공동체의 구성원으로서 상담과정에서 생명중심사상을 이해하는데 유용한 은유와 비유로 실제적 영향력을 발휘한다.

식품은 인간에게 이로우며, 오감적인 즐거움을 주고, 더 나아가 깊이 있게 배울 수 있도록 안내한다. 굳이 푸드아트테라피 전문가가 아닐지라도 활력을 잃은 사람에게 정성들여 기력을 보충하는 음식을 대접하는 것만으로도 상대는 힘을 얻는다. 우리 조상들의 일상적인 삶에서 엿볼 수 있는 '할머니의 정성' 같은 것이 통하는 것이다. 그저 아무 말하지 않고 먼저 살려 놓고 보는 것이다. 거기다가 전문적인 푸드아트테라피는 오감을 이용한 치유적인 조력과정을 도입함으로써 효과를 극대화할 수 있다.

　푸드아트테라피는 상담초기에 내담자와 치료자의 관계형성을 촉진하기가 용이하다. 내담자가 특별한 자기방어를 하지 않고 자발적으로 참여하도록 유도하는데 수월하다. 일반적으로 식품은 누구에게나 본능적으로 이끌리게 하고 흥미를 유발하며 위안효과까지 있기 때문이다. 또한 식품을 매체로 창작해가는 과정에 쉽게 몰입할 수 있어 만족감이 크고 단시간에 작품의 완성으로까지 이어진다. 궁극적으로 내담자가 성공경험을 얻게 되고 더불어 자신의 힘을 확인할 수 있다.

　상담의 초·중·후기의 각 과정에서 푸드아트테라피 전문가의 상담 치료적 조력은 내담자의 인지·정서·행동 상의 긍정적 변화와 자기성장 및 치유로 안내한다. 결국 내담자는 스스로를 통합해 갈 수 있게 된다.

　푸드아트테라피의 상담과정은 개인 상담이든 집단 상담이든 내담자와 치료자간의 상호작용으로 이루어지며 비지시적, 비구조화된 형식으로 진행된다. 그렇지만 대체로 치료적 관계형성, 작품 제작 및 스토리텔링, 의미의 탐색, 새로운 의미의 창출 등으로 이루어진다(이정연, 2015).

　치료는 기본적으로 내담자와의 만남이 시작되는 순간부터 진행된다. 기본적인 과정은 맞이하기, 받아들이기, 찾아들어가기, 받아내기의 4단계이다. 각 상담단계에 맞는 장(場)의 흐름은 애정 어린 시선, 정감어린 교류, 진심어린 관심, 생기어린 한마당이다. 장의 흐름은 상담자와 내담자의 관계의 질에 영향을 받는다.

　푸드아트테라피의 여러 과정은 경우에 따라 순서대로 진행되지 않거나 4단계를 다 거치지 않을 수 있다. 각 과정에 적합한 다양한 상담기술을 적용하는데, 정형화된 상담기법이나 특별한 기술보다는 내담자에 대한 상담자의 진정성, 긍정적 수용, 공감적 이해와 상담자의 인간적 자질에서 우러나오는 치유적인 힘을 중요시한다. 이러한 가치와 철학은 칼 로저스의 인간중심적 상담과 상통한다.

1) 맞이하기(애정 어린 시선)

　푸드아트테라피 상담과정의 가장 첫 단계로서 상담자는 자신과 참 만남을 이룬 상태에서 애정 어린 시선으로 내담자를 맞이한다. 이정연(2104b)은 맞이하기 단계에서의 효율적인 상담기술로 상담자 자체의 편안한 자세와 태도, 생태학적 감수성, 자연주의 테이블 세팅, 안전한 분위기 조성 등을 들었다.

상담자가 편안한 자세와 태도로 상황과 여건에 맞게 내담자를 위하여 정성으로 준비한 자연주의 테이블 세팅으로 생태학적 감수성과 함께 내담자를 애정 어린 시선으로 맞이한다. 생명체의 안부를 묻고 안전한 분위기로 상담의 장을 이끌어 가며 기운을 북돋우어 주면 그 정성에 내담자의 마음이 열리고 상담자와 내담자간에 치료적 관계가 형성된다. 더불어 내담자의 방어는 줄어들고 효율적인 상담으로 이어갈 수 있다.

그 과정에서 생명체간의 만남 자체가 상담자에게도 의미 있는 영향을 주고받는 일임을 내담자에게 전달한다. 푸드아트테라피에서 맞이하기의 예를 들면 아래와 같다.

[대학생 집단 맞이하기의 예]

대학생 집단에 15주 과정의 푸드아트테라피를 운영하였다. 학습을 촉진하기 위하여 각자의 경험보고서를 과제로 제출하게 했다. 아래 사진은 첫 주에 맞이하기 한 내용이다.

천사나라 (조주영 作, 2015)

대학생 11명이 자발적으로 팀을 구성하여 푸드아트테라피 과정을 지도해달라고 요청해 왔다. 그들의 공부하려는 의지가 반갑고, 힘을 실어 주고자 푸드아트테라피 15주의 교육과정을 열었다.

- 재료 : 포도, 방울토마토, 포도씨, 감씨, 호박씨, 들꽃
- 포도를 먹을 수 있도록 준비하여 대접함

⇒ 맞이하기 : 이 장에 온 여러분을 환영한다. 오늘은 푸드아트테라피를 처음으로 시작하는 날이다. 여러분들의 공부하고자 하는 각오와 의지, 그리고 기대에 마치 수호천사처럼 힘이 되기를 바라는 마음을 이 작품에 상징적으로 담았다. 집처럼 편안하고 가을날의 잠자리처럼 자유롭고 풍성하게 이 집단에 참여하기 바란다.

필자의 맞이하기에 대해 학생들은 아래와 같은 경험보고를 했다.

푸드아트테라피와의 첫 만남을 기대감과 설렘으로 시작했다. 한편으로는 잘해낼 수 있을까 하는 마음에 살짝 두렵기도 했다. 그런데 강의실을 들어서자 편안하게 우리를 맞이해주는 교수님의 넉넉한 미소

와 달콤한 과일향이 마음을 편하게 이끌었다. 달콤한 향의 주인공은 바로 포도였다. 소담스럽게 담긴 포도를 보며 군침이 돌았고, 그 옆에는 푸드로 창작한 신기한 작품이 눈길을 끌었다. 작품 속에는 집의 형상이 보이고, 그 집에서 풍겨 나오는 천사(1004)같은 이미지에 친근함과 푸근함이 전해오는 듯했다. 교수님의 "너희들을 위해 준비했어."라는 한마디에 우리는 대접받고 존중받는 느낌으로 마음이 황홀했다(정OO외 몇 몇 학생들의 의견을 정리함).

천사(1004)와 집이 있는 "맞이하기"작품을 보면서 따뜻하게 환영받고 있다는 느낌이 들었다. 현재 자취 생활을 하고 있는데 마치 오랜만에 집에 올라가면 부모님이 맛있는 음식을 해 놓고 기다리시는 모습이 떠오르면서 위로 받았고, 사랑받고 있다는 느낌도 들었다. 재료들 중에 평소 하찮게 여기던 씨앗이 작품으로 재탄생되는 것을 보고 풍요로움을 느꼈다. 또한 여러 재료들의 아름다운 색상에서 음식이 주는 에너지가 대단함을 알게 되었다(강OO).

푸드아트테라피 초반에 마음결 고르기로 상담에의 몰입을 돕기도 한다. 마음결 고르기는 커피가루, 녹차가루 등을 물에 녹이는 과정을 조용히 바라보며 마음과의 접촉을 기하기도 하고, 꽃차를 활용하거나 간단한 명상으로 마음결 고르기를 시도하기도 하며, 시판되는 카드(마음카드, 곰돌이 카드, 타로 카드)등을 활용할 수도 있다.

꽃차를 활용한 마음결 고르기는 차가 만들어지는 과정을 조용히 마음으로 지켜보는 것, 그 차를 마시며 음미 감상하는 과정 모두가 해당된다. 하얀 그릇에 찻물을 담고 말린 꽃 하나를 담그면 차우림 색이 예쁘게 배어 나온다. 그 광경이 하나의 아름답고 숭고함을 지닌 작품이다. 그것을 지켜보며 마음결 고르기가 가능하다. 아래 사진은 꽃차가 서서히 우러나오는 아름다운 장면을 보여주고 있다.

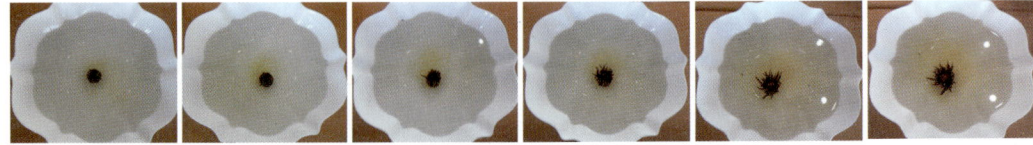

위 사진은 마음결 고르기를 위해 꽃 하나를 활용한 것이다. 차를 마시고 음미 감상하기 위해서는 적절한 농도의 향이 좋은 차를 별도로 만든다. 꽃과 물의 양, 시간 등을 적절히 조절하여 마시면 된다.

한편 커피가루를 활용한 마음결 고르기는 또 다른 느낌과 활용점이 있다. 아래 사진은 NLP 상담 트레이너 수련중인 집단에서 푸드아트테라피를 소개하며 마음결 고르기를 한 것이다.

[상담지도자 집단의 마음결 고르기의 예]

내 마음의 비유 (조주영, 2015)

사각 모양을 지닌 9개의 작은 통에 물을 반쯤 담아 만다라 모양으로 구성하였다. 원 안에는 초를 배치하였다. 9개의 물통에는 시계반대 방향으로 돌아가며 커피 알갱이를 넣었다. 첫 번째 통에 커피 알갱이 한 알을 시작으로, 두알, 반 스푼, 한 스푼, 한 스푼 반과 같은 식으로 점점 양을 늘려가며 넣었다. 그리고 그것을 바라보며 각자의 느낌을 나누었다.

참가자들은 단순히 커피 알이 녹는 것을 바라보는 것만으로도 다양한 반응을 보인다. 그런 참가자들의 반응을 잘 경청하고 살펴보면 각자의 내면이 드러남을 알 수 있고, 필요시에 그것들을 섬세하게 반영하여 상담 및 치료적으로 이끌어 갈 수 있다.

어떤 이는 커피가 녹는 과정을 보며 내 마음이 녹는 것 같다고도 하고, 어떤 이는 9개의 통 중에 하나를 가리키며 자신의 마음 같다고도 한다. 또 어떤 이는 통에 넣는 커피가루가 많아지는 것을 보고 마치 마음이 깊어지고 더불어 향도 짙어지는 것을 묘사하고 있는 것 같다고도 한다. 이처럼 교육 참여자나 내담자의 마음에 대한 자극이 일어나면 그것을 상담으로 끌어가기에 매우 유용하다.

예를 들어 '내 마음이 녹는 것' 같다는 표현을 한 내담자의 경우 어떤 점이 녹았는지 구체화할 수도 있고, 또 어떤 것을 더 녹이고 싶은지, 녹은 것이 자신에게 어떤 영향을 미칠 것 같은지 등 상황과 여건에 맞게 구체화하고 명료화해가며 받아들이고(푸드아트테라피의 2단계) 찾아들어갈 수(푸드아트테라피의 3단계) 있다.

이러한 방법의 구체적 적용은 상담의 과정이 초·중·후기 중 어느 단계인지, 또 내담자의 문제나 상황이 어떠한지에 따라 다르다. 구체적으로 찾아들어가기 위한 개입은 초기 단계보다는 중기이후에 하는 것이 적절하다. 이에 대해서는 다음 단계의 설명에서 더 구체적으로 확인하고 이해하기 바란다.

2) 받아들이기(정감어린 교류)

받아들이기 단계에서는 정감어린 교류를 통해 생명체에 대한 절대적인 지지를 보내는 것으로 무조건적인 수용과 포용을 실행한다. 상담자는 내담자의 에너지 상태와 정도, 흐름 등 기운(기의 운행)을 잘 감지하여 내담자를 먼저 살려내는데 초점을 맞춘다.

받아들이기 단계에서의 효율적인 상담기술로는 포용, 알아가기, 반응하기, 신체언어 사용하기, 깊은 이해, 받아주기, 받쳐주기 등의 공감과 경청기술을 들 수 있다(이정연, 2014b). 포용은 내담자를 해석이나 평가하지 않고 존재 그 자체로 너그럽게 감싸 주거나 받아들이는 것이다. 알아가기는 몸과 마음을 다하여 상대방의 상태를 알아가는 것이다.

이때 지식이나 사실, 또는 공식을 적용하기보다는 내담자와의 정감어린 교류를 통해 특별한 관심으로 이해하고 진정으로 사랑하게 하는 과정이다. 그 결과 내담자는 상담자와 사이가 더욱 가까워지고, 고마운 생각이 들며, 살맛이 나게 된다. 정감어린 교류는 단순한 반응(反應)수준에서 상응(相應), 호응(呼應)을 거쳐 감응(感應)수준으로 나눌 수 있다.

반응하기는 내담자의 심정을 받아들이고 상담자의 내면에서 정이 묻어나는 반응을 보이는 것이다. 내담자가 넋두리를 하면 함께 있어주고, 하소연을 할 때는 경청하며, 내 편이 되어 달라고 하면 힘을 실어준다. 위로나 동정을 받고자 하면 공감해 주고, 도움을 요청하면 필요한 정보를 제공한다.

이정연(2014b)은 반응하기를 무반응에서부터 무시-습관-예절-정성의 단계로 나누고 정감어린 교류가 단순한 반응 수준에서 감응수준으로 전개되어 갈수록 내담자는 자신의 존재가치를 인정받으며 자기이해와 자기사랑이 증진되고 자기조절을 하게 된다고 보았다. 구체적인 반응하기의 예는 아래와 같다.

[지적장애 청소년에 대한 반응하기의 예(조주영, 2014)]

꽃 (박OO 作)

왼쪽의 작품은 총 16회기의 상담에서 3회기의 작품이다. 내담자에게 상담을 통해 어떻게 되기를 바라는지에 대해 부직포 위에 꾸며보라고 하자 주저함 없이 바로 작품 활동에 몰입하여 꾸며냈다. 내담자는 꽃을 꾸몄으며 양옆에 공간을 마련하고는 한쪽은 기어 들어가는 곳이라고 말하고, 다른 한쪽은 편하게 걸어 나오는 곳이라고 말하였다.

내담자는 상담을 하고 나올 때는 마음이 편해졌으면 좋겠다고 표현하였다. 내담자가 활짝 핀 꽃을 묘사하여 잘 헤쳐 나오는 모습을 생각하고 있는 것에 대해 받아주며 격려하고 지지해 주자 희망과 기대를 드러내는 듯 표정이 밝아졌다. 이는 내담자의 표현에 대해 정성으로 정감 어린 교류를 한 결과로 보인다. 이에 대해 보다 구체적인 내용이 궁금한 독자들은 이 책의 7장에 관련 연구논문을 실었으니 참고 하기 바란다.

신체언어 사용하기는 비언어적 메시지를 잘 감지하여 활용하는 것이다. 우리의 의사소통 과정은 언어적인 비중보다 비언어적인 비중이 훨씬 크다. 그러므로 신체언어 등 비언어적인 메시지를 효율적으로 활용하면 푸드아트테라피의 과정이 훨씬 깊어 질 수 있다. 내담자에 대한 깊은 이해를 바탕으로 적절히 받아주고 받쳐주는 과정이 더해지면 그 깊이는 순풍을 탄 배처럼 찾아 들어가기의 단계로 순항하게 된다.

3) 찾아 들어가기(진심어린 관심)

찾아들어가기 단계에서는 상담자의 내담자에 대한 진심어린 관심으로 마음을 열게 하고 관계의 흐름 속에 함께 하며 적절히 조력한다. 상담자의 도움으로 내담자는 작품의 재구성을 통해 자신의 관점전환을 확장하고 새로운 대안을 찾을 수 있다. 내담자는 자신의 마음에 걸려 있는 문제에 대해 상담자의 조력으로 찾아들어가기 작업을 통해 '사실'과 '생각'을 구별하여 정리할 수 있게 된다.

이때 내담자가 자신의 상태를 이야기 하고, 받아들여지며, 피드백을 주고받는 과정을 반복하는 것은 상담 치료적으로 매우 의미 있는 과정이다. 내담자는 이 단계에서 자유롭게 이야기하는 도중에 자기 문제의 원인과 현상, 그리고 그 안에 있는 사실, 자신의 생각이나 상상을 구별해 낸다. 스스로의 상황에 대해 주관적인 지각으로 어려워하고 있던 것을 의식하고 알아차림으로써 좀 더 객관화할 수 있게 된다. 그리하여 자신의 행동을 더욱 건설적으로 개선해 나갈 수 있게 된다.

또한 상담 장면에서 배운 것을 가지고 일상생활로 돌아가 실천해 본 뒤 다시 이야기하고 받아들여지고를 반복하는 과정도 매우 중요하며, 그 과정에서 내담자는 점점 더 많은 것을 알아가게 된다. 새로운 것을 발견하고 배우게 되어 처음 제시했던 문제의 해결을 넘어 더 큰 성장으로 이어진다.

찾아들어가기 단계에서의 효율적인 상담기술로는 재구성, 전체를 바라보기, 명료화, 3不(불일치, 부자연, 불편함) 관찰하기와 3有(욕구, 능력, 희망) 발견하기, 마음상자 탐색하기, 초점두기, 대안 찾기 등이 있다(이정연, 2014). 재구성은 찾아들어가기 단계의 핵심기술이다. 내담자는 상담자의 조력과정에서 자각한 내용을 토대로 자신이 원하는 내용을 이미지화하여 작품으로 재구성한다. 그리고 그것이 실현되도록 체계적이고 구체적인 계획을 세워 실제의 삶에서 점진적으로 이행하고 훈습하며 실현해 갈 수 있다.

말(생각, 또는 언어), 이미지(오감이나 상상), 감정, 신체 증상의 4가지 요소는 서로 연쇄 고리로 묶여 있다. 우리의 좌뇌는 언어로 사고하고, 우뇌는 이미지로 사고한다. 감정은 우뇌의 이미지와 관련되어 있고, 몸과도 연결되어 있다. 이들 4가지 요소들 중에서 하나를 변화시키면 다른 연계된 요소들도 변한다. 이런 변화시도의 반복은 4가지 요소 각각의 변화로 이어지고, 삶의 변화와 인생의 변화에까지 이를 수 있다.

이런 관계를 활용하여 상상을 통해 증상을 만드는 심리적 원인인 핵심주제에 더 쉽게 접근이 가능하다. 이런 측면에서 볼 때 푸드아트테라피에서의 작품 활동을 통한 이미지 구현은 상담 치료적으로 볼 때 상당한 의미가 있다.

영국 귀네스 모스가 창안한 이미지니어링 기법, 언어학자 John Grinder와 수학자 Richard Bandler가 개발한 NLP, Roger Callahan 박사가 개발한 TFT(Thought Field Therapy), Gary Craig가 개발한 EFT(Emotional Freedom Techniques), Francine Shapiro가 창안한 EMDR(Eye Movement Desensitization and Reprocessing), 긍정심리 등은 모두 이런 원리를 직·간접적으로 적용한 것들이다.

푸드아트테라피가 지향하는 일차적 치료목표인 자기효능감 향상을 위해 진심어린 관심으로 재구성 기법을 적용하여 자각-자립-자생의 과정을 촉진할 수 있다. 구체적인 적용 예를 살펴보면 아래와 같다.

[대학생 대상 푸드아트테라피 적용 : 재구성(조주영, 2011)]

[재구성 전]	[재구성 중]	[재구성 후]
	⇒ (상담자의 재구성 기법 적용)	
내담자의 보고 내용 : 내담자에게는 다른 사람의 말을 너무 잘 듣느라 정작 자신은 돌보지 못하는 특성이 있다. 그리하여 현재 상태가 삶에 지치고 과제에 치여서 졸리는 모습이다.	상담자는 내담자를 충분히 받아들인 후에 점진적으로 찾아들어가기 위해 '뭐가 좀 달라지면 덜 지칠까?'와 같은 질문으로 내담자의 자각과 재구성을 도왔다.	**내담자의 보고 내용 :** 다른 사람을 쫓아 다니며 얘기를 들어주는 것을 조절해야 한다. 자신의 상황과 여건에 맞추어 적절히 교류하며 필요한 만큼만 들어줄 것이다. 대신에 자신을 돌보는 여지를 만들고자 이미지를 위와 같이 재구성하였다.

〈구OO 作, 2011〉

재구성 전의 내담자 작품은 귀가 크고 졸리는 이미지를 나타냈다. 재구성 후의 내담자 작품엔 귀가 작아졌고, 졸리는 이미지 대신에 신나는 노래의 이미지가 보인다. 내담자는 자신의 재구성한 작품을 바라보며 마음이 편안하다고 하였다.

「말-이미지-감정-신체」의 4요소 설명에서 안내한 바와 같이 먼저 재구성 기법을 적용하여 변하고 싶은 모습을 이미지화하여 작품으로 나타낸다. 그리고 그것을 실현하기 위한 구체적 훈습전략을 수립하도록 조력한다. 실제로 위 내담자의 경우 푸드아트테라피 과정을 통해 자신의 문제를 성공적으로 해결하였다.

창의·인성교육 효율성(效率性)으로의 초대　　**푸드아트테라피**

왼쪽의 사진은 "내 안의 감정 쓰레기 발산"이라는 작품이다. 집단원들이 공동작품으로 감정 쓰레기를 이미지화한 작품을 만들었다. 작품의 곳곳에 감정적인 요소가 디테일하게 드러나고 있다. 이러한 것들을 활용하여 푸드아트테라피 과정의 다음 단계를 적용하여 찾아들어가기 할 수 있다.

[푸드예술치료사 1급 양성과정 수강생 공동작품, 2015]

이 작품은 필자가 운영한 푸드예술치료사 1급 양성과정 집단에서 나온 작품이다. 2014년부터 150시간 이상을 함께 훈련해오는 과정 중에 나온 작품이어서 푸드아트테라피의 전체 과정을 거치지 않고 바로 찾아들어가기가 용이했다. 작품을 통해 조력하는 과정에서 가슴중심(에니어그램 힘의 중심)의 한 참여자는 자신의 분노에 대한 뿌리감정이 "수치심"임을 자각하였고, 월척이라도 낚은 듯 기쁨을 나누었다.

그녀는 현재 중학교에서 상담활동을 하고 있는 교사지만, 친구와의 관계에서 빚어진 화의 근원을 알지 못하여 미해결 과제로 안고 있었다. 미해결 과제는 평상시엔 잘 모르고 지내다가 문제를 자극하는 상황이 발생할 때마다 분노가 발동되어 마음 한 편에 부담으로 안고 있었던 문제라고 한다. 그러나 교육과정에서 "아하!"체험을 하여 마음이 한결 가벼워졌다고 한다.

"아하! 체험"은 체험으로 끝내면 큰 성과를 얻기 어렵다. 구체적이고 체계적인 실천전략을 수립하여 일상 생활 속에서 꾸준히 훈습함으로써 깨달음이 현실화되고 생활화되도록 발전시켜가고 자연스런 삶의 일부가 되도록 하는 것이 필요하다.

전체를 바라보기는 내담자의 어느 한 측면을 제한된 관점으로 바라보는 것이 아니라 온전히 식별할 수 있는 관점으로 바라보는 것이다. 명료화 과정을 통해 내담자의 3不(불일치, 부자연, 불편함)요소와 3有(욕구, 능력, 희망)를 찾아내어 그에 부응하는 대책을 찾아 들어가는 작업이 이루어진다.

내담자의 마음상자가 닫힘과 열림 중, 또는 그 중간의 스펙트럼 지대 중에서 어느 위치에 있는지, 어떠한 상태인지에 대해 탐색한다. 그리고 그 상태에 초점을 두어 성장을 지향하는 바람직하고도 현실적인 대안을 찾아가도록 조력한다.

한편, 앞에서 맞이하기 단계의 "마음결 고르기"를 설명하며 제시하였던 '내 마음의 비유(25쪽에 제시된 그림 참조)' 사진과 같은 활동을 비유를 달리하여 적용할 수 있다. 그것은 발달(의식)의 수준에 대한 비유이다. 실제로 필자는 몇몇 집단에서 물통에 커피의 양이 늘어나 점점 혼탁해지는 것에 대해 자신이 본질적인 삶을 추구하는 상황에서부터 멀어져 본질이 점차 흐려지고 발달수준이 떨어지는 양상으로의 비유로 설명하였다. 그랬더니 그 내용이 참여자들에게 매우 설득력있게 작용했다.

리소는 에니어그램에서 9가지 유형의 발달수준을 9수준으로 나누어 설명한다. '내 마음의 비유'에서 9개의 통을 활용한 것은 9개의 유형을 은유적으로 다룬 것이다. 9개의 발달수준을 윤운성 박사(2010)는 건강한 세 수준(천품, 인품, 성품), 보통의 세 수준(성격, 성질, 성깔), 불건강의 세 수준(억지, 싸가지, 사이코)으로 설명하기도 한다.

발달수준이 높을수록 자기정화능력이 뛰어나다. 커피 알갱이들을 외부의 오염요소라고 가정한다면, 자기정화의 능력을 충분히 가지고 있을 때는 오염요소인 커피를 충분히 녹여 내 오염원의 영향을 받지 않거나 적게 받는다. 그러나 자기정화 능력을 벗어날 정도의 오염원(예를 들면 심각한 사건 사고로 인한 타격)을 접하게 되면 과부하가 걸리고 그것이 적절히 처리되지 않아 미해결과제가 된다.

우리나라에서 많은 사람들에게 과부하로 작용한 사건들을 예로 들자면 삼풍백화점 붕괴사고, 세월호 침몰, 대구 지하철 화재 사건 등을 들 수 있다. 이런 큰 사건은 T트라우마이고, 일상에서 남들은 잘 모르지만 자신감을 떨어뜨리는 여러 작은 경험들은 t트라우마에 해당된다. 대체로 t트라우마는 간과하고, T트라우마 만을 중요시하는 경향이 있다.

그러나 응급을 요하는 상황을 제외하고 T트라우마와 t트라우마 모두를 다루어 주는 것이 필요하다. t트라우마도 그때그때 해결하거나 흘러 보내지 못하고 축적할 경우 T트라우마적 폐해를 낳을 수 있기 때문이다.

4) 받아내기(생기어린 한 마당)

받아내기 단계에서는 "사람은 멋진 인생을 보내기 위해 태어났다. 그리고 필요한 자원은 모두 가지고 태어났다."는 NLP와 FAT에 대한 전제를 확인할 수 있다. 상담자의 조력으로 내담자는 자신이 욕구를 스스로 해결할 수 있는 타고난 능력의 소유자임을 발견할 수 있다. 상담자는 내담자가 푸드아트테라피 과정에서 스스로 해낸 증거들을 확인할 수 있도록 돕는다. 내담자는 그 과정에서 자신의 욕구 실현 가능성에 대해 희망을 가지게 된다. 궁극적으로 자신을 제대로 살리는 생명력을 통합하는 단계에 도달한다. 즉 제한된 신념으로부터 해방되고 일상생활에서의 구속과 제한으로부터 벗어나 더 자유롭게 된다.

이 단계에서 내담자는 닫힌 마음이 열리고 트이게 된다. 장의 분위기도 훈훈하고 화기애애하게 진행된다. 그러나 자기효능감이 증진되기 위해서는 깨달음(自覺)만으로는 부족하다. 자발적인 의지(自立)가 생기고 긍정적 변화(自生)가 실제상황에서 이루어지도록 자신내면의 역동을 지속적으로 살피고 보살피는 훈련이 진행되어야 한다. 받아내기 단계의 효율적인 상담기술은 해냄을 확인하기와 새롭게 탄생한 세계를 굳히기 위한 전략이 필요하다. 즉 성장점 확인하기, 다지기, 축하하기, 상호반영하기, 살피기, 보살피기 등을 적용한다(이정연, 2014b).

해냄을 확인하기는 내담자의 작품에서나 상담과정에서 이루어낸 성과를 확인하여 격려하고 지지해 주는 것이다. 내담자가 해내는 과정에서 보여준 성장점을 확인하고 그것들을 다지고, 해냄을 축하하며 필요한 부분은 상호 반영한다. 더 발전적 방향을 모색하기 위하여 살피고, 보살피며 새롭게 탄생한 세계를 굳혀 나간다. 구체적인 받아내기의 사례는 아래와 같다.

[지적장애 청소년에 대한 받아내기의 예(조주영, 2014)]

아래 사례는 지적장애 청소년의 푸드아트테라피 사례 총16회기 과정 중에서 8회기에 해당하는 장면중의 하나이다. 뻥튀기를 활용한 푸드아트테라피 과정에서 맞이하기(애정 어린 시선) – 받아들이기(정감어린 교류) – 찾아들어가기(진심어린 관심) – 받아내기(생기어린 한마당)의 4단계가 다 이루어진 회기이다(7장에 제시한 관련 논문 참조).

내담자의 뻥튀기 격파모습

8회기는 부정적 감정을 해소하기 위한 세션으로 진행되었다. 뻥튀기를 활용하여 오감 교류하는 것을 시작으로 진행하여, (과정 중략) 스트레스가 되는 것을 연상하며 그것이 날아가는 느낌이 들게 뻥튀기를 격파한다.

내담자는 이 활동에 대해 마치 방망이로 게임용 두더지를 내리치는 것처럼 스트레스가 풀리는 느낌이었다고 했다. 그 과정에서 성폭력 가해자도 연상되었고 분노의 감정이 일기 시작했다. 그것을 제대로 받아내기 위해 분노의 감정이 극에 달하도록 연합한 후 분리하는 과정을 거쳐 마침내 내면의 찌꺼기 감정을 해소하였다. 마지막으로 부서진 뻥튀기 조각으로 자신만이 꿈꾸는 마음속의 우주를 재구성하였다. 그리고 그 스토리를 즐겁게 나누며 생기어린 한마당의 기쁨을 만끽하도록 했다.

8회기를 마무리하며 내담자는 상담 소감에 대해 마음에 있던 걱정, 두려움, 스트레스가 날라 갔으며 자신감이 생겼다고 하였다. 걱정, 두려움, 스트레스의 정도를 파악하기 위해 척도질문(10은 매우 심각, 1은 매우 미미)을 하자 상담 초에는 10정도였던 것이 지금은 2~3정도 남아 있다고 했다. 반면에 자신감은 처음엔 2~3정도였던 것이 지금은 7~8정도라고 하여 이 회기기가 성공적이었음을 보여주었다.

5. 푸드아트테라피의 장점과 기대효과

인간은 보편적으로 하루 90%의 시간을 습관의 틀로 살아간다고 한다. 세월이 많이 흐르고 나이가 들어감에도 불구하고 습관의 틀을 그대로 유지하는 것은 다채로운 삶의 경험을 누리지 못하는 결과를 초래한다. 이제 음식을 바라보고 음식을 대하는 우리의 습관도 관점을 달리해 보자.

다양한 일상의례 속에서 꼭 등장하는 음식은 우리에게 단순히 먹고 생명을 유지하는 행위를 넘어 심리적인 위로, 편안함, 자신감, 교류, 즐거움, 치료의 장을 열어준다. 음식은 세상 모든 사람들이 섭취해야만 살아갈 수 있으므로 존재 그 자체로 특별한 의미와 가치를 지니고 있다. 이러한 음식(푸드)을 주요 매개 자료로 활용하는 푸드아트테라피의 장점 및 기대효과는 매우 크다.

1) 재료의 친숙함과 위로기능이 참여 동기 유발 효과를 준다.

푸드는 특별한 경우를 제외하고는 모든 사람이 먹고 살아가는 것이어서 누구에게나 친숙하고 기본적인 위로기능을 갖추고 있다. 오감을 자극하는 재료들은 내담자들의 관심을 끌고 푸

창의·인성교육 효율성(效率城)으로의 초대   **푸드아트테라피**

드아트테라피 과정 참여에의 동기를 유발한다.

뿐만 아니라 내담자가 쉽게 마음을 열 수 있도록 돕고 저항과 방어는 줄어들어 수월하게 치료적 개입이 가능하다. 우리는 언어적으로 의사소통하는 방식에 숙달되어 있다. 그런데 언어적 의사소통 방식은 저항이나 방어가 쉽게 일어난다. 푸드아트테라피 과정에서의 작품 활동은 비언어적 수단이 적용되므로 통제를 적게 받는다. 내담자는 작품을 통해 알게 모르게 무의식을 투사하므로 저항과 방어기능이 약화되어 치료과정이 촉진된다.

푸드의 이러한 장점은 일상생활 장면에서도 효율적으로 이어져 오고 있다. 우리 선조들로부터 전해지는 생활문화는 우리의 삶 면면이 이어오고 있으며, 그 친숙함이 교육 및 치료의 효과를 수월하게 한다. 예를 들어 아침 식사 때 오순도순 밥상머리 교육의 한 대목으로 속담을 통해 사계절의 기온과 관련지어 각 음식의 섭취·보관법을 가르쳤다. 사계절을 아우르는 음식 속담의 예로 "밥은 봄같이 먹고, 국은 여름같이 먹고, 장은 가을 같이 먹고, 술은 겨울같이 먹어라"는 밥은 따뜻하게, 국은 뜨겁게, 장은 서늘하게, 술은 차게 마셔야 한다는 것을 운치 있게 설명한 것이다(중앙일보, 2010년 11월 19일자).

2) 감성과 창조성개발이 수월하다.

현대인은 다양한 이유로 필요한 자극이나 자극의 변화를 느끼는 성질이 잠들어있는 경우가 많다. 푸드아트테라피 과정에서 푸드의 본질을 기억하고, 푸드 재료와의 교감을 나누는 것만으로도 무디어진 원시적 감성을 일깨울 수 있다. 우리나라의 빨리빨리 문화는 한강의 기적을 이루는 등 긍정적인 면도 많았지만 부작용도 만만치 않다. 천천히 삶을 관조하고 느린 것의 아름다움을 망각하고 지내는 것이 문제이다. 우리 몸은 교감신경과 부교감 신경의 조화가 필요한데, 교감신경만 과도하게 활성화하고 지내는 경향이 많다.

전체 에코시스템과의 상생과 조화를 추구하는 푸드아트테라피는 자연과의 융화와 상생을 향해 나아가는 자연주의 테라피이다. 그러므로 그 적용 과정에서 당연히 자연을 보호하고 생태계의 파괴를 방지하며 인간의 권리를 찾고 의무를 지키는 것은 기본이 된다. 그 전반적 과정에서 자연스럽게 감성이 개발되고 훌륭한 대안문화를 일구어 갈 수 있게 된다.

작품을 만드는 과정에서의 신체에너지 유발과 창조성의 발산은 또 다른 강점이기도 하다. 푸드아트테라피 작업을 시작하기 전의 내담자는 신체적 에너지가 다소 떨어져 있다. 푸드아트테라피가 시작되면 푸드와 교감하고 작품 활동을 진행하며, 이어지는 감상과 나눔, 설명, 토론, 피드백 주고받기, 정리 등의 시간에는 대체로 더 활기찬 모습이 된다. 각 개인은 체내의 에너지 흐름과 정도가 변화한다는 것을 느낄 수 있다. 놀이와 예술적 열정이 있는 체험과정으로 감성개발과 창조적 에너지의 발산이 이루어진다.

3) 다중지능이 개발된다.

푸드아트테라피는 다중지능개발에도 탁월하다. 푸드 재료를 보고 만지고 냄새 맡고 먹고 소리도 들어보고 더 나아가 스스로 창작해 보는 과정에서 오감을 고루 활용한다. 오감 자극은 뇌의 해당 부위 자극으로 이어져 다양한 지능이 개발된다. 총 천연색의 다양한 푸드 재료를 보는 것은 시각 자극의 수용과 시각적 기억의 저장기능역할을 하는 후두엽을 자극한다.

푸드의 소리를 듣는 것, 작품 활동 과정에서 언어적으로 표현하는 것은 청각과 언어 관련 기능을 담당하는 측두엽을 자극한다. 푸드를 만지고 작품 활동을 하는 것은 체성감각과 피부, 운동감각, 촉지각을 담당하는 두정엽을 자극한다. 푸드를 활용한 다양한 창작활동 과정은 기본적으로 운동, 감각, 지각, 이해, 판단 등이 함께 함으로 창조적 사고와 계획, 문제해결에 대한 분석과 판단 등을 담당하는 전두엽[3]을 자극한다.

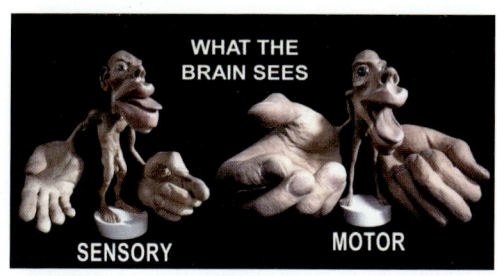

사진출처:
http://blog.naver.com/79fromheaven/220395175169

특히 펜필드의 호문쿨루스(호문쿨루스는 대뇌피질이 위치 별로 받아들이는 신체 감각이 다른데, 이를 연구하여 나타낸 지도를 말하며, 캐나다 신경외과 의사 펜필드의 연구결과이다)에 따르면 손가락, 입, 입술, 혀, 눈 부분이 가장 크며, 손이 뇌의 30%를 차지하는 것으로 나타났다. 푸드아트테라피는 손가락, 입, 입술, 혀, 눈을 다 사용하므로 뇌자극과 계발에 있어서 타의 추종을 불허한다.

다중지능 이론은 Haward Gardner가 1983년에 발표한 것이다. 구체적으로 ① 신체-운동 지능 ② 언어지능 ③ 공간지능 ④ 논리-수학지능 ⑤ 음악 지능 ⑥ 대인관계 지능 ⑦ 내성 지능

---

[3] 현대인들이 휴대폰 과다 사용 등으로 전두엽을 쓰는 기회가 줄어드는 것은 큰 문제이다. 특히 자라나는 유·아동이나 청소년의 경우 그 문제가 특히 심각하다. 푸드아트테라피는 이런 문제를 해결하거나 보완하기에도 훌륭한 대안이 될 수 있다. 푸드아트테라피는 재미있어서 집중 몰입이 용이하기 때문이다. Schiller(1995)는 재미는 정서와 인지의 작용을 상호 통합시키고 조절하며, 조화롭게 만드는 역할을 한다고 주장한다.

⑧ 자연탐구 지능이 그것이다. 이후 그는 '실존적 지능'을 제기하였으나 아직 널리 인정받지 못하고 있다. 그 외에도 가드너는 영성, 도덕적 감수성, 유머, 직관, 창의성, 요리 능력, 후각 능력, 타 지능을 분석하는 능력 등 다양한 지능을 주장하였다. 여기서는 많이 논의되는 8가지 지능을 중심으로 살펴보고자 한다.

- **신체-운동지능** : 푸드아트테라피는 재료를 준비하는 과정에서부터 재료를 활용한 작품 활동, 놀이 활동 등이 포함되므로 당연하게 신체를 활발히 움직이게 된다. 게임 활동이나 신체연출 활동 등으로 활동성을 더 부과할 수도 있다. 결과적으로 신체-운동지능 개발로 이어진다.

- **언어지능** : 작품을 만들고 그것에 대한 생각과 느낌을 나누기 위해 표현하는 과정 및 푸드아트테라피 전 과정에서 상호작용하며 언어화하는 작업이 이루어진다. 언어가 사고나 인지에 긍정적 영향을 미친다는 점은 많이 보고되어 있다(Eysenk & Keane, 2005). Vygotsky는 언어와 사고가 발달상에서 처음에는 독립적이지만 점차 두 체계가 상호 관련적인 체계로 변화되어 간다는 주장을 하였다(현성용 외, 2016). 두 체계가 상호 작용적이라는 점은 분명한 것 같다. 예를 들어 '사과'라는 단어를 보면 동시에 생각에서 떠오르는 다양한 표상들 즉, 과일의 한 종류, 부사나 홍옥, 국광 등 하위 종류 같은 것들과 연결된다. 사과에 대한 심상, 개념, 그와 관련된 언어 등의 인지표상이 사용되는 사고로 이어질 수 있다. 관련된 심리적 표상을 변환, 조작, 조합하는 사고과정은 자연스럽게 언어지능 향상과 더불어 관련된 여타의 개인 발달을 자극한다.

- **공간지능** : 작품 활동 과정은 어떤 이미지를 공간에 맞게 표현하는 것이다. 푸드 재료를 주어진 공간에 적절하게 배열하고 조합하면서 공간지능을 발휘하게 되고, 그것의 반복은 공간지능 개발로 이어진다.

- **논리-수학지능** : 작품 활동 과정에서 재료의 연합, 배열, 수량 조절, 쌓기, 생략 등이 이루어진다. 작품에 대한 스토리텔링과정에서 자연스럽게 참조체계(전자와의 연결)와 인과관계(후자와의 연결)를 다루며, 참조처리, 인과처리로 이어진다. 이 과정에서 내용들 간의 참조처리를 하며 통합하는 능력이 향상된다. 인과적 연결이나 처리는 인과지식의 향상을 얻을 수 있게 한다. 또한 해바라기 꽃이나 씨앗, 사과의 단면 등을 통해 피보나치수열이나 황금비등을 다루어줄 수 있다. 이처럼 논리적으로 추론하거나 규칙이나 법칙을 적용하는 것과 같은 방법을 꾸준히 적용함으로써 논리-수학적 지능이 개발되고 발휘할 수 있게 된다.

- **음악 지능** : 쌀, 콩, 깨 등의 각종 씨앗 재료를 빈 통에 넣어 리듬을 맞추는 놀이를 하거나, 수박이나 메론 껍질 등을 활용하여 주걱으로 장단 맞추어 치는 놀이 등은 생각만 하여도 흥미롭다. 즐겁게 순수성을 찾아 가는 과정, 푸드아트테라피 과정에 음악적 요소를 가미하여 즐거운 놀이를 할 수도 있고 풍부하고 깊은 상담 및 치료로 이어가는 과정 등이 음악지능 개발과 관련된다.

- **대인관계 지능** : 작품 활동을 하고 자신의 작품을 집단원들에게 표현하거나 상대의 표현을 듣는 과정, 서로 피드백을 주고받는 과정에서 세심하게 관찰하고 배려하는 마음이 생긴다. 더 나아가 다른 사람의 기분, 동기, 바램 등을 더 잘 이해할 수 있게 되며 함께 적응할 수 있는 힘을 기르게 된다.

- **자기성찰(내성) 지능** : 푸드아트테라피 작품에는 알게 모르게 자신의 마음을 드러내게 되어 있다. 전문가의 조력으로 그 작품 속에서 자신의 내면을 성찰하게 되고 객관적으로 이해하며 조절력을 향상시켜 갈 수 있다. 자신의 욕망, 두려움, 재능을 파악하고 그것들을 잘 다루어 효과적인 삶으로 이어갈 수 있다.

- **자연탐구 지능** : 생물이나 무생물, 식물, 동물 등 자연의 모든 재료가 푸드아트테라피의 창작 활동에 활용된다. 그러므로 자연스럽게 자신이 살아가고 있는 환경에 관심을 갖게 되며 자연을 알게 되고 자연을 사랑하는 마음으로 이어진다.

4) 대자연의 섭리를 습득하고 개인의 내적성장과 치유가 일어난다.

푸드의 생명력을 이해하는 것, 자연에서 온 생명력 있는 푸드 재료를 오감각적으로 체험하는 것, 인간과 식품이 하나의 생태계 내에서 상호 정감어린 교류를 나누는 장을 활성화하는 것, 개인이 생명체의 아름다움과 소중함을 인식하는 것, 개인이 생명체 간의 일체감을 경험하는 것, 상생과 조화의 필요성 습득과 그것을 위한 노력 등은 매우 귀중한 가르침이다.

푸드아트테라피는 푸드의 본질을 먼저 고려하므로 자연스럽게 자연의 섭리를 습득하고 따르도록 안내한다. 특히 자라나는 아이에게 대자연의 섭리를 알게 하는 것은 중요하다. 대자연의 섭리를 깨닫는 것은 곧 우주의 진리를 깨닫는 것이 된다. "자연의 아들로 자라지 못하는 아이는 절대로 사람의 아들로 길러낼 수 없다(윤구병)."

푸드아트테라피는 푸드를 활용한 놀이 또는 아트가 기본이다. 놀이로서의 푸드아트테라피는 즐거움을 주고 다양한 창작활동이 가능하다. 결과적으로 감성개발, 창의성 증진과 더불어 작품 완성을 통한 성공경험을 제공한다. 이런 경험은 '할 수 있다'는 자신감으로 이어지고, 이러한 긍정적 정서는 삶의 다른 영역에도 바람직한 방향으로 영향을 미친다.

Baumgardner와 Crothers는 긍정적 정서는 우리들의 시야를 넓혀주고, 부정적 정서의 효과를 상쇄시키며, 탄력성을 고양시키고, 정서적 웰빙을 향상시킨다(안신호 외 공역, 2009)고 보았다. 또한 그 과정에서 치료자의 적절한 역할이 더해져 내적성장 및 치유가 깊어진다.

5) 푸드아트테라피의 철학과 가치는 선순환 된다.

사회학 이론 중에 "100마리째 원숭이 현상[4]"이라는 것이 있다. 100마리째 원숭이 현상은 라이얼 왓슨 박사(동물행동학, 생태학, 식물학, 심리학, 미래학 등 10여 개의 박사학위를 소지하고 있고 여행가로도 명성이 있음)가 명명한 것으로 어떤 행위를 하는 개체의 수가 일정 수준, 즉 임계점에 도달하면 그러한 행동의 확산속도가 시간과 공간을 초월하여 매우 빠르게 전파될 때 쓰이는 표현이다.

생명 중심 사상을 기본적으로 갖추고 있는 푸드아트테라피를 통한 힐링 문화도 한 명의 깨달음이 백 명의 깨달음으로 이어질 수 있다. 좋은 철학과 가치는 널리 퍼질수록 선순환 효과로 이어지고 깊어진다. 푸드아트테라피의 긍정성에 대한 깨달음이 선순환의 원리에 따라 널리 확대될 것으로 기대한다. 왜냐하면 현재 상담과 치료를 위한 많은 방법과 기술들이 개발되어 있지만, 푸드아트테라피처럼 즐겁고, 참여부담이 적으며, 오감각적 요소를 고루 자극하는 방법과 기술은 아직 찾기 어렵기 때문이다.

---

[4] 일본의 고지마라는 무인도에서 원숭이들이 고구마를 먹을 때 손으로 흙을 털어내고 먹었다. 그런데, 어느 날 생후 18개월 된 '이모'라는 암컷 원숭이가 고구마를 바다 물에 씻어먹기 시작했다고 한다. 그러자 다른 어린 원숭이와 암컷 원숭이들이 하나둘 고구마를 물에 씻어 먹는 행동을 흉내 내기 시작했다. 그렇지만 수컷 원숭이와 나이든 원숭이들은 변화를 거부하고 여전히 고구마를 씻지 않은 채 흙만 털어내고 먹었다. 그러다 고구마를 씻어먹는 원숭이의 수가 '100마리'에 도달하자 놀라운 일이 벌어졌다. 고지마 지역 모든 원숭이들이 따라하게 되었고 나이든 원숭이와 수컷원숭이도 결국은 고구마를 물에 씻어 먹는 행동을 수용하고 변화에 적응하게 되었다. 더 놀랍고 신기한 현상은 고지마 지역 원숭이의 이동이나 정보전달이 없었는데 고지마 섬 이외의 다른 지역에서도 원숭이들이 동시다발적으로 고구마를 물로 씻어 먹기 시작했다는 사실이다.
어떤 공동체에 도움이 되는 특별한 행동은 점점 퍼져 나가기 마련이고, 동일한 행동을 하는 사람이 일정 인원이 되어 임계점에 도달하면 거리나 공간에 관계없이 전체 공동체에 확산이 된다는 것이다. 서로 간에 접촉이나 의사소통이 일어나지 않았음에도 불구하고 마치 신호를 보낸 것처럼 정보가 흘러가더라는 것이다.
라이얼 왓슨 박사는 이러한 현상을 연구하여 "100마리째 원숭이 현상"이라는 학설을 내 놓은 것이다. "백 마리 째 원숭이가 되자"라는 책을 집필한 일본의 후나이 유키오는 이 스토리를 통해 "내가 깨달으면 백 명이 변하고 백 명이 깨달으면 세계가 변한다."라는 사실을 강조한다.

[생각과 마음을 열고 행동으로 이끄는 Tip]

Q. 변화를 시작한 한 마리의 암컷 원숭이 '이모'가 되어본 적이 있나?
....
....
....

Q. 내가 옳다고 생각하는 어떤 것을 시도하는데 나이 먹은 수컷 원숭이 세력을 만나면 어떻게 할 것인가?
....
....
....

푸드아트테라피

[푸드아트테라피의 예술 활동 관련 명언]

- 예술은 우리의 영혼을 일상의 먼지로부터 씻어 준다(피카소).
- 그림을 그리는 것은 일기를 쓰는 또 다른 방식이다(피카소).
- 모든 예술의 궁극적인 목적은 인생은 살만한 가치가 있다는 것을 일깨워 주는 것이다. 또한 그것은 예술가에게 더없는 위안이 된다(헤세).
- 꽃을 주는 것은 자연이지만 꽃을 엮어 꽃다발을 만드는 것은 예술이다(괴테).
- 예술가는 천성적인 소질보다 노력의 영향이 더 크다(괴테).
- 안다는 것은 전혀 중요하지 않다. 상상하는 것이 가장 중요하다(아나톨 프랑스).
- 나는 보기 위해 눈을 감는다(폴 고갱).

– 내 마음의 그릇(조주영 作, 2014) –

6. 효과적인 창의·인성교육과 푸드아트테라피

우리나라는 예로부터 '동방예의지국'이라고 불렸다. '동방의 예의가 좋은 나라'였던 것이다. 부모님께 효도하고 어른을 공경하며, 나이가 어린 사람을 잘 돌보고, 다른 사람에게 해를 끼치지 않는 것을 미덕으로 여겼다. 언제부터인가 동방예의지국이라는 옛 명성은 퇴색해 버려 인성회복의 필요성이 제기되었고 인성교육진흥법까지 제정·공포하기에 이르렀다.

인성교육진흥법은 지난 2014년 12월 29일 국회를 통과하여 2015년 1월 20일 법률 제13004호로 공포되었으며, 2015년 7월 21일부터 시행되고 있는 법이다. 이 법에서 명시하고 있는 인성교육의 정의는 "자신의 내면을 바르고 건전하게 가꾸며 타인, 공동체, 자연과 더불어 사는데 필요한 인간다운 성품과 역량을 기르는 것을 목적으로 하는 교육"으로 건전하고 올바른 인성을 갖춘 시민육성을 지향 한다.

인성교육법에서 명시한 핵심가치는 예, 효, 정직, 책임, 존중, 배려, 소통, 협동의 8가지 핵심덕목이다. 참으로 중요하고 살아가는데 약이 되는 덕목들이다. 문제는 이러한 덕목이 단기간의 교육으로 갖추어지는 것이 아니라는 점이다. 이들 덕목들은 오랜 기간 동안 제대로 된 교육과 함께 삶속에서 생활화되어야 습득되어질 수 있는 것들이다.

안타까운 현실의 한 단면은 새로 제정된 법에 편승해 우후죽순처럼 등장한 장사 속 인성교육의 등장이다. 관련된 민간자격증까지 남발하며 잇속을 차리고자 하는 현상이 연일 보도되고 있다. 또 다른 한편에서는 인성교육진흥법에 대한 찬반논쟁이 뜨겁다.

찬성의 입장은 인성교육진흥법이 대한민국의 새로운 희망이며 이참에 체계적 인성교육으로 동방예의지국의 옛 명성을 회복하자고 주장한다. 반대의 입장은 법을 제도화하는 것에 대한 적절성이나 실효성에 대한 의문을 제기한다. 또한 법을 이용하는 사교육 시장 활성화에 대한 우려 등을 내세우고 있다.

그동안 우리교육이나 사회적 분위기는 '사람됨'보다는 '성적 제일주의'를, '비전이나 꿈'보다는 '명문대학 입학'을, '행복보다는 '성과 위주의 성공'을 은연중에 강요하였고 그런 풍토가 지배적이었다. 결과적으로 자라나는 아이들은 각자의 상황과 여건에 맞는 올바른 인성함양의 기회를 박탈당했다. 이제 인성교육은 가정, 학교, 사회가 공동으로 책임의식을 갖고 동참해야할 과제이다.

그러기 위해 훌륭한 수단과 방법이 많이 동원될 것으로 보인다. 필요하고 바람직한 일이다.

푸드아트테라피

그 중에 푸드아트테라피도 매우 탁월한 대안이 될 것으로 보인다. 푸드는 누구나 늘 가까이 해야만 생명을 이어갈 수 있다. 이러한 푸드를 주요수단으로 하는 푸드아트테라피를 인성교육방법으로 채택하는 것은 매우 실효성이 있을 것으로 판단된다.

그 영역을 확대하여 생명 텃밭교육부터 시작할 수 있다. 씨앗을 심기 위해 땅을 만들기, 씨앗을 심기, 싹이 돋아나면 김매고 물과 양분을 주어 가꾸기, 수확하기, 감사한 마음으로 먹기, 재료를 활용하여 작품으로 만들기, 심리치료하기 등 다양한 활동프로그램과 전문적 조력이 가능하다. 그 과정에서 자연 속에서 더불어 살아가는 것의 중요성과 생명의 가치를 일깨우고 습득할 수 있다.

또한 다른 사람을 배려하고 존중하는 법, 어른을 공경하는 법, 효율적으로 소통하는 법, 협력하는 법 등 인성교육에서 강조하는 8가지 핵심덕목을 자연스럽게 고루 습득하고 창의성을 증진할 수 있다. 물론 텃밭이 있다면 금상첨화지만 없어도 가능한 수단과 방법은 무수히 많다. 이 책 내용의 대부분은 텃밭과 연결하지 않은 것들이다. 다만 텃밭이 있다면 그 다양성과 효율성이 몇 배 향상될 수 있을 것으로 보인다.

2장. 푸드아트테라피의 기초 활동

1. 워밍업 활동

2. 관계형성 활동

3. 자기 및 타인이해 활동

4. 공동체 형성 및 협력 활동

2장. 푸드아트테라피의 기초 활동[5]

1. 워밍업 활동

　푸드아트테라피의 워밍업(Warming-up) 활동은 푸드아트테라피를 본격적으로 시작하기 전에 준비운동 차원에서 진행할 수 있다. 워밍업 활동은 푸드를 활용한 간단한 놀이[6]를 할 수도 있고, 맛보기 격의 푸드아트테라피 활동을 할 수도 있다. 푸드를 활용한 놀이 활동을 예로 들어보자. "푸드야 놀자!"라는 제목을 내 걸고 푸드 재료를 활용하여 부담 없이 놀이를 할 수 있다. 그 가운데 자연스럽게 긴장된 분위기를 완화하고 즐거운 분위기가 조성되어 참여자들이 프로그램 운영의 장으로 들어오도록 안내한다.

　푸드를 활용한 놀이는 매우 다양하다. 비싸고 좋은 도구를 활용하는 방법도 많다. 그렇지만 필자는 게임도구로 가능한 한 재활용품을 활용하거나 적은 비용을 들여서 할 수 있는 것에 관심이 많다. 굳이 재활용품을 많이 활용하는 프로그램을 개발하고 보급하는 이유는 푸드아트테라피가 에코시스템과의 상생과 조화를 추구하는 심리치료여서 그것을 실천하기 위한 스스로의 노력이기도 하다.

　또한 상담 현장의 여건이 때로 필요한 예산이 넉넉히 주어지지 않는 경우가 많다. 따라서 상담실무자들이 상담현장에서 적은 예산이나 예산 없이 할 수 있는 프로그램에 대한 정보를 제공하기 위한 의도도 작용하였다.

---

[5] 푸드아트테라피의 과정을 순차적으로 안내한 것은 참여자의 이해를 돕기 위한 개략적 절차이다. 실제적용과정에서는 내담자의 특성·상황·여건에 따라 적절히 조정할 수 있다. 1장에서 설명한 바와 같이 그것이 놀이차원에서 마무리 될 수도 있고, 맞이하기(애정 어린 시선) – 받아들이기(정감어린 교류) – 찾아들어가기(진심어린 관심) – 받아내기(생기어린 한마당)의 과정에 따라 진행될 수도 있다. 푸드아트테라피의 재료는 무생물과 생물을 포함하여 푸드 재료의 껍질, 각종 과자, 심지어는 쓰레기까지 활용할 수 있다. 그래서 초코파이나 라면 하나로도 작품 활동이 가능하고 치료적으로 끌어 갈 수 있다. 필자도 그런 다양한 재료들을 활용하여 푸드아트테라피를 한다. 그렇지만, 가능한 한 자연적인 푸드 재료를 활용하여 놀이하고 테라피 하는 것을 선호한다. 자연적인 재료를 활용하는 것이 자연주의 테라피를 하며 에코시스템과의 상생과 조화를 추구하는 방향과 부합되기 때문이다. 그렇지만 상황과 여건이 여의치 않을 때는 그 범위 내에서 융통성 있게 적용하는 지혜를 발휘할 수 있다.

[6] 대상관계 치료자 위니컷(Winnicott)은 내담자가 의존, 사랑, 반항, 경멸, 미움과 같은 관계를 통해 경험하는 자신만의 진실을 가지고 있으며, '놀이를 통해' 가장 효과적으로 반응하게 된다고 보았다. 위니컷은 놀지 않는 것은 치료가 아니라고 생각하였다. 내담자는 놀 수 있어야 성장과 발전이 자연스럽게 따라온다고 본 것이다.

1) 빨대로 과자 많이 옮기기(양파링을 옮겨라!)

- 게임 도구 : 양파링 과자처럼 안이 파인 둥그런 과자 1봉, 빨대(개인별 1개)[7]
- 상품 : 예산이 마련되면 적절한 선물을 준비하고, 예산이 여의치 않을 경우엔 1분 안마권, 더울 때는 1분간 부채질 해주기, 축하의 박수, 'OO팀(이긴 팀을 큰 소리로 외치며) 최고'라고 외치기 등 요령껏 준비한다.

① 인원이 많을 경우 5~10명 정도 한 팀이 되게 팀을 나눈다. 팀을 효율적으로 나누는 방법은 전체 집단에서 두 명씩 짝을 지어 가위 바위 보를 한 다음 이긴 팀과 진 팀으로 나누면 된다. 두 팀의 인원이 너무 많으면 다시 한 번 각 팀에서 두 명씩 가위 바위 보를 하여 나누면 네 팀이 된다.
② 각 팀의 팀원끼리 일렬로 서서 1분이라는 제한된 시간 안에 자신의 빨대 한쪽 끝을 입으로 물고 다른 쪽 끝으로 양파링 과자를 꽂아 옆 사람의 빨대에 꽂아 주어 목표물까지 옮긴다. 난이도를 좀 높이려면 서로 한쪽 발의 옆면이 닿게 다리를 벌리고 일렬로 서서 그대로 유지한 채로 양파링을 옮기는 놀이를 한다.
③ 제한된 시간에 양파링 과자를 가장 많이 옮긴 팀이 승리한 팀이 된다.

2) 호두를 옮겨라!

- 게임도구 : 호두, 호두를 옮길 수 있는 통[8]
- 상품 : 여건에 맞게 적절히 준비

① 팀을 나눈다.

---

7) 게임도구로 빨대를 활용할 때, 상황과 여건이 갖추어지면 재활용이 가능한 빨대를 활용할 것을 권한다. 그리고 향후에도 소지하고 다니며 이용하도록 독려한다면 환경사랑 실천운동이 될 수 있다. 우리 사회에서 환경사랑 실천운동의 일환으로 텀블러를 가지고 다니는 사람이 점점 늘어나고 있는 것은 참 바람직한 일이다. 그러나 아무리 바람직한 일이라도 준비되지 않은 상황에서 무리하게 어떤 방향으로 지향해가는 것은 오히려 부작용이 따를 수 있으므로 어떤 선택과 결정을 내리는 것은 지혜로운 상황 판단력을 필요로 한다.

8) 주방용 랩을 다 쓰고 남은 롤이나 대형 화장지를 다 쓰고 난 롤을 테이프로 붙여서 활용한다. 또는 페트병의 양쪽 끝을 오려내고 안전을 위해 테이프로 날카로운 부분을 정리하여 붙인 다음 활용한다. 호두알을 옮기는 통을 활용함에 있어서 통이 투명하여 호두알이 보이는 경우와 통이 투명하지 않아 호두알이 안 보이는 경우 간에 장단점이 있다. 예를 들어 랩을 다 사용한 후의 롤을 활용한 경우 호두알이 보이지 않는다. 이런 상황에서 급하게 호두알을 통에 집어넣었는데 롤의 지름이 작을 경우 호두 알이 커서 잘 굴러가지 않아 게임에 실패하는 경우가 있다. 참가자들은 게임을 하면서 게임도 상황을 파악하여 전략적으로 해야 하는 것을 알아 가는 등 많은 것을 터득할 수 있다.

② 자기 팀원끼리 서로 일렬로 선다.
③ 각 팀의 팀장이 자기 팀원의 첫 번째 주자의 호두를 옮기는 통에 호두를 넣어준다. 그러면 호두를 땅에 떨어뜨리지 않고 옆 사람의 통으로 옮겨주어 목표지까지 옮긴다.
④ 가장 많이 옮긴 팀이 승리한 팀이 된다.

3) 누구일까요?

- 게임도구 : 어린 시절 사진(사전에 구성원의 가장 어린 시절 사진을 서로 모르게 제출함), 대나무와 콩나물의 성장 과정 사진.
- 상품[9] : 상황이나 여건에 맞게 적절히 준비

① 스크린에 구성원들의 어린 시절의 사진을 띄우고 지도자가 "하나 둘 셋"을 외치면, 그 주인공이 누구인지 집단에서 이구동성으로 맞추게 한다. 맞추기 전에 상의 시간을 10초 정도 줄 수 있다.
② 참여자들이 너무 어려워할 경우에는 미리 준비된 힌트를 제공하여 서로를 알아가기도 하고 재미있게 맞추는 놀이를 할 수 있다.
③ 어린 시절 이후 지금까지 어떤 점이 얼마나 성장하였는지 돌아보고 집단원과 나누는 시간을 갖는다.
④ 대나무나 콩나물의 성장과정에 대한 사진을 보여주고 내용을 들려주며 하루하루의 작은 노력이 자신의 성장에 미치는 긍정적 영향을 기억할 수 있도록 한 후 게임을 마무리한다.

4) 나의 장점(단점)은요?!

- 게임도구 : 짱구 과자, 꼬깔콘 과자
- 상품 : 상황과 여건에 맞게 적절히 준비

---

9) 상품은 승자에게 주는 것이 일반적이다. 푸드아트테라피를 여러 회기에 걸쳐서 진행할 경우에는 때로 승자대신에 패자에게 위로의 상품을 주는 것으로 대신해 보기도 한다. 그리고 그것을 구성원의 개인적 경험으로 연계하여 지금까지 인생을 살아오면서 유사한 경험이 있는지를 다루어 볼 수 있다. 그럴 때 어떻게 대응했는지, 앞으로 또 만약에 그런 상황이 주어진다면 어떻게 할 것인지, 어떻게 대응하는 것이 바람직할지 등에 대해 구체적으로 풀어갈 수 있다.

〈활동장면〉

① 5~6명이 한 팀을 이루어 둥그렇게 둘러앉는다.
② 한 사람씩 정하여 시계방향으로 돌아가며 자신의 장점을 하나씩 얘기하고 그때마다 해당하는 집단원의 왼손의 각 손가락에 동글동글한 짱구과자를 하나씩 꽂는다.
③ 다 꽂고 나면 '②'에서 했던 왼 손의 다섯 손가락에 해당하는 장점을 다른 팀원들이 하나씩 맞추면 짱구과자를 빼서 먹을 수 있고, 맞추지 못하면 빼지 못한다.
④ 느낌을 나눈다.

이 놀이는 다양한 버전으로 응용이 가능하다. 같은 방식으로 장점을 얘기할 수도 있고, 잘 하는 것을 얘기할 수도 있으며, 또는 하고 싶은 것을 얘기할 수도 있다. 반대로 단점을 얘기할 수도 있고, 못하는 것을 얘기할 수도 있으며, 또는 하고 싶지 않은 것을 얘기할 수도 있다. 단점 등 부정적인 내용을 얘기할 때는 동글동글한 짱구과자 대신에 뾰족한 꼬깔콘 과자를 활용하면 더 그럴듯하다.

게임과정에서 다루는 내용에 따라 그것을 자신이 얘기할 수도 있고 집단원이 얘기해 주는 방식을 적용할 수도 있다. 만약에 집단원이 자신의 장점을 찾아주었다면 짱구과자를 뺄 때는 집단원이 찾아준 장점을 자신이 얘기하고 빼는 방식을 적용하면 된다. 단, 집단원의 단점이나 부정적 내용을 다룰 경우 자칫 상처를 줄 수 있으므로 상담자의 재명명 기술 등 전문적 조력이 절대적으로 필요할 수도 있음을 명심하여 적절히 적용한다.

5) 그려 그려?! [10]

- 게임도구 : 도화지(그리기 편한 받침대 포함), 굵은 펜, 단서 그림(예: 푸드 이름, 푸드 관련 직업 이름 등)
- 상품: 상황과 여건에 맞게 적절히 준비

① 팀을 구성하여 한 줄로 선다.

---
10) 이 활동은 "그래! 그래!"의 사투리 표현과 "Drawing"의 의미를 담아 붙여진 이름이다.

② 먼저 시작할 팀의 팀원들이 뒤로 돌아서게 한다.
③ 상담자가 그 팀의 맨 앞 사람에게 단서 그림을 제공하여 10초 만에 도화지에 그리게 한다. 제한 시간 10초가 지나면 다른 팀원에게 말은 하지 않고 기회를 넘겨 그리던 그림을 이어가게 한다.
④ 그 팀의 마지막 팀원이 자기 팀에서 그린 그림의 결과물을 보고 단서 그림의 내용을 맞춘다. 총 제공 시간 3분 내에 다른 단서 그림도 같은 방식으로 그려서 가장 많이 맞춘 팀이 승자가 된다.
⑤ 팀 수가 많지 않을 경우에는 각 팀을 교대로 실시한다. 팀 수가 많을 경우에는 보조자를 동원하여 단서 그림 제공을 여러 팀에 동시에 진행할 수 있다.
⑥ 마지막에 각 팀이 그린 그림을 칠판에 붙이고 느낌을 나눈다.

6) 딩고게임

- 게임도구 : 칼라 푸드 이미지와 그 푸드의 효능에 대한 내용이 담긴 카드(해당되는 칼라이미지 5개 이상) - 예) 빨간색 푸드 재료 5개, 노란색 푸드 재료 5개 등
- 상품 : 상황과 여건에 맞게 적절히 준비

① 5~6명이 한 팀을 이루어 탁자를 중간에 두고 둥그렇게 둘러앉는다.
② 칼라 푸드 이미지가 담긴 카드를 골고루 합하여 집단원 수에 따라 적당히(1인당 5매 가량) 나누어 준다.
③ 자신에게 배부된 카드를 보고 어떤 칼라 푸드의 이미지 카드를 모을 것인지 마음속으로 정한다. 그 팀의 리더가 '하나 둘 셋'을 외치면 자기가 모을 카드는 챙기고, 모으지 않을 카드는 한 장씩 오른 쪽 사람의 앞으로 놓는다.
④ 자기 앞에 놓인 카드를 가지고 와서 기존에 자신이 가지고 있던 자신의 카드와 맞추어 보고 마음속에 정했던 것과 같은 색의 칼라 푸드 이미지카드이면 모으기를 계속한다. 같은 색 이미지의 칼라 푸드 카드가 다 모이면 "딩고"를 외치고 승자가 된다.

이 게임은 단순히 딩고게임으로 운영할 수도 있고, 게임 중에 카드에 적힌 해당 푸드의 효능을 짬짬이 익히게 하여 나중에 퀴즈 놀이로 이어갈 수도 있다.

2. 관계형성 활동

1) 나를 소개합니다!

- 재료[11] : 쌀, 다양한 색깔과 모양의 캔디, 부직포

① 재료와의 오감 교류 : 주어진 푸드 재료와 오감각적으로 교감하며 친해지는 시간을 갖는다.
② 애칭 짓기 : 명상모드를 조성하여 너무 무거운 느낌이 들지 않게 가벼운 명상으로 유도한다. 신체를 바르고 편안하게 펴고 복잡한 머리와 마음을 조율하도록 안내한다. 자신이 희망하는 미래상을 이미지화하고 불리고 싶은 애칭을 짓는다.
③ 애칭을 작품으로 표현하기 : 부직포 위에 푸드 재료를 활용하여 자신의 애칭 이미지를 작품으로 만든다.
④ 작품에 대해 집단원과 나누기 : 자신이 만든 애칭을 주제로 정성들여 만든 작품에 대해 집단원과 나누고 피드백을 주고받는다.
⑤ 재구성하기 : 재구성하기는 매 활동마다 꼭 해야 하는 과정은 아니다. 상담자나 다른 집단원들로부터 받은 피드백을 반영하여 필요하다고 판단하면 재구성하기를 한다.
⑥ 변화된 점 나누기 : 자신의 작품에 대해 재구성하기 전과 재구성을 한 후에 변화된 점에 대해 나누는 시간을 갖는다.
⑦ 실천전략 수립 : 개인에 따라 필요하다고 판단되면 푸드아트테라피 과정에서 체득한 것을 일상생활에서 훈습하고 실천하여 온전히 자기 것으로 만들기 위한 전략을 수립한다.
⑧ 소감 나눔 : 푸드아트테라피 집단프로그램은 그 회기에 주로 다루는 주인공뿐만 아니라 전체 집단원들이 서로 영향을 주고받는다. 소감 나누기를 통해 그 내용을 나누며 과정을 마무리한다.

---

11) 이 책에서 소개한 푸드아트테라피에 사용하는 재료는 하나의 예시이다. 상황과 여건에 맞게 융통성 있게 적용할 수 있다. 푸드아트테라피로 교육 및 치료적 조력을 하는 사람들이 좀 더 건강하면서도 소모적이지 않은 재료 적용에 대한 연구개발이 꾸준히 이루어지길 기대한다.

[애칭 짓기 사례 : 김OO(女, 대학생)]

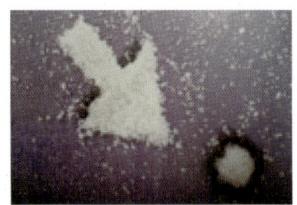
애칭 : 막둥이

* 내담자의 표현 : 내담자는 집에서 "막둥이"여서 애칭을 막둥이로 지었다. 그렇게 짓고 보니 '아가, 작다, 울보, 귀여움, 떼쟁이'등등 어린아이의 모습이 떠오른다. 그래서 소금을 모아서 최대한 작고 동그란 원을 만들고 보니, 왠지 작아서 보이지 않는다는 느낌이 들었다.

더 잘 보이게 나타내기 위해 "저 여기 있어요!"라고 큰 화살표를 만들었다. 그리고 콩으로 작은 막둥이를 보호해 줄 울타리를 만들게 되었다. 그리고 뭔가 보호받고 있다는 느낌을 받고 싶고, 아이니까 보호해 줘야 한다는 생각이 들어서 테두리를 둘렀다.

⇨ 치료적인 조력

* 상담자는 내담자에게 '다 만들었구나. OO이의 작품을 잘 감상해 봐. 어떤 생각이나 느낌이 들어?'라고 물었다. 이에 대해 내담자는 처음엔 그냥 작으니까 '막둥이 맞다'는 생각을 했다. 그러면서 곰곰이 보니까 콩으로 두른 울타리가 대인기피증은 아니지만 평소에 스스로 경계를 많이 긋고 대인관계에 조금 소극적인 자신의 모습이 보이는 것 같다. 조금 답답하기도 하고, 아직은 노력이 필요하다는 생각이 든다. 또 한편으로는 자신의 무의식 속에서도 스스로를 그렇게 단정 짓고 있는 건 아닌지 다시 한 번 생각해 보는 시간이었다고 하였다.
* 내담자는 평소에 자신을 잘 드러내지 않는 경향이 있음을 자각하였다. 이에 대해 상담자는 내담자가 그동안 실수할까봐 조심스러워 드러내지 않았지만, 드러내기만 하면 훨씬 커질 수 있음을 격려하고 지지하였다.
* 더 발전적인 개입 팁을 제공하자면 내담자에게 'OO가 드러내면 어떻게 될 것 같아?', '드러내는 모습을 이미지로 먼저 표현해 볼까?', '어떤 노력을 하면 도움이 될까?' 등의 질문을 할 수 있다. 그리고 내담자가 상상과 시각화를 통한 재구성으로 발전시켜 갈 수 있도록 조력한다.

2) 소망탑 쌓기

• 재료: 뻥튀기, 빼빼로, 부직포

① 재료와의 오감교류 : 푸드아트테라피 각 회기별로 주어진 푸드 재료와 오감각적으로 교감하는 것은 매우 중요하다. 평소에 감성적으로 무디어진 측면을 회복하는데도 도움이 된다. 오감활용의 반복적 경험은 사물이나 상황을 세세히 관찰하는 효과도 얻을 수 있다.
② 기대와 소망 알아보기 : 푸드아트테라피 프로그램에 대해 갖는 기대와 소망을 마음속으로 그려본다.
③ 소망탑 쌓기 : 푸드 재료를 활용하여 프로그램에 대한 희망과 기대를 담은 소망탑을 쌓는다.
④ 집단원과 나누기 : 자신이 쌓은 소망탑에 담긴 의미에 대해 집단원과 나누고 피드백을 주고받는다.
⑤ 재구성하기 : 필요시에 상담자와 집단원의 피드백을 반영하여 재구성한다.
⑥ 변화된 점 알아보기 : 자신의 작품에 대해 재구성하기 전과 후의 변화된 점을 찾아본다.
⑦ 실천전략 수립 : 자신의 일상생활에서 실천하면 도움이 될 만한 것이 있다면 바람직한 계획과 체계적인 전략을 수립하여 이행한다.
⑧ 소감나누기 : 본 과정에 대한 소감을 나누고 마무리한다.

[소망탑 쌓기 사례(위기 청소년 집단) : 유O(男, 중학생)]

유O 作: 점진적 발전

주 1회 총 14회기 동안 진행된 푸드아트테라피 프로그램 중에 첫 만남에서 프로그램에 대한 희망과 기대를 담은 소망탑을 쌓아 보는 시간을 가졌다. 작업내용에 대한 설명을 듣고 유O는 스스럼없이 자신의 소망탑을 쌓아 나갔다. 다 쌓고 난 다음 소망탑의 내용을 소개해 달라고 하자 낮은 단계부터 잘 키워져서 점차 발전했으면 좋겠다는 내용을 담아 쌓은 탑이라고 했다. 그리고 집단원간에 절대로 싸우지 않았으면 좋겠다는 의견을 피력했다.

3. 자기 및 타인이해 활동

자신을 제대로 아는 것이 중요하다. 자신을 새에 비유하자면 참새, 제비, 비둘기 등 여러 새의 종류 중에서 무슨 새인지 알아야 자유롭게 잘 날아갈 수 있다. 자신이 텃새인지, 철새인지, 어떤 특성을 가진 새인지를 알면 어디로 어떻게 가야할지도 알게 된다.

제비와 같은 철새는 강남으로 향해야 할 것이고, 참새와 같은 텃새는 둥지를 향해 날아가야 한다. 마찬가지로 자신을 아는 것은 자신이 가야할 방향과 어떻게 가야할지에 대한 방법을 찾는데 도움이 된다. 푸드아트테라피를 통한 자신 및 타인이해 활동은 스스로에 대해 좀 더 객관적으로 이해하도록 돕고 타인과의 효율적인 상호작용을 위한 방향성에 대해 알아갈 수 있다.

1) 현재 내 기분은?..

- 재료 : 소금, 검은콩, 포도, 부직포

① 재료와의 오감교류 : 이번 회기에 주어진 푸드 재료와 오감각적으로 교감하며 친해지는 시간을 갖는다.
② 현재의 내 기분 살펴보기 : 지금-여기에서 현재의 기분이 어떤지 살펴보고 푸드 재료를 활용하여 자신의 기분을 묘사해 본다.
③ 작품내용에 대해 집단원과 나누기 : 푸드아트테라피 창작품으로 자신의 어떤 기분을 드러내고자 했는지 집단원과 나누고 피드백을 주고받는다.
④ 재구성하기 : 상담자와 집단원의 피드백을 받은 내용 중에서 자신에게 필요하다고 판단되는 것이 있으면 그 내용을 반영하여 작품을 재구성한다.
⑤ 변화된 점 알아보기 : 자신의 작품에 대해 재구성하기 전과 후에 어떠한 점이 변화되었는지 알아보고, 그것에 대한 느낌은 살핀다.
⑥ 실천전략 수립 : 일차적으로 작품을 통해 이미지로 변화한 것을 실현하기 위하여 일상생활에서의 실천 전략을 구체적으로 수립한다.
⑦ 소감 나눔 : 이 회기에 대한 전반적인 소감을 집단원과 나눈다.

[「현재의 내 기분은?!」에 대한 사례: 백OO(대학생)]

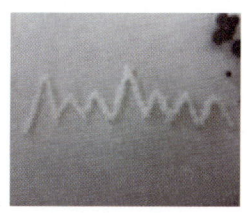

현재의 기분 묘사

* 내담자의 표현 : 현재 느껴지는 기분을 심장박동처럼 묘사하였다. 처음에 솟은 것은 상담시간에 늦을까봐 뛰어오느라 올라간 것이다. 다행히 늦지 않아 안도감으로 다소 완화되었다. 그런데 자리에 앉고 보니 상담자의 첫 질문에 대해 대답을 못할까봐 염려되어 긴장하느라 또 올라갔다. 그러다 차츰 완화되었으나 지금도 여전히 약하게 긴장한 상황이 유지되고 있다.

⇨ 치료적인 조력

* 내담자가 작품을 완성하고 난 다음 자신의 작품에 대한 느낌이 어떤지에 대해 질문하였다. 내담자는 평소에도 항상 긴장을 하는 편인데, 작업을 하면서 오늘도 그런 긴장으로 인하여 스트레스를 받고 있음을 알게 되었다. 그리고 이러한 긴장감이 나쁜 것만은 아니라는 것을 알지만, 조금 줄었으면 좋겠다는 생각이 든다고 하였다.
* 내담자의 긴장감에 대해 공감해 주고 긴장하는 모습 대신에 자신이 바라는 모습으로 재구성해 보도록 안내하였다.

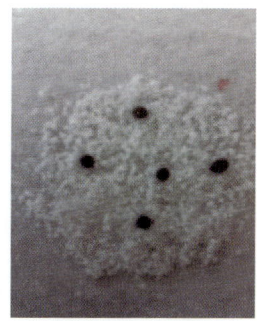

재구성 후의 작품

* 내담자의 표현 : 전체적인 자신의 삶을 소금으로 둥글게 묘사하였다. 그 속에서 둥그렇게 여유를 가지고 살아가고 싶은 마음을 나타냈다. 가운데에는 몇 개의 검은 콩으로 불편한 긴장감, 건강문제, 인간관계문제, 진로문제, 신앙문제를 형상화하였다. 그리고 그것까지 포용하고 모나지 않게 둥근 모습으로 이번 학기를 보내고픈 마음을 표현하였다.

⇨ 치료적인 조력

* 내담자의 바람에 대해 구체적인 플랜까지 세우도록 조력하였다. 내담자는 13회기의 프로그램에 참여하며 부쩍 성장한 모습을 보여주었다. 푸드아트테라피 집단프로그램이 끝나

53

고 내담자는 상담자에게 별도로 정성들여 쓴 카드를 보내올 만큼 고마움을 드러냈다. 카드엔 자신의 변화와 성장이 푸드아트테라피 집단프로그램의 결과이며, 매우 감사하다는 내용을 포함하고 있었다.

⇨ 학습 Tip

* 위 사례는 필자가 푸드아트테라피를 배우던 초창기의 사례이다. 이 사례로 개발자로부터 수퍼비전을 받는 과정에서 치료자가 너무 주도적이었다는 피드백을 받았다. 굳이 재구성을 하지 않아도 될 것 같은데 너무 부자연스럽게 확 옮겨간 느낌이 든다고 한다. 돌이켜보니 필자가 푸드예술치료사로서의 의욕이 앞섰던 것 같다. 비록 내담자가 많이 변하고 성장하기는 했지만, 더 많이 변하고 성장할 수 있는 기회를 주지 못했을 수도 있다는 아쉬움이 있다.
* 참고로 재구성은 푸드아트테라피 기법 중의 하나로 뭔가 불일치 할 때 적용한다. 위 사례의 경우 마음으로는 불안이 느껴지지만 작품으로는 그렇지 않음을 알 수 있다. 내담자는 불안을 표현하기는 했지만 작품을 보면 꼼꼼하고 치밀하며 규칙성이 보인다. 그리고 자신의 작품에 대해 만족하고 있다. 이럴 때는 굳이 재구성을 하지 않아도 된다. 위 내담자의 경우 바로 기분 전환이나 환기보다는 그 느낌에 좀 더 머무르게 하는 게 좋을 수 있다. 내담자가 현재 느끼고 있는 불안이 어떤 것인지 잠시 머무르도록 하여 "동조"와 "합류"를 해 줄 수 있다.

2) 푸드로 풀어 보는 나의 이야기

• 재료: 검은콩, 흰콩. 또는 같은 재료인데 색이 다른 어떤 것, 부직포

① 두 명이 짝을 이루어 순서 정하기 : 집단원들이 각각 두 명씩 짝을 짓는다. 서로 짝이 된 두 사람은 가위 바위 보를 통해 이긴 사람과 진 사람을 구분한다.
② 잠시 눈을 감고 명상모드를 조성하여 어린 시절로의 과거여행을 하도록 안내한다. 그리고 어린 시절의 어느 시점에 속상하고 억울했던 장면을 하나 떠올리게 한다. 그 장면에서 상황에 대해 오감을 동원하여 최대한 생생하게 떠올리고 잠시 그것에 연합하여 머무르게 한다.
③ 눈을 뜨고 두 사람 모두 말은 하지 않고 진 사람이 먼저 한 가지 푸드 재료로 묘사하고 싶은

것을 제한된 시간(예를 들면 10초나 20초 등으로 시간을 미리 정해둠) 동안에 묘사한다.
④ 진 사람의 작품 묘사가 끝나면 이번에는 이긴 사람이 다른 색의 재료로 묘사하고 싶은 것을 역시 제한된 시간동안 묘사한다.
⑤ 3~5분 동안 진 사람과 이긴 사람이 교대로 묘사하기를 반복한 다음 작업을 마무리한다.
⑥ 작품을 바라보며 현재의 느낌이 어떠한지 나눈다.
⑦ 각자 만들고자 했던 작품의 의도와 진행과정에 대해 파트너와 이야기를 나눈다.
⑧ 서로 이야기를 나눈 다음 느낌의 변화가 있는지의 여부를 확인한다. 상담자 및 다른 집단원들과 피드백을 주고받는다.
⑨ 필요할 경우 파트너와 서로 상의하여 재구성하기를 한다.
⑩ 이번 회기의 전반적 과정에 대해 소감을 나눈다.

3) 화해 프로젝트

- 재료: 화해하는 장면이 잘 떠오르는 재료, 부직포

① 잠시 눈을 감고 명상모드를 조성하여 자신을 돌아본다. 자신의 삶에서 화해할 것이 무엇인지 생각해 보고 그 대상을 정한다. 화해할 대상은 사람일 수도 있고, 상징과 비유를 활용하여 할 수도 있다. 예를 들면 책과의 화해, 부모와의 화해, 형제와의 화해, 친구와의 화해, 내면의 수치심과의 화해, 두려움과의 화해 등 각자 하고 싶은 대로 정한다.
② 자신이 화해하고자 하는 대상과 화해하는데 필요한 것이 무엇인지 생각해보고 그 내용을 작품으로 표현한다. 이미지로 할 수도 있고 단어로 표현할 수도 있다.
③ 자신이 작업한 내용을 전체구성원에게 나누고 피드백을 주고받는다.
④ 상담자나 집단원으로 부터 받은 피드백을 통해 새롭게 자각한 것이 있거나 피드백 받은 내용 중에서 자신에게 필요하다고 판단되는 것을 반영하여 작품을 재구성한다.
⑤ 자신의 작품에 대해 재구성하기 전과 후의 차이점을 알아본다.
⑥ 화해를 위해 지금부터 할 일을 찾아본다.
⑦ 이 회기 전반에 대한 소감을 나누고 마무리한다.

푸드아트테라피 과정에서 진행상황과 여건에 맞게 연합과 분리를 적절히 활용하여 주관적으로 몰입된 문제 상황에서 점차 객관화를 통해 개선해나가며 치유가 일어난다.

연합은 자기 자신과 직접 연관되는 주관적 상황이다. 연합의 상대적 의미는 분리이며, 이는 "강 건너 불 보듯"이라는 표현처럼 객관적인 상황으로 자기 자신과 감정, 정서 등이 떨어져 있는 상태를 의미한다(최옥환, 2012).

4. 공동체 형성 및 협력활동

1) 바다 이야기(소집단 활동)

- 재료: 각종 건어물, 부직포

① 이번 회기에 주어진 푸드 재료와 오감각적으로 교감하며 친해지는 시간을 갖는다.
② 집단별로 바다와 관련된 주제를 정하여 스토리텔링을 한다.
③ 자기 집단에서 만든 스토리를 토대로 주어진 재료를 활용하여 작품을 만든다.
④ 집단별로 창작한 작품의 내용을 전체 구성원에게 소개하고 피드백을 주고받는다.
⑤ 필요하다고 판단되면 상담자나 다른 집단원들의 피드백 내용에 대해 자기 집단원들과 상의하여 작품을 재구성한다.
⑥ 자기 집단의 작품에 대해 재구성하기 전과 후의 변화된 점을 알아본다.
⑦ 이번 회기에 대해 전반적인 소감을 나누고 마무리한다.

[A집단의 작품]　　[B집단의 작품]　　[C집단의 작품]　　[D집단의 작품]

2) 내 꿈의 키워드[12]

- 재료: 각종 채소, 칼라 소금, 검은콩, 팥, 부직포

① 소집단이나 중 집단 규모의 인원이 큰 테이블이나 책상을 둥그렇게 배치하여 둘러앉는다. 각자 마음에 드는 푸드 재료 하나를 고르거나 한가지 칼라의 푸드를 정하여 그 재료와 오감각적으로 교감하며 친해진다. 이때 재료의 내용이나 색이 다른 집단원과 겹치지 않아야 집단 역동을 보기에 용이하다.
② 자기 꿈에 대한 키워드를 포스터 잇에 적어 옆에 두고, 푸드 재료를 하나만 사용하여 꿈의 키워드에 대한 단서 하나를 표현한다.
③ 시계방향으로 한 사람씩 옆 자리로 옮겨 앉는다. 옆 사람의 작업대에서 마치 자신의 것처럼 그 사람의 꿈의 키워드를 보고 또 다른 재료 하나를 더 보태어 작품을 이어간다. 같은 방식으로 한 바퀴를 온전히 돌 때까지 진행한다. 집단원이 적을 경우 두 바퀴를 돌아가며 작업할 수도 있다.
④ 자신의 자리에 돌아오면 필요에 따라 뭔가를 추가하거나 수정하여 창작을 마무리한다.
⑤ 작품과 작품구성 과정에 대한 소감을 나눈다.
⑥ 혹시 최종 작품이 마음에 안 드는 집단원이 있을 경우 상담자의 개입으로 조율한다.

이 활동과정과 결과에서 집단원들은 새로운 자각과 관점이 열리는 경험을 하는 경우가 많다. 집단지성의 힘을 확인할 수 있으며 자신이 미처 생각하지 못한 것을 챙기는 기쁨을 누릴 수 있다.

---

12) 가족을 대상으로 프로그램을 운영할 경우 각 가족 구성원이 전체가족이나 다른 가족구성원에게 가장 바라는 것을 단어로 표현할 수 있다. 주요 진행과정은 동일하게 운영하더라도 가족이 서로 협력하여 필요한 내용에 대한 발전과정을 돕기도 하고 가족원에 대한 이해도를 높이며 대화를 풍부하게 이끌어가는 데도 도움이 된다.

3장. 푸드아트테라피의 대상별 적용

1. 유아대상

2. 아동대상

3. 청소년대상

4. 대학생 및 성인대상

5. 노인대상

6. 가족대상

7. 집단상담 및 협력활동

3장. 푸드아트테라피의 대상별 적용

푸드아트테라피는 푸드 자체가 갖는 위로효과 등 강점이 많아 남녀노소, 특수아동이나 청소년, 지위고하를 막론하고 유연하게 활용할 수 있는 장점이 있다. 아래에 대상별로 몇 가지 적용할 수 있는 예시를 제시하기는 했지만 실제적용에 있어서는 관련활동을 다른 대상자에게도 그 대상자의 특성을 반영하여 충분히 응용이 가능하다.

푸드아트테라피는 미국의 심리학자이자 교육학자인 브루너(Jerome Seymour Bruner)가 강조한 발견학습[發見學習]과 나선형 교육과정의 구조를 따른다. 브루너는 어떤 과목이라도 적절한 형태로 학습내용을 제공하기만 하면 특정 발달단계에 있는 아동 누구에게나 가르칠 수 있다고 하였다.

발견학습과 나선형 교육과정의 구조는 어떤 학문의 개념이나 원리를 가르치는데 있어서 초등학생이든, 대학생이든, 또는 학자이든 간에 지적성격은 동일하게 유지하면서, 배우는 학생들의 발달단계가 높아짐에 따라 점차 세련된 형태로 가르치는 구조이다. 즉, 어떤 학문의 배우는 내용이 같다는 것이 아니라 지적 성격 면에서 동일한 것이다.

푸드아트테라피에서 다루는 각 프로그램들이 언뜻 외형 면에서 보면 유사하게 보일 수 있다. 그렇지만 안을 들여다보면, 지적 성격 면에서는 동일하지만 배우는 대상이 유아인지, 청소년인지, 지도자인지에 따라 점차 세련된 형태의 강도가 다르게 진행된다.

본 장에서도 푸드아트테라피의 프로그램들을 대상별로 나누어 설명하고 있지만, 독자들이 이 책을 이용함에 있어 프로그램이 외형상 같은 형태라 할지라도 대상자의 발달단계에 따라 그에 적절한 지도가 이루어져야 함을 기억하기 바란다. 아래 그림은 리딩 맵을 통해 관련성 있는 자료들을 연결해 나가는 구체적인 예를 보여준다.

<문명의 어머니 '종이'의 실크로드 여행>자료는 '종이'를 소재로 하여 <갈대 잎으로 만든 이집트인의 종이, 파피루스>자료와 연결된다. 또 '실크로드'를 소재로 하여 <실크로드 장악한 고구려 영웅의 발자취>자료와 연결되고, 다시 <실크로드 이야기>자료로 연결된다. 과거나 현재의 자료는 앞으로 관련 있는 어떤 기사와 끊임없이 연결되어 간다. 이것은 하나의 자료에서 알게 된 지식을 계속 확산시켜 보다 큰 교육효과를 이끌어 내면서 나선형 교육과정의 큰 틀을 짜는 작업이다(http://koreanie.co.kr/serve01_02.htm).

이러한 원리가 푸드아트테라피 과정에서도 뚜렷하게 확인된다. 그 내용적인 측면을 섬세하게 연계하면 다른 교과영역과도 훌륭하게 조화를 이룰 수 있다. 또한 그동안 학습한 경험과 내용들을 서로 연결하여 튼튼하게 하고 정교화가 가능하다. 점점 배운 것의 깊이를 더해가며 나선형 교육과정의 큰 틀을 확고히 해나갈 수 있다. 앞에서 살펴본바와 같이 다중지능을 효율적으로 개발하므로 교과영역과 적절히 연계하여 창의성 인재교육의 수단으로 활용하고 반영하는데 손색이 없을 것으로 보인다.

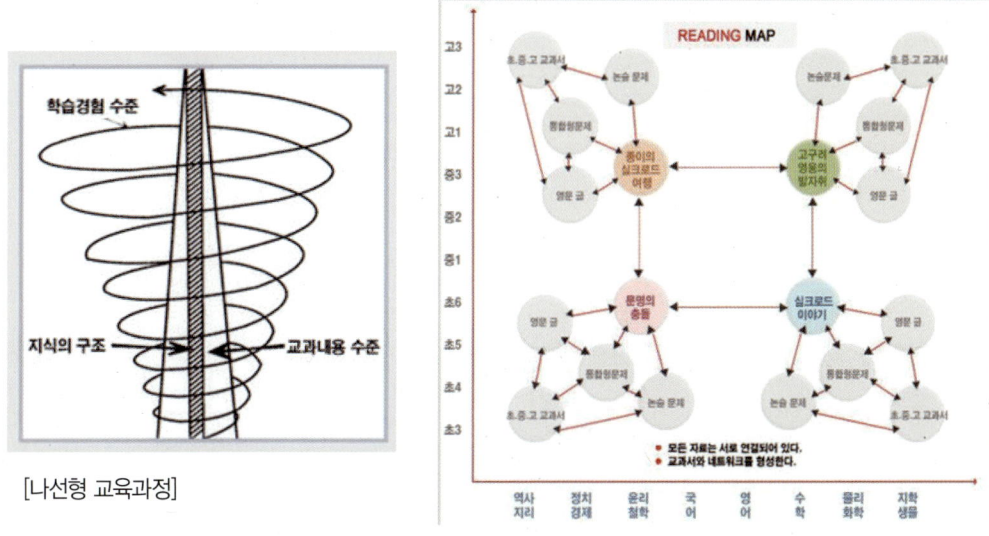

[나선형 교육과정]

출처: http://koreanie.co.kr/serve01_02.htm

아래에 제시한 대상별 푸드아트테라피 프로그램들은 독자들이 참고하여 대상자의 특성과 주어진 여건에 맞게 적절히 응용할 수 있음을 밝혀둔다.

1. 유아 대상

유아(early childhood, 幼兒)는 생후 1년부터 만 6세까지의 어린아이를 말한다. 대체로 상반신의 발육은 늦지만 하반신의 발육은 급속하게 성장하는 특성을 갖는다. 체격은 점차 가늘어 지고, 유치가 모두 나며 하악(下顎)이 발달하여 얼굴모양이 길쭉해진다. 자기중심적이며 현실과 비현실의 구분이 분화되어 있지 않다.

발달심리학자 피아제의 고전적 실험중의 하나인 "3개의 산 연구"에 따르면 유아들은 자신의 위치에서 보이는 산이 산의 반대위치에 앉은 사람에게도 똑같이 보이는 것으로 지각한다. 유아들은 자신의 눈에 보이면 상대도 그것을 볼 것이라 믿고, 자신이 안보이면 상대도 안 보일 것이라고 믿는다. 그렇기 때문에 상대의 처지를 이해하는 것이 안 되며 상황에 관계없는 주장을 한다.

이러한 유아기의 자기중심성은 이기적인 것과는 다르다. 자기와 타인의 경계구분이 미분화된 상태에 있는 것이다. 유아들에겐 순리를 적용하여 점차 자신과 타인을 적절히 분화해 가도록 조력해야 한다. 푸드아트테라피는 유아들에게 자연의 순리를 경험적으로 체득하게 하는데 매우 탁월성을 발휘한다. 대자연 속에서 하나하나 관찰하고 오감각적으로 경험하는 모든 것이 푸드아트테라피의 범주에 포함되며 유아 인성교육의 발판이 될 수 있다.

1) 유아대상 푸드아트테라피의 특성

유아를 대상으로 하는 푸드아트테라피는 푸드를 활용한 놀이의 형태로 진행된다. 아이 마음에 흡족한 놀이는 아이가 세상을 배울 수 있는 아주 탁월한 창이 되고 잠재역량 개발에 큰 기여를 한다. 서양속담 중에 "공부만 하고 놀지 않으면 바보가 된다."는 말은 놀이가 아이의 생존전략이 될 수 있음을 시사한다. 즉 놀이가 없는 아이의 삶은 생존의 위협을 초래할 수 있다. 왜냐하면 놀이는 아이의 본능이자 삶 자체이기 때문이다(조주영, 2014b).

교육학자 프뢰벨은 "놀이는 아이가 자라는 과정 자체이다."고 하였다. 아기는 성장과정에서 놀면서 배우고, 배우면서 노는 것을 되풀이 하며 생존의 기술을 습득한다. 닐(영국의 자유학교 '서머힐'설립자)은 "어려서부터 놀이 욕망을 충분히 충족시키고 발산시켰을 때 비로소 놀이에 대한 미련을 갖지 않고, 따분한 일이라도 기꺼이 부딪쳐 열심히 일하며 성실하게 사는 행복한 어른으로 자란다."고 하였다.

이처럼 유아들에게는 놀이가 중요하므로 유아를 대상으로 하는 푸드아트테라피는 유아들에게 푸드를 활용하여 마음껏 놀 수 있는 장을 마련해 주는 것만으로도 푸드아트테라피가 추구하는 소기의 목적을 달성할 수 있다. 위험하지 않은 음식재료를 활용하여 재미있고 신나게 다양한 놀이와 표현활동을 할 수 있다. 유아들을 위한 푸드 활용 놀이의 이점을 살펴보면 아래와 같다.

- 즐겁고 행복한 놀이는 유아의 신체를 균형 있게 발달시키고 몸이 고르게 자라도록 한다.
- 다양한 푸드 활용 놀이를 통해 삶을 살아가는데 필요한 법칙을 배울 수 있다.
- 놀이는 그 과정이 즐겁고 부정적 정서를 순화시킨다.
- 오감을 활용한 다양한 놀이는 지적 성장을 자극하고 다중 지능을 개발한다.
- 또래들과 함께 노는 과정에서 여러 문제 상황에 직면할 수 있고, 그러한 상황에 대처해 가면서 점차 자기조절력, 문제해결력, 인간관계 역량을 강화한다.

2) 유아 대상 푸드아트테라피 놀이의 예

(1) 유아의 사고를 개발하는 놀이

유아들은 발달특성상 오감각을 자극하는 놀이가 뇌 발달은 물론 신체발달에 좋다. 다양한 놀이로 사람과 사물, 사건간의 관계를 이해하는 사고능력이 개발되기 때문이다. 몇 가지 놀이의 예를 들면 다음과 같다.

- 음식재료를 보며 이름 말하기 놀이
- 음식재료를 보지 않고 이름만으로 색깔 분류하기 놀이
- 온갖 곡물을 활용한 오감 자극이나 퍼즐놀이
- 다양한 과일을 제시하고 크기 순서대로 배열하기 놀이

(2) 얼굴 만들기 표현활동

- 제목 : 내 얼굴을 만들어요!
- 놀이 활동의 목표 : 자신의 얼굴특징에 대해 이해한다. 다양한 푸드 재료를 가지고 내 얼굴을 표현한다. 자신을 소중하게 여기는 태도를 기른다.
- 활동내용

① 도입 : 〈♪ 사과 같은 내 얼굴〉이라는 노래를 다함께 부른다.
[사과 같은 내 얼굴 예쁘기도 하구나 눈도 반짝 코도 반짝 입도 반짝반짝 / 오이 같은 내 얼굴 길-기도 하구나 눈도 길쭉 귀도 길쭉 코도 길쭉길쭉 / 호박 같은 내 얼굴 우습기도 하구나 눈도 둥글 코도 둥글 입도 둥글둥글]

② '사과 같은 내 얼굴'의 노래를 다함께 부른 후, 얼굴에 대한 이야기 나누기로 이어간다. 미리 준비한 사진을 활용하여 누구를 닮았는지, 어떤 특징이 있는지 등에 대해 이야기를 하며 다음 단계의 작업을 위한 분위기를 조성한다.

③ 푸드 재료를 가지고 자신의 얼굴 만들기를 한다.
  – 푸드 재료를 만지기 전에 '손 씻기'를 통해 건강생활을 지도한다.
  – 푸드 재료를 오감각적으로 감상하며 친해지도록 안내하고 그 느낌을 표현하게 함으로써 표현생활을 지도한다.
  – 사랑스런 자신의 얼굴을 만들어보게 한다. 푸드 아트를 통해 예술적 표현을 즐기고 자신의 얼굴을 표현하며 더 알고 사랑하도록 지도한다.

④ 종합정리와 마무리를 하고 소감을 나눈다.

(3) 계절에 어울리는 놀이 활동

- 월별, 또는 계절별로 제철 푸드를 활용한 놀이계획을 세워서 진행한다. 우리나라는 사계절이 뚜렷하여 각 계절별 특성을 살려 할 수 있는 놀이들이 많다.
- 계절별 놀이 : 각 계절마다 그 계절에 맞는 주제를 선정하여 푸드를 활용한 놀이 활동을 하며 각 계절푸드와 좀 더 친숙해지고 그 푸드에 대해 더 잘 알아가도록 한다.

① 봄
  – 벚꽃이 피는 계절이므로 팝콘으로 벚꽃 꾸미기 활동을 한다.
  – 진달래 꽃잎과 같은 식용이 가능한 봄꽃을 활용하여 화전 부치기 활동을 한다.

② 여름
- 더운 계절이므로 시원한 물을 활용한 놀이(워터 테라피)로 더위도 식히고 즐겁게 놀면서 건강하게 성장해 가도록 한다.
- 수박이나 복숭아 등 다양한 과일이나 채소를 활용하여 화채를 만들어 보고 먹는 활동을 한다.
- 다양한 과일을 활용하여 과일꼬치 만들기를 한다.

③ 가을
- 가을은 수확의 계절이므로 각종 곡물을 활용하여 간단한 만다라 이미지에 꾸미는 작업을 한다.
- 도토리 줍기 활동, 도토리를 활용한 오감체험활동, 도토리를 활용하여 꾸미기 활동, 도토리 가루를 활용하여 묵 쑤기 활동, 묵을 활용한 작품 활동 등을 한다.

④ 겨울
- 겨울은 눈이 오는 계절이므로, 눈처럼 빛깔이 닮은 소금을 활용하여 소금동산 놀이를 한다.
- 밀가루를 활용하여 가루놀이 활동을 한다.
- 눈이 많이 온 날은 눈을 활용하여 눈사람을 만들고 푸드 재료를 활용하여 눈사람 아트를 한다.

좌측의 사진은 유아들이 좋아하는 소품들이다. 때로 상황과 여건에 맞게 도움이 될 만한 소품을 활용하여 더욱 흥미롭게 과정을 진행할 수 있다.

2. 아동대상

아동(Child, 兒童)은 흔히 나이가 적은 아이를 일컫는다. 대체로 유치원에 다니는 나이에서 사춘기 전의 아이를 말한다. 법률적인 연령을 보면 아동복지법에서는 18세 미만의 아이를, 교육법에서는 만 6세에서 12세 까지의 아이를 아동이라고 본다. 아동기는 신체적·정서적·지적·사회적으로 발달의 속도가 매우 현저하다.

교육법상의 연령으로 볼 때 보통 6세에서 8세까지를 아동전기, 9세에서 12세까지를 아동후기로 분류한다. 한편, 청소년기본법상으로 볼 때의 청소년연령이 9세에서 24세까지여서 아동후기는 청소년전기와 맞물려 있다.

아동들에게 '움직임'은 매우 중요한 교육수단이다. 푸드아트테라피에서 푸드를 활용한 다양한 놀이 활동은 움직임 활동이 많다. 또래들과 집단놀이 활동을 하면서 사회 집단 구성원들의 가치관, 신념, 태도의 바람직성을 터득해 갈 수 있고 옳은 행동과 역할을 찾아가는 사회화 과정을 경험할 수 있다.

1) 정서순화 예술놀이(음악놀이+푸드아트놀이) (김보미, 2010)

(1) 목표 : 정서순화, 공격성 감소 및 대인관계 향상, 자아효능감 증진, 가족의 응집·협응력 향상
(2) 내용 : ① 사전모임(오리엔테이션)
② 1~2단계(정확하게 보고 정확하게 듣기 : 어떻게 할까? 들어보세요!, 아하! 그랬구나!, 함께 있어 힘이 돼!)
③ 3단계(정확하게 느끼기 : 나누는 기쁨, 들어주세요)
④ 4단계(정확하게 표출하기 : 정말이야~, 답답한 나, 멋진 내 친구)
⑤ 5단계(카타르시스를 경험하고 순화시키기 : 이것이 정말 나다, 나는요~ 소망해요!, 나는 여기에 있다!)
⑥ 추후모임
(3) 진행순서 : 매회기 전반부에서는 음악놀이로, 후반부에서는 푸드아트놀이로 진행

2) 푸드와 함께 하는 스쿨팜 (이정연, 2013) : 초등학생 및 학부모 대상

(1) 목표 : 생명사랑에 대한 감성 증진, 청소년의 자기효능감 증진
(2) 내용 : ① 맞이하기(믹스너트로 만드는 봄동산), 개인 활동(커피콩으로 그려요)

② 맞이하기(자연주의 에코테이블), 개인 활동(떡살무늬)
③ 맞이하기(오후의 간식), 개인 활동(내가 만드는 카나페)
④ 맞이하기(꽃차), 개인 활동(스탠딩파티)

푸드아트테라피는 아동은 물론 남녀노소의 대상자 특성에 맞게 조율하여 적용함으로써 해당대상의 스키마(도식) 구조를 변화시켜 가는데 있어 탁월한 수단이 될 수 있다. Piaget는 아동의 발달을 스키마의 확장으로 설명한다. 현성용 등(2016)은 정신이란 새로운 블록(지식의 단위)이 쌓일 때마다 조금씩 더 커지는 벽이라기보다는 차라리 새로운 줄이 생길 때마다 그 전체 모양이 변하는 거미줄과 같다고 본다. 정신에 더해지는 새로운 정보는 이미 존재하고 있는 스키마의 구조를 어느 정도 변화시킨다. Piaget에 따르면 아동은 기존의 스키마에 동화될 수 있으나 너무 쉽지 않은 어느 정도의 조절을 필요로 하는 경험을 가장 재미있어 한다(현성용외 17인, 2016). 푸드아트테라피는 이런 특성을 잘 반영할 수 있다.

3. 청소년 대상

청소년기는 아동기에서 성인기로 전환해 가는 과도기적 단계로 아동과 성인의 특성을 동시에 갖는다. 이 시기의 법률상 연령을 보면 청소년 보호법에서는 19세 미만인 사람을 말하며, 청소년기본법에서는 9세 이상 24세 이하의 사람을 지칭한다. 청소년기엔 신체적인 면에서뿐만 아니라 생리·정서·정신·인지·사회적인 측면에서 양적·질적으로 급격한 변화와 성장이 일어난다.

이 중요한 성장기에 이들의 발달이 인지·정서·행동 면에서 조화를 이루도록 조력하는 것이 절대적으로 필요하다. 우리나라 청소년들의 대부분은 학교에서 보내는 시간이 집에서 보내는 시간보다 많다. 그런데 학교교육의 대부분이 입시에 초점이 맞추어져 있어 조화와 균형을 이룬 발달을 기대하기 어렵다. 많은 청소년들이 하고 싶은 것 보다 해야 한다는 것에 매여 있다. 이런 이유로 학교생활적응 측면에서 어려움을 호소하는 청소년들이 많다. 한창 자기효능감을 증진시켜가야 할 시기에 현실은 그리 녹록치 않다. 청소년들이 흥미를 갖고 자발적으로 참여하는 프로그램의 도입이 절실해 보인다.

푸드아트테라피는 음식이라는 누구에게나 보편성을 지닌 매개체를 이용하므로 청소년들의 흥미를 끄는데 기본적인 장점이 있다. 체계적이고 질적인 푸드아트테라피 프로그램은 흥미를 끄는 장점을 십분 활용하여 참여 동기유발로 이끌고 즐거운 몰입으로 변화와 성장의 문을 열게 한다.

1) 멋진 나 되기-자존감 향상 푸드아트테라피 집단상담 프로그램
(조주영, 2012)

이 프로그램은 7장에 프로그램 운영결과 보고서의 형태로 구체적으로 제시하였다. 여기서는 주제별로 나누어 개략적인 프로그램을 제시하고 해당 회기의 작품위주로 설명하고자 한다.

- 대상 : 중·고 위기청소년 6명
- 운영 : 총 14회기(회당 100분~120분)

(1) 관계형성

회기	주제	제목	목표	활동내용
1회기	관계형성	오리엔테이션	집단참여 규칙정하기 프로그램의 목적이해 집단원의 기대파악	사전검사, 비밀보장, 동의서 Food 재료와의 오감교류, Food를 활용하여 프로그램에 대한 희망과 기대를 담은 소망 탑 쌓기, 웃음명상, 소감나누기
2회기		반갑다! 친구야	관계형성 애칭 짓기	Food재료와의 오감교류, 희망을 담은 애칭 짓기, Food를 활용하여 창작하기, 나눔과 피드백, 웃음명상, 소감 나누기

1회기:소망탑(김OO 作)　　　　2회기:애칭(희망이, 左) 대기만성(右)

* 1회기 「오리엔테이션」에서 내담자의 소망탑에 대한 표현
  - 진행과정을 잘 따르고자 하는 마음을 담아 쌓았다.

* 2회기 「반갑다! 친구야」에서 내담자의 애칭에 대한 표현

- 희망이 : 토끼는 새로운 소식을 전해주고 희망을 전해주는 동물이어서 애칭으로 나타냈다.
- 대기만성 : 만화를 보면 거북이가 부지런해서 이기는 것이 생각나서 거북이를 만들었다. ⇒ 상담자의 피드백을 받은 다음 내담자는 자신의 애칭을 "대기만성"으로 정하였다.

(2) 자기이해

회기	주제	제목	목표	활동내용
3회기	자기이해	신기한 문방구	관계형성 사고 싶은 마음 찾기 팔고 싶은 마음 찾기	Food재료와의 오감교류, 사고 싶은 마음과 팔고 싶은 마음 찾기, Food를 활용하여 창작하기, 나눔과 피드백, 웃음명상, 소감 나누기
4회기		내면여행	관계형성 자신의 욕구와 좋은 세계 탐색	Food재료와의 오감교류, 게임을 이용하여 욕구와 좋은 세계 탐색, Food를 활용하여 좋은 세계 창작하기, 나눔과 피드백, 웃음 명상, 소감나누기
5회기		나의 강점	관계형성 장점 찾기 최고 강점 찾기	Food재료와의 오감교류, 4박자에 맞추어 장점 말하기, 최고 강점 찾기, Food를 활용한 창작하기, 나눔과 피드백, 웃음명상, 소감 나누기

3회기:사고 싶은 마음 팔고 싶은 마음(오OO作)

4회기:나의 좋은 세계 (김O作)

5회기:나의 최고 강점 (김OO作)

* 3회기 「신기한 문방구」에서 내담자의 사고 싶은 마음과 팔고 싶은 마음에 대한 표현
  - 오OO : 사고 싶은 마음은 자제력이고, 팔고 싶은 마음은 막말이다. 자제력으로 잘 조절하여 다 좋은 상태가 된 상황이다. 다 해결되어 기분 좋음을 스마일로 나타냈다.

* 4회기 「내면 여행」에서 내담자의 좋은 세계에 대한 표현
  - 김O : OO초등학교에서 씨름부 선수였다. 초등학교 6학년시기에 씨름 했을 때, 씨름친구

4명이 모여 있는 모습인데, 그때가 행복했고 그립다.

* 5회기 「나의 강점」에서 내담자의 최고 강점에 대한 표현
  - 김OO : 자는 것을 좋아하여, 자는 모습을 표현했다. 아무리 많이 자도 기분이 좋다.

(3) 자신 돌보기

회기	주제	제목	목표	활동내용
6회기	자신 돌보기	나만의 용을 찾아라!	관계형성 협력활동으로 공동창작 「자신만의 용 찾기」	관심이 필요해(잠하둘셋/어기역차/원무지계/나-전달), Food재료와의 오감교류, "흑룡의 해!" 미니강의, Food를 활용하여 용 창작(공동작품), 나만의 용 찾기, 나눔과 피드백, 웃음명상, 소감 나누기
7회기		스트레스 날려버려!	관계형성. 최근 스트레스 받고 있는 것 찾기, 스트레스 날려버리기	Food재료와의 오감교류, 스트레스 받고 있는 것 적어보기, Food(뻥튀기)를 활용하여 상징적으로 스트레스 날려버리기, 재구성, 나눔과 피드백, 웃음명상, 소감 나누기
8회기		내가 말하고 싶은 것과 듣고 싶은 것	관계형성. 말하고 싶은 것과 듣고 싶은 것 탐색. 새로운 나 찾기	Food재료와의 오감교류, 하고 싶은 말과 듣고 싶은 말 알아보기, Food를 활용하여 창작 및 표현, 재구성(공동작품), 나눔과 피드백, 웃음명상, 소감 나누기

6회기:나만의 용을 찾아라!
(공동작품)

7회기:스트레스 날려버려!
(유O 作)

8회기:내가 말하고 싶은 것과
듣고 싶은 것(공동작품)

* 6회기 「나만의 용을 찾아라!」에서 내담자별로 찾은 용
  - 유O(용용) : 용이 상상의 동물이지만, 오늘은 친구가 된 것 같다.
  - 오OO(드림용) : 희망과 꿈을 찾게 해주는 용이다.
  - 송OO(감사해용) : 오늘 선생님이랑 나들이해서 감사한 마음을 담아 "감사해용"을 찾았다.

- 김OO(놀았어용, 노는용) : 지금 놀고 있어서, 그렇게 이름 지었다.
- 이OO : 아르바이트 관계로 일찍 일터로 갔다.
- 김O(사랑해용) : 그동안의 프로그램들에서 많이 얘기한 것처럼 나를 좀 더 사랑해야겠다는 생각을 했다.

* 7회기 「스트레스 날려버려!」 에 대한 내담자의 표현
- 유O : 뻥튀기를 내려치며 가족 때문에 쌓인 스트레스를 발산하였다. 부수어진 뻥튀기로 스트레스가 해소된 것을 묘사하였다. 중앙에 있는 당근은 부정적인 요소를 없애주는 '사자'를 표현한 것이다. 이 작품의 제목을 "화목의 사자"로 붙였다.

* 8회기 「내가 말하고 싶은 것과 듣고 싶은 것」에서 새로운 모습의 자신 찾기에 대한 내담자의 표현
- 8회기의 작품은 3단계 과정을 통해 나온 것이다.
  ① 밀가루 반죽으로 입모양을 만들어 말하고 싶은 것에 대한 활동을 하였다.
  ② 밀가루 반죽으로 귀 모양을 만들어 듣고 싶은 것에 대한 활동을 하였다.
  ③ 마지막으로 ①과 ②를 해체하고 다른 재료들을 추가하여 공동작품으로 파인애플 잎을 장식하여 새로운 모습의 자신 찾기 활동을 하였다.
- 오OO : 곰돌이는 자신의 희망을 상징한다고 하였다.
- 이OO : 내편인 사람을 만들려고 반지를 만들었고, 현재의 슬픈 감정과 눈물을 없어지게 하려고 물방울로 묘사하였다.

(4) 긍정적 사고의 확장

회기	주제	제목	목표	활동내용
9회기	긍정적 사고의 확장	희망의 메시지 찾기	관계형성 삶의 신조 나누기 희망의 메시지 찾기	Food재료와의 오감교류, 삶의 신조 나누기(명사와 멘토들의 삶의 신조 알아보기), 자기 삶의 희망의 메시지 찾기, Food재료를 활용하여 창작하기, 나눔과 피드백, 웃음명상, 소감 나누기
10회기		칭찬세례	관계형성 칭찬받기	Food재료와의 오감교류, 4박자에 맞추어 칭찬세례 활동, Food를 활용하여 가장 마음에 드는 칭찬 창작, 나눔과 피드백, 웃음명상, 소감나누기
11회기		세계를 품어라!	관계형성 자신이 꿈꾸는 세상(세계) 찾기	Food재료와의 오감교류, 2명 한조가 되어 Food를 활용하여 세계전도 표현하기, 자신만의 세계(자신이 꿈꾸는 세상) 나누기, 피드백, 웃음명상, 소감 나누기

9회기:희망의 메시지 찾기   10회기:칭찬세례   11회기:세계를 품어라!
(공동작품)

* 9회기 「희망의 메시지 찾기」에 대한 내담자의 표현
   - 김O : 생활의 신조로 "할 수 있을 만큼만 하자"를 찾았다. 과도하게 욕심내면 그만큼 스트레스가 커지므로 수위조절을 해야겠다는 생각을 했다. 웃는 모습을 통해 긍정적으로 생각하는 것을 드러냈다.

* 10회기 「칭찬세례」에 대한 내담자의 표현
   - 김OO : 가장 맘에 드는 칭찬이 날씬하다는 것이다. 날씬한 몸을 보여주고자 "몸짱!" 이미지를 나타냈다. 얼굴엔 행복한 미소를 띠고 있다.

* 11회기 「세계를 품어라!」에 대한 내담자의 표현
   - 송OO : 모두가 행복한 세계였으면 좋겠다고 했다.

(5) 긍정적 자아상 확립

회기	주제	제목	목표	활동내용
12회기	긍정적 자아상 확립	나의 행복한 미래를 위하여	관계형성 나의 행복한 미래를 위하여 필요한 것 찾기	Food재료와의 오감교류, 자신의 행복한 미래를 위해 필요한 것(심리적인 것) 생각해 보기, Food를 활용하여 창작하기, 나눔과 피드백, 웃음명상, 소감 나누기
13회기		나를 위한 상차림	관계형성 잘했군! 잘했어 (스스로 격려하기) 꿈을 향한 두드림	Food재료와의 오감교류, 준비회기~12회기 돌아보며 스스로 잘 한 것 기억하기, Food를 활용하여 스스로를 격려하고 상을 주는 마음으로 "자신을 위한 상차림", 나눔과 피드백, 꿈을 향한 두드림, 종합정리, 웃음명상, 소감 나누기

12회기:나의 행복한 미래를 위하여 (송OO 作)

13회기:나를 위한 상차림
[김OO(左), 조주영(右)]

* 12회기 「나의 행복한 미래를 위하여」에 대한 내담자의 표현
  - 송OO : 작품의 제목은 희망이다. 중앙에 자신의 무리를 표현하였고, 왼쪽은 달콤하지만 나쁜 길을, 오른쪽은 힘들지만 좋은 길을 표현하였다. 좋은 길을 계단으로 묘사하여 그 길을 가기가 쉽지 않음을 나타냈다. 그렇지만 꾸준히 올라가 자신의 위치(싱어)를 찾겠다.

* 13회기 「나를 위한 상차림」에 대한 내담자와 상담자의 표현
  - 김OO : 상의 이름은 성실상이다. 달팽이의 느리지만 꾸준하고 성실한 면을 나타냈다. 애들과 더 잘 지내게 되었고 성실해졌다.
  - 조주영 : 상의 이름은 "잘했군! 잘했어"이다. 이번 회기를 마무리하며, 너희들 이름을 불러 본다. 유O, 오OO, 송OO, 김OO, 이OO, 김O. 만나서 반가웠다. 프로그램을 마무리하며 1+6를 생각했다. 세븐이네. 우리 7개의 별이 되어 각자의 빛을 발하는 멋진 사람이 되자. 모두 모두 화이팅!!!

(6) 정리

회기	주제	제목	목표	활동내용
14회기	정리	작품에 대한 사진 전시회	관계형성 자신의 창작품 돌아보기	Food재료와의 오감교류, 창작품에 대한 사진 감상, 소감 나누기 사후 검사

14회기 : 작품 전시회

* 14회기 「작품에 대한 사진 전시회」
  − 그동안의 작품에 대한 사진을 출력하여 사방 벽에 전시하고 관람하며 소회를 나누었다. 관람을 마치고 케이크와 다과를 준비하여 쫑파티로 최종 마무리를 하였다.

4. 대학생 및 성인대상

이 프로그램은 7장에 "2) FAT프로그램이 대학생의 긍정심리성향에 미치는 효과"에 논문형식으로 구체적으로 제시하였다. 여기서는 개략적인 프로그램과 작품 사진 위주로 제시하고 설명하고자 한다.

1) 행복플러스(긍정의 힘 확산) 푸드아트테라피 프로그램 (조주영, 2011)

- 대상 : 대학생
- 프로그램의 세부내용

(1) 관계형성

단계	회기	주제	① 목표, ② 내용, ③ 재료[7]
관계형성	1	나를 소개합니다!	① 마음을 열고 관계를 형성한다. ② 현재의 기분과 자기가 불리고 싶은 애칭을 묘사하여 소개하고, 피드백을 통해 재구성하며 서로를 이해하는 시간을 갖는다. ③ 소금, 콩, 포도, 부직포

애칭(해피바이러스), 박OO

애칭(안녕하시네), 최OO

현재의 기분(설레임과 기대), 김OOa

〈1회기 작품 사진〉

* 1회기 「나를 소개합니다.」에 대한 집단원의 표현
    - 박OO : 애칭은 해피바이러스이다. 해피바이러스를 표현하기 위해 네잎클로버를 나타냈다. 행복한 에너지를 내뿜으며 어디 있든지, 누구와 있든지 내가 행복했으면 좋겠다. 남들로 인해 행복해졌으면 하는 마음으로 지은 이름이다.
    - 최OO : "안녕"이라는 인사와 이름을 소리 내어 읽었을 때의 음을 합하여 친구들이 붙여준 애칭인데 맘에 들어 이미지로 표현하였다.
    - 김OOa : 현재의 기분을 "설레임"과 "기대"로 표현한 이미지이다. 학기 초여서 기분이 좀 들떠 있기도 하다.

---

13) 주재료는 제공하고, 소소한 재료는 참여자들이 각자 1~2가지 준비하여 임의로 활용하는 것을 허용하였다.

(2) 자기이해

단계	회기	주제	① 목표, ② 내용, ③ 재료
자기이해	2	나에겐 이런 특징이 있어요.	① 자신의 특징을 알아보고 탐색하는 시간을 갖는다. ② 자신의 얼굴, 신체, 마음의 특징을 생각해 보고 그것을 창작하여 나누고, 피드백을 수용하여 재구성하며 자기이해의 시간을 갖는다. ③ 메론, 보리로 만든 티밥, 접시
	3	이런 마음 저런 마음	① 영화 속의 주인공 마음을 통해 자신의 마음을 들여다본다. ② 마음이 가는 영화나 드라마에서 마음이 끌리는 인물에게 몰입하여 그 내용을 창작한다. 작품에서 자신의 마음을 발견하여 살펴보고, 피드백을 통해 재구성하며 자신이해의 시간을 갖는다. ③ 김, 밤, 고추, 접시
	4	강점은 살리고! 약점을 줄이고!	① 자신의 강점과 약점에 대해 이해한다. 강점은 잘 유지하고 발전시키며, 약점이나 어려움에 대해서는 긍정적 방향을 모색한다. 특히 무가치하다고 생각하는 것도 관점에 따라 다르게 해석될 수 있으며 그 쓰임이 있음을 안다. ② 자신의 강점과 약점(기본적 두려움)이나 어려움(힘들게 하는 것)에 대해 창작하고 피드백과정을 통해 객관적 이해의 확장과 더불어 재구성으로 발전방향을 모색한다. ③ 각종 폐품, 푸드의 껍질(메론, 감 등), 부직포

2회기:내 마음의 벽(이OOb)　　　　　　3회기:절망(左)과 희망(右)[대학생]

* 2회기 「나에겐 이런 특징이 있어요」에 대한 집단원의 표현
- 이OOb : 나의 단점은 낯을 많이 가리고 모르는 사람에게는 마음을 잘 열지 않는 것이다. 그런 나의 모습을 표현하기 위해 메론 껍질로 마음의 벽을 단단하게 나타냈다. 그리고 이쑤시개는 상대방이 다가오지 못하도록 방어하는 가시이다. 메론 껍질 안의 과자와 메론 등은 마음속 한편의 달콤함과 장점을 표현한 것이다.
  ⇨ 재구성후의 소감 : 모르는 사람들에게 매우 낯을 가리는 성격을 표현해 본 것만으로도 의미가 있다. 재구성을 통해 성격의 문제점을 다시 한 번 되돌아보는 기회가 되었고 고치기 위해 노력을 해야겠다는 생각을 해보는 시간이었다.

* 3회기 「이런 마음 저런 마음」에 대한 집단원의 표현
- 대학생 : '허브'라는 영화에서 지적 장애 딸을 둔 불치병 걸린 엄마의 어둡고 무거우며 절망적인 마음을 묘사 하였다. 이 작품을 만들며 이혼하고 나만 바라보는 엄마의 마음이 느껴졌다.
⇨ 재구성후의 소감 : 희망을 찾고 싶어서 어둠을 없애고 절망과 혼란을 나타내는 작품에서 밝은 세상에 희망이 있는 해와 빛으로 변화시켰다. 이 활동을 통해 영화 속 주인공의 마음에서 내 마음을 발견한 것이 신기하다.

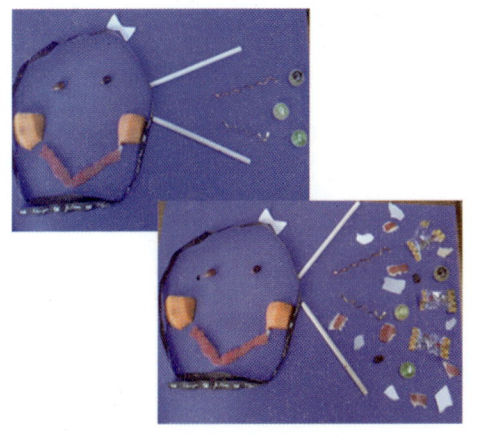
① 나의 강점(대학생)

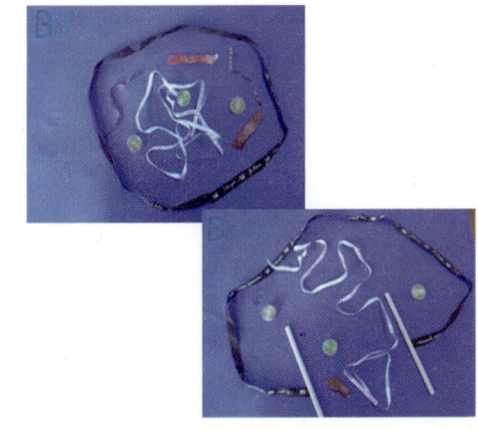
② 나의 약점(대학생)

〈4회기 작품: 위(본 작품), 아래(재구성 작품)〉

* 4회기 「강점은 살리고! 약점은 줄이고!」에 대한 집단원의 표현
① 나에겐 잘 경청하는 강점이 있다.
⇨ 재구성후의 소감 : 잘 경청하기는 했지만 그동안 구미에 맞게 듣는 경향이 있었는데 이제 필요한 것을 제대로 듣고자 하는 마음이 필요함을 자각하였다.

② 나의 약점은 나만의 틀에 미리 가두고 두려워하는 것이다.
⇨ 재구성후의 소감 : 걱정하고 복잡함에 힘들어 하기보다는 드러내는 통로를 마련하여 극복해 보고픈 마음이 일었다.

(3) 관점 열기

단계	회기	주제	① 목표, ② 내용, ③ 재료
관점열기	5	스트레스 날려버려!	① 내면의 부정적 감정을 표출하고 스트레스를 해소하며 긍정적 관점을 연다. ② 뻥튀기 한 장에 자신의 현재 기분을 묘사하여 나누며 분위기를 조성하고 관계를 형성한다. 자신이 스트레스로 지각하고 있는 것을 생각해 보는 시간을 갖는다. 그것들을 재료(뻥튀기)에 투사하여 격파하며, 부정적 감정을 분출하고 해소하는 기회를 갖는다. 조각난 뻥튀기로 떠오르는 이미지를 재구성하며 긍정적 발전방향을 모색한다. ③ 뻥튀기, 초코 시럽, 딸기시럽, 부직포
	6	내가 말하고 싶은 것	① 내면에 억압되어 자신을 속박한 외침을 표현하고 마음의 자유를 얻고 자신을 수용한다. ② 밀가루반죽으로 입술모양을 만들어 색상지 위에 올려놓고 그 주변에 말 주머니를 만들어 내면에 억압되어 자신을 속박한 외침을 채운다. 속박했던 외침을 충분히 표현한 후, 집단원이 다 같이 밀가루반죽으로 만든 입술모양을 자신의 입 위에 올려놓고 하고 싶은 말을 외친다. 이어서 귀를 만들고 듣고 싶은 말의 말 주머니를 채운 후, 옆 사람이 대신 들려준다. 피드백을 통해 입과 귀를 재구성한다. ③ 밀가루 반죽, 대추, 색상지
	7	나에게 가장 필요한 것	① 자신에게 가장 필요한 것을 찾고, 그것을 얻을 수 있는 방법을 모색한다. ② 현재의 소망이나 자신에게 가장 필요한 것이 무엇인지 생각하여 창작하고 나눈 후, 피드백을 반영하여 재구성한다. ③ 각종 국수, 링모양 뻥튀기, 부직포

* 5회기 「스트레스 날려버려!」에 대한 집단원의 표현

① 현재의 내 기분(공동작품)　　　　② 左(스트레스 날려버려!), 右(재구성: 생활계획표) (구○○)

〈5회기 작품〉

① 이번 회기의 워밍업 활동으로 뻥튀기위에 각자 현재의 내 기분을 묘사한 다음, 전체 구성원의 것을 다 모은 것이다.

② 구OO : 평소에 주요 스트레스 요인인 잠을 극복하기 위해 "그만 좀 자자!" 외치며 뻥튀기를 격파하였다. 마음이 후련해지는 느낌이 들었다.

⇨ 재구성후의 느낌 : 결국 잠은 불규칙한 생활 습관의 문제임이 확인되었다. 그래서 재구성 작업을 할 때 부서진 뻥튀기로 생활계획표 모양을 만들어 하루 일과에 대해 계획을 세우고 자는 시간도 규칙적이 되게 정했다. 오늘부터라도 당장 실천으로 옮길 수 있을 것 같은 느낌이 든다.

⇨ 학습 및 성장 Tip : 모든 상담이 그렇듯이 자기 문제를 인식하거나 상담하는 당시에 긍정적 기분을 느낀다고 하여 내담자의 문제가 다 해결되는 것은 아니다. 실천전략을 구체적으로 점검하고 실행으로 이어지도록 조력하는 것이 필요하다.

* 6회기 「내가 말하고 싶은 것과 듣고 싶은 것」에 대한 집단원의 표현

 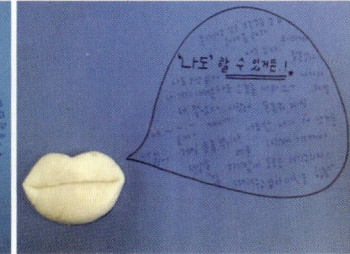 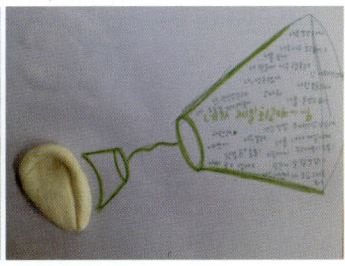

① 내가 하고 싶은 말(대학생)   ② 左(내가 하고 싶은 말), 右(내가 듣고 싶은 말) (김OOc)

〈6회기 작품〉

① 평소에 잔소리 듣는 것을 싫어한다. 그래서 사람의 입 모양과 감탄사 Aha를 넣고 "나를 지켜봐 달라"는 문구를 가장 크게 넣었다. 그리고 말풍선 주위에는 내가 평소에 생각하거나 하고 싶은 말들을 적었다.

② 왼쪽의 것은 내가 하고 싶은 말에 대해 작업한 것이다. 항상 넌 못 할 것 같다는 말이나, 잘 하는 것이 없다는 말들을 들어왔다, 이젠 나도 스스로 포기라는 것을 너무 자주 말해 왔던 것을 자각하고 대책을 마련하고자 한다. 이제는 벗어나고자 "나도 할 수 있거든"을 적었다. 그 외에도 하고 싶은 말들을 정말 엄청난 속도로 많이 써 내려간 것 같다. 오른쪽의 것은 여러 가지 듣고 싶은 말들을 적은 것인데, 적으면 적을 수록 이 말은 누가 해줬으면 좋겠다는 생각이 들었다. (중략~). 이렇게 쓰고 나니 뭔가 위로 받고 지지 받는 느낌이 들었고, 또 뭔가 나에게 속삭이는 것 같은 그런 느낌이다(김OOc).

⇨ 조력 : 내담자가 자신이 적은 것을 누가 말해 주었으면 좋겠다고 한 것을 반영하여, 상담자가 일차적으로 들려주고, 또 집단원이 다 같이 들려주는 시간을 가졌다. 이 점에 대해 내담자는 매우 흡족하게 받아들였다.

* 7회기 「나에게 가장 필요한 것」에 대한 집단원의 표현

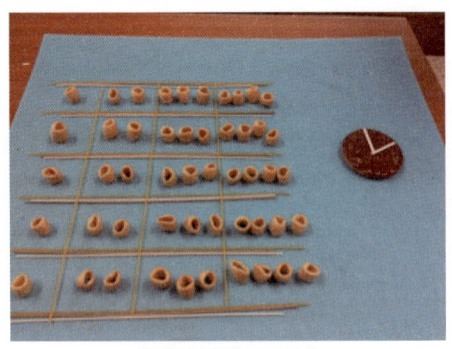
〈7회기 작품: 이OOc〉

〈이OOc가 재구성한 작품〉

- 이OOc : 나에게 필요한 것은 정리정돈이다. 그래서 정리정돈된 모습을 나타냈었는데, 교수님으로부터 내 작품을 보는 느낌이 어떤지에 대한 질문을 받고 보니 왠지 답답하게 느껴졌다.

⇨ **재구성후의 느낌** : 정리할 내용이 옷, 신발 등 다양한데 어떻게 이렇게 일관될 수 있을까?라는 질문을 받고 보니 현실적이지 않다는 느낌이 들었다. 그래서 정리에 대한 이상보다는 내 스타일대로 다시 재구성하여 보았다. 그랬더니 보기에도 더 좋고 마음도 편안 하였다.

(4) 긍정적 사고의 확장

단계	회기	주제	① 목표, ② 내용, ③ 재료
긍정적 사고의 확장	8	내 안의 긍정에너지 찾기	① 내 안에 있는 (어쩌면 잊혀진) 특별한 긍정의 힘과 그 에너지를 찾는다. 그리고 그것을 발전시키는 방법을 모색한다. ② 내 안의 긍정의 힘과 에너지에 대해 생각해 보고 그것을 창작하여 나눈 후, 피드백을 반영하여 재구성한다. ③ 옥수수가루 뻥튀기, 양파링 과자, 부직포
	9	희망의 메시지	① 나에게 희망과 긍정에너지를 주는 메시지를 찾는다. ② 나에게 희망을 주고 힘들 때는 힘이 되어주는 이미지, 상징, 단어(이니셜)을 생각해 보고 창작하여 나눈 후, 피드백을 반영하여 재구성한다. ③ 현미로 만든 튀밥, 부직포
	10	내가 꿈꾸는 세상	① 만다라 작업을 통해 긍정적 사고를 확장하고 인간의 본질, 자기의 본질을 기억한다. ② 눈을 감고 잠시 명상하며, 내가 꿈꾸는 세상을 상상해 보고 그것을 창작하여 나눈 후, 피드백을 반영하여 재구성한다. 그 과정에서 인간의 본질과 자기의 본질을 기억한다. ③ 각종 씨앗, 부직포

* 8회기 「내 안의 긍정에너지 찾기」에 대한 집단원의 표현

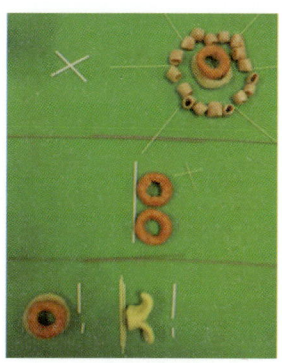
낙관성(구OO)

재구성한 낙관성(구OO)

– 구OO : 왼쪽 사진의 맨 위에 제시된 이미지는 타인에게 긍정적인 피드백을 많이 주는 나의 모습을 나타낸 것이다. 중간의 것은 B+라는 성적이 있어도 낙관적인 나의 모습이다. 그리고 맨 아래의 것은 나 자신과 타인에게 위로와 힘을 주는 말인 OK를 나타냈다.

⇨ **재구성과 재구성 후의 느낌** : 오른쪽의 사진은 재구성한 작품이다. 맨 위의 것은 지나치게 긍정적인 피드백을 주기 보다는 비판적인 시각도 키워서 보다 현명한 조언을 해주고자하는 것을 나타냈다. 중간에 있는 이미지는 성적에 대해서도 노력을 해서 A+가 많아질 수 있도록 노력을 해야겠다는 생각을 표현했다. 그리고 맨 아래의 OK는 나와 타인에게 모두 긍정의 효과를 미치기 때문에 재구성 하지 않았다.

* 9회기 「희망의 메시지」에 대한 집단원의 표현

생각대로 T(대학생)

재구성한 생각대로 T(대학생)

― 왼쪽의 작품은 생각대로 실행할 수 있는 능력을 나타내고자 "생각대로 T"의 이미지를 표현한 것이다.
⇨ **재구성과 재구성 후의 느낌** : 질문과 피드백을 받고 성실하게 노력하면 이룰 수 있다는 것을 보여주자는 마음으로 그것을 강화하기 위해서 신앙적인 부분을 가미하여 십자가를 나타냈으며 하나님이 밝은 빛으로 인도하는 형상을 나타냈다. 훨씬 실현가능성이 높게 느껴진다.

＊ 10회기 「내가 꿈꾸는 세상」에 대한 집단원의 표현

①내가 꿈꾸는 세상(이OOa)　　②재구성 중(이OOa)　　③재구성 후(이OOa)

― 이OOa : 이OOa는 작품 ①에서 대만족을 표현하였으며, 재구성의 필요성을 전혀 느끼지 못했다. 그러나 여러 집단원의 피드백을 받고나서 ②처럼 스마일을 가미했다가, 마침내 ③에서 Wifi처럼 의미가 확산되는 것을 나타낸 후 더 큰 만족을 표현하였다.

(5) 긍정적 자아상 확립

단계	회기	주제	① 목표, ② 내용, ③ 재료
긍정적 자아상 확립	11	새롭게 얻은 강점	① 이 프로그램의 전반적 과정을 통해 새롭게 얻은 강점을 기억하고 자신의 존재감을 확인한다. ② 본 과정에서 새롭게 얻은 강점이나 인식한 것이 무엇인지 생각하고 그 내용을 창작하여 나눈 후, 피드백을 반영하여 재구성한다. 10번의 FAT과정이 자신의 새로운 강점을 찾아 주었듯이, 앞으로도 계속 자신의 잠재역량을 강화해가도록 지지해 준다. ③ 각기 다른 모양의 과자(길쭉한 것, 동그란 것, 부드러운 것, 딱딱한 것 등), 부직포
	12	꿈꾸는 나, 나를 위한 상차림 (또는 꽃다발)	① 자신이 꿈꾸는 모습을 명료화하고 그 꿈의 실현을 염원하는 마음을 담아 창작한다. 꿈꾸는 자신의 모습을 이미지화하여 열망을 담아 자신을 위한 격려의 메시지를 준비하여 스스로를 격려한다. ② 자신이 꿈꾸는 모습에 대해 생각해 보고 창작하여 나눈 후 피드백을 반영하여 재구성한다. 스스로를 격려하기 위한 메시지((상, 상차림, 꽃다발, 힘이 되는 말 등)를 준비하여 나눈 후, 피드백을 반영하여 재구성한다. ③ 코코볼, 콘프러스트, 각종 떡, 색지, 가위, 부직포, 접시
			• 종합정리 및 마무리

* 11회기 「새롭게 얻은 강점」에 대한 집단원의 표현

① 새롭게 얻은 강점(이OOb)

② 새롭게 얻은 강점(김OOc)

③ '②'의 재구성(김OOc)

- 이OOb: 그 동안 진행되어온 프로그램 전 과정을 돌아보니 자신의 성격, 성향, 꿈, 생각 등 많은 것을 다시 돌아볼 수 있었다. 미래도 구성하며 이정표를 설정한 것 같다. 깨달음이 왔고, 나의 미래는 밝다는 생각을 하고 있다.
- 김OOc: 푸드아트테라피를 하면서 대인관계가 많이 편안해 졌다. 그 전에는 매일 "학교–집"의 반복이었는데, 요즘은 귀가 시간도 좀 늦어지고 있다. 관계가 늘어난 것이다. 그렇지만 아직 어느 정도 경계선은

있다(김OOc).

⇨ **재구성과 재구성 후의 느낌** : 교수님의 질문과 피드백을 받으며 작품을 재구성하였는데, ③의 사진에서 볼 수 있는 바와 같이 그 경계도 허물었다. (중략~) 내가 성장하고 있다는 사실을 알아가는 것이 나에게 정말 긍정적으로 작용하고 있음을 느끼고 있다.

* 12회기 「꿈꾸는 나, 나를 위한 상차림 및 꽃다발」에 대한 집단원의 표현

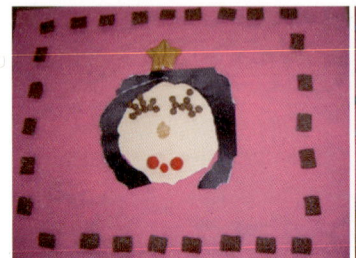  

①꿈꾸는 나(김OOb) 　　②'①'의 재구성(김OOb)　　③ 나를 위한 꽃다발(김OOb)

- 김OOb : 김OOb는 만학도이며, 중소기업의 CEO이다. ①에서의 작품은 10년 뒤 "성공한 CEO & 가족 전문 상담가 김OO"로 TV에 자신이 나오는 모습을 작품으로 나타냈다. ②에서는 TV의 틀을 없애고 꿈을 이루기 위하여 내면의 틀을 깨버리겠다는 의지를 드러냈다. 그 틀로 방청객을 표현하였으며, 전파를 타고 전국, 세계로 방영됨을 꿈꾸며 웃는 입을 더욱 크게 강조 했다. ③은 자신을 위한 꽃다발로 TV에 방영된 후에 팬으로부터 받는 꽃다발이라고 했다. 예쁜 꽃들과 함께 안개꽃이 받쳐주고 있고, 풍성한 꽃다발에 묻혀 있는 나를 본다고 했다. 이 회기에서 김OOb는 작품을 만들고 나누며 막연한 꿈이 아니라 계획하는 기쁨이 있었으며 이룰 수 있다는 신념이 생겼다고 했다.

12주간의 푸드아트테라피 프로그램을 마치고 난후 참여자중에 백OOa는 아래와 같이 자신의 경험과 소회를 표현했다.

푸드아트테라피 시간을 잊을 수가 없다. (중략 ~). 푸드아트테라피는 현실에서 합리화로 서성이는 나에게 내면을 들여다보는 시간을 가지게 해주었다. 듣기 싫어하던 나였는데 어느새 나도 모르게 나의 내면을 하나씩 들여다보고 표현하고 있었다. 그리고 그것이 즐거워지기 시작했다. 그리고 매 회기의 시간들이 모여 내면을 보자고 다짐을 하던 내게 실행의 발걸음을 내딛게 해주었고 마지막에는 나에게 강력한 메시지를 주었다.

희망! 아직 이 희망이 어떤 희망인지, 무슨 의미를 내포하고 있는지는 모르지만 푸드아트테라피로 인해 나는 미루고 미루던 나의 내면과의 만남을 시작하게 된 것이다. 이제 남은 내면과의 만남은 나의 몫이지만..! 회피하고 미루던 내면과의 만남을 내딛게 해주었다. 푸드아트테라피야, 고맙다! 너를 만나지 못했다면 이번 겨울방학에도 내면을 들여다보자는 다짐으로 끝났겠지만 이번에는 정말 제대로 만날 수 있을 것 같아! 마지막에 나에게 전해 준 희망의 메시지를 더 깊게 찾아가 볼께. 정말 고마워!

2) 한정식 힐링관광 프로그램 (이정연, 2014)

(1) 진행방법

① 소요시간 : 약 3시간
② 회기 : 1회기 혹은 연속회기
③ 강사 : 전문 강사, 보조강사 등 2명
④ 인원 : 4인 1조, 20명 이내

(2) 운영방법

상황과 여건에 맞게 다양한 운영이 가능하다. 예를 들면 한 음식점이 자체적으로 운영하는 방법, 힐링타운 내에서 한정식 힐링 체험관을 지정하여 운영하는 방법, 지역축제와 한정식 힐링 투어를 연계하는 방법 등이 있다.

(3) 진행순서

① 마음결 고르기 : 맞이하기(20분), 워밍업 놀이(20분)
② 미니 강의 : 음식과 건강(20분)

③ 본 활동 : 스토리텔링(30분), 설치작품(30분), 한정식(40분)
④ 마무리 : 후식다과 상차림(20분)

5. 노인대상

    통계청이 지난 7월 21일 인구의 날에 즈음하여 내놓은 세계와 한국의 인구현황 및 전망 보고서에 따르면 세계 인구 중 65세 이상 비중은 2015년 8.2%에서 2060년 17.6%로 증가할 전망이다. 한국 인구 중 65세 이상 비중은 2015년 13.1%에서 2030년 24.3%, 2060년 40.1%로 세계국가 중 카타르 41.6%에 이어 2위가 될 것으로 전망된다(통계청, 2015).

    노인인구가 전체 인구 중 20%를 넘으면 초고령사회라고 하는데 우리나라는 2026년 초고령사회에 진입할 것으로 예상된다. 선행연구(김재경, 2014)는 노인인구의 증가에 대해 이른바 4고(苦)[병고(病苦), 빈곤(貧困), 고독(孤獨), 무위(無爲)]의 노인문제를 야기하므로 국가와 사회가 전면에 나서서 해결해야 할 강력한 메시지이자 정책과제라고 강조한다.

    노인문제의 큰 덩어리는 세부요소들의 악순환의 고리에 의한 부정적 조합이다. 선순환을 위해 정책적으로는 제도개선을, 그리고 사회적 노력으로는 각자 주어진 역할과 위치에서 세부사항들을 하나하나 해결하기 위한 적절한 노력이 요구된다. 푸드아트테라피는 참여과정이 즐겁고 오감적 요소를 고루 활용하는 특징이 있어 어르신들의 고독, 무위, 병고의 문제를 완화하거나 해결하는데 매우 탁월한 수단이 된다.

    어르신들의 건강이나 상황적인 여건 등에 따라 다르겠지만, 푸드와 관련된 긴 과거 경험을 놀이, 교육, 상담, 치료적 요소로 활용할 경우 노인일자리 창출로도 이어져 빈곤의 문제에도 어느 정도 기여할 수 있을 것으로 보인다. 또한 고독, 무위, 병고의 문제를 완화하거나 해결하는 것도 의료비 지출을 줄여 빈곤의 악순환에 대한 고리를 끊는데 기여할 수 있다(조주영, 2015b).

    선행연구에서 활용된 노인을 대상으로 한 푸드아트테라피 프로그램을 살펴보면 아래와 같다.

1) 노인의 우울감 해소와 자기효능감 증진 프로그램 (한수연, 2009)

(1) 목표 : 노인의 정서적 안정과 긍정적 정서표출로 우울감소와 자기효능감 증진
(2) 내용 :
   ① 자아 찾기 : 뻥튀기로 만든 자아상. 자신의 이미지 연결. 밀가루로 만든 나의 뇌
   ② 긍정적 사고의 전환 : 희망의 새. 소원 탑 쌓기와 녹차의 여유로움
   ③ 긍정적 사고의 확장 : 나의 살던 고향은. 행복한 밥상. 꽃다발. 꽃바구니. 사탕목걸이 선물. 구렁덩덩신선비를 읽고
   ④ 대긍정 : 아름다운 노후를 위한 명상. 멋진 집짓기

인간은 비밀스러운 일을 꼭꼭 담아 두려는 욕구도 있지만 그것을 털어내고 표현하고 싶은 욕구가 내재되어 있다(이우경, 이원혜, 2012). 선행연구는 연구대상자들에게 15분씩 4일 연속으로 정서적 부담이 되는 이야기를 쓰게 한 결과, 질병이 줄어들고 면역체계가 강화되었으며 주관적 고통수준이 유의하게 감소하였다고 보고하였다(Pennebaker & King, 1999). 자신에게 정서적 부담을 주는 일상적인 이야기를 내러티브 형식으로 풀어내는 것이 정신건강 증진에 긍정적으로 기여함을 알 수 있다.

어르신 대상의 푸드아트테라피는 정서적 부담이 강한 삶의 이야기들을 풀어내는데 탁월성을 지니고 있다. 이때 어르신들의 과거 삶의 과정들에 대한 기억이나 향수를 자극할 수 있는 소품이 있으면 더욱 좋다.

〈기억이나 향수를 자극하는 소품의 예들〉

6. 가족대상

1) 가계도 창작활동

(1) 목표 : 가계도 창작활동을 통해 가족구성원에 대해 보다 객관적이고 깊이 있게 이해할 수 있다.

(2) 내용
  ① 가족구성원 각자의 두드러진 특성을 형용사로 표현한다.
  ② 형용사로 표현한 내용을 푸드 재료로 창작한다.
  ③ 창작한 것을 상담자(개인상담)나 집단원(집단상담)과 나눈다(피드백)
  ④ 피드백을 반영하여 재구성을 통해 발전시켜나간다.
  ⑤ (필요시) 생활 속에서의 실천전략을 수립한다.
  ⑥ 소감을 나눈 후 마무리한다.

[가계도 운영 사례(성인집단, 2010)]

  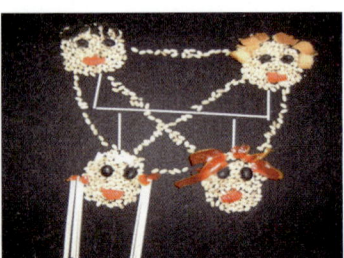

〈가계도(충북대 대학원생 作, 2010)〉

아래에 제시한 가계도 사진은 위에서 설명한 방식을 응용하여 만든 가계도이다. 집단원들이 자신의 가계도를 만든 것이 아니라 집단원이 함께 공통관심사의 드라마를 선정하여 그 드라마에 등장한 가족을 분석하고 그 가족의 가계도 만들기를 한 작품들이다. 간접적인 방법을 통해서도 개인의 가족문제와 연계하여 해결을 위한 조력이 가능하다.

예를 들면 드라마 속의 등장인물과 닮은 가족구성원이 있는지, 그 가족에 대한 감정은 어떠한지 등 관련된 질문을 통해 상호작용하다보면 문제의 실마리를 찾을 수 있고, 해결방안을 모색할 수 있게 된다.

[집단별로 드라마속의 가족분석과 가계도 만들기]

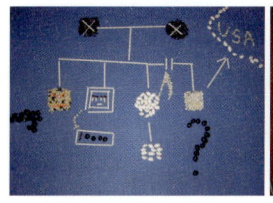 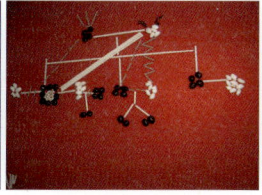  

[A집단의 작품] [B집단의 작품] [C집단의 작품] [D집단의 작품]

2) 가족사명서 만들기

1) 목표 : 자기 가족만의 독특한 목적과 가족들의 지침이 담긴 가족 사명서를 만들어 함께 공유하며 가족 간에 일체감을 다져갈 수 있다.

2) 내용
  ① 눈을 감고 명상모드를 조성하여 가족구성원이 각자 바라는 가장 이상적인 가족이미지를 그려보고, 그 내용을 5개의 단어로 뽑는다.
  ② 가족구성원이 찾은 단어들을 모아 투표하여 가장 핵심단어를 3~5개 추출하여 가족사명서를 작성한다.
  ③ 가족사명서의 내용을 이미지화하여 푸드 재료로 창작한다.
  ④ 창작한 내용을 나눈다(피드백).
  ⑤ 피드백을 반영하여 재구성을 통해 발전시켜 나간다.
  ⑥ (필요시) 생활 속에서의 실천전략을 수립한다.
  ⑦ 소감을 나눈 후 마무리한다.

아래에 제시한 가족사명서 작품은 대학생들이 유사가족을 구성하여 만든 것이다.

[A집단의 가족사명서] [B집단의 가족사명서] [C집단의 가족사명서] [D집단의 가족사명서]

3) 가족상담 (조주영, 2010)

가족상담은 가족문제를 직접적으로 상담하고 해결하기 위한 것이다. 즉 가족생활주기 상에서 나타나는 여러 특성을 감안하여 가족관계는 물론 일상생활에서 경험하는 다양한 어려움들이 보다 큰 가족문제와 위기로 심화되기 전에 상담을 통해 가족을 적절히 지원함으로써 건강한 가정생활을 영위하도록 하는 것이다. 가족 상담에서 주로 다루어지는 내용은 가족으로 살아가면서 발생하는 어려움이나 갈등과 같은 문제, 즉 부부문제, 이혼문제, 부모문제, 자녀문제, 성인자녀와 부모세대간의 문제, 가족의 기능상의 문제 등이다.

[가족상담 영역에서 푸드아트테라피 적용 예]

○ 고부갈등으로 힘들어하는 O씨 이야기

내담자의 작품 속에 나타난 고부갈등의 치유과정

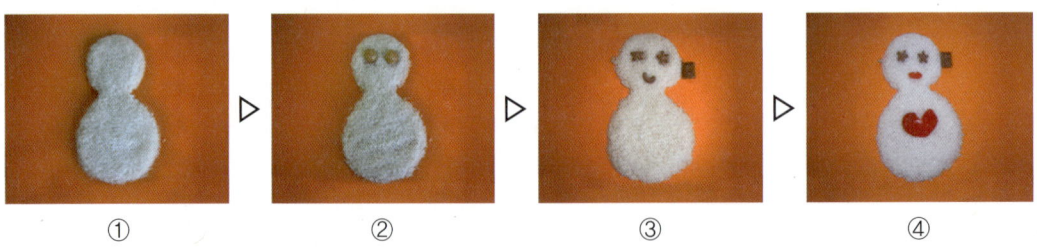

① ② ③ ④

O씨는 푸드아트테라피 훈련 과정에서 고부갈등을 다루었다. 처음 작품 ①에서는 시어머니 앞에서 늘 주눅 들고 힘들어하던 자신의 모습이었다. 상담조력을 받는 과정에서 재구성을 통해 점차 힘을 키우며 자기다움을 찾아가는 과정이 드러난다. ① 시어머니의 구박에도 오뚝이처럼 일어서자. ② 오뚝이가 되더라도 볼 수 있는 눈은 가져야 되지 않겠느냐는 피드백을 받고 눈을 만들더니 좀 더 마음이 편안해 졌다고 하였다. ③ 오뚝이에 비해 눈이 너무 크다는 피드백을 받고 그것을 수용하여 눈을 작게 만들고 제대로 듣기 위해 귀도 만들었다. ④ 볼 수 있고, 들을 수 있게 되고 보니 마음이 매우 가벼워졌고, 이제는 시어머니에 대한 측은지심이 생겼다며 가슴에 하트로 묘사하였다. (O씨는 집단구성원들로부터 푸드아트테라피 과정 전에 비해 얼굴표정이 많이 밝아졌다는 피드백을 받았다)

4) 푸드와 함께 하는 중년기 힐링 부부교육 (이정연, 2012)

(1) 목표 : 중년기 부부관계의 향상, 시니어 창업 기획(FAT 부부 강사)
(2) 내용 :
　① 중년기 부부의 현 주소
　② 가정생활 이야기
　③ 중년기의 정신건강
　④ 관계지능 Up그레이드!
　⑤ 부부사랑 공동작품 만들기
　⑥ 通하는 부부
　⑦ 맛있는 인생계획서

7. 집단상담 및 협력활동

1) 푸드아트테라피를 적용한 비만캠프 (정희경, 2014)

(1) 목표 : 폭식행동 및 비만도 조절, 신체상과 자기 효능감 증진
(2) 내용 :
　① 자기이해
- 나를 소개합니다! : 프로그램 이해, 친밀감 형성
- 비만의 역사 : 비만의 원인 이해하기
- 다이어트 실패담 : 자기감정 이해, 긍정적 감정형성
- 다이어트 성공담 : 다이어트 자신감 회복
- 걸림돌과 디딤돌 : 다이어트 장점, 단점 파악하기

　② 자기사랑
- 몸이 기억하는 감정 : 자기조절감 형성

푸드아트테라피

- 몸과 마음, 음식의 관계 : 새로운 식습관 형성
- 긍정에너지 찾기 : 긍정적인 신체상 형성
- 성장하는 삶 : 다이어트 계획 세우기
- 새로운 나 : 자기 신뢰감, 자기효능감 형성

〈작품 : 백석대학교 학생, 2010〉

4장. 다양한 콘텐츠 활용 푸드아트테라피

1. 푸드아트테라피를 활용한 투사 검사
2. 책과 함께 하는 푸드아트테라피
3. 시와 함께 하는 푸드아트테라피
4. 이야기와 함께 하는 푸드아트테라피
5. 각종 도구 활용 푸드아트테라피
6. 장소와 상황 활용 푸드아트테라피

4장. 다양한 콘텐츠 활용 푸드아트테라피

푸드아트테라피에서 콘텐츠는 내담자의 흥미유발과 자발적 참여를 돕는 도구이다. 콘텐츠에 대한 애착형성과 심리적 위로기능이 더해지면 더 원활한 상담 및 치료의 진행이 가능하다. 난타, 대장금, 식객 등은 푸드에 스토리를 입힌 한류와 푸드 콘텐츠의 귀한 사례들이다. 푸드아트테라피 콘텐츠의 미래가치는 상담으로서 뿐만 아니라 교육, 문화, 관광에까지 활용이 가능한 복합문화상품이 될 수 있다.

1. 푸드아트테라피를 활용한 투사 검사(내담자 평가)

상담이나 치료 장면에서 심리검사라는 도구를 통해 내담자의 다양한 심리적 특성들을 파악하고 이해하여 그들을 적절히 조력하기 위한 방안을 모색하는 경우가 있다. 내담자를 평가하기 위한 심리검사 도구들은 상당히 많지만, 푸드아트테라피 과정에서 작품을 활용한 내담자 평가는 각종 투사적 검사를 응용한 것이다.

투사적 검사의 예로는 HTP(House-Tree-Person), KFD(Kinetic Family Drawing), KSD(Kinetic School Drawing), PPAT(A Person Picking an Apple from a Tree), LMT(Landscape Montage Technique), TAT(Thematic Apperception Test), BGT(Bender-Gestalt Test), Rorschach 검사(Rorschach Test) 등이 있다.

푸드아트테라피 과정에서 위에 제시한 투사검사의 단서를 제시하여 작품을 만들어가는 과정과 완성된 작품에 내담자의 경험이 드러나게 되고 그것들이 내담자를 사정하고 이해하는 단서가 된다. 내담자의 작품에는 그들의 생각, 긍정적이거나 부정적인 감정, 갈등, 두려움, 욕구 등이 마치 거울처럼 반영되어 나오기 때문이다.

(1) HTP 검사의 응용

① HTP의 "H"에 대한 예 (조OO)

집은 가족이 함께 모여 사는 생활공간이다. 그러므로 집 그림이나 이미지에는 그 사람의 자아, 현실과 관계를 맺는 정도와 양상, 개인의 내면에 가지고 있는 가족, 가족관계, 가족구성원 각각에 대해 가지고 있는 표상이나 감정, 생활 등이 투영되어 나온다. 인상주의적 해석과 문, 창문, 벽, 굴뚝, 지붕, 집과 지면이 맞닿는 선, 계단이나 출입로 등에 대한 구조적 해석을 한다.

조OO의 집에 대한 이미지를 통해 살펴보면 외부에 대한 관심이나 외부와의 교류에 대해 우호적이다. 그렇지만 굴뚝의 연기를 강조하여 애정에 대한 욕구를 드러내고 있으며 벽을 과하게 강조하여 자기 자신을 보호하려는 경향을 보이고 있다.

② HTP의 "T"와 "P"에 대한 예(박OO)

나무와 사람 그림에는 "신체 상" 혹은 "자기개념"과 같은 성격의 핵심적 측면이 나타나게 된다. 그 중에서 나무에는 좀 더 깊고 무의식적인 핵심감정이 드러나는 한편, 사람 그림에서는 좀 더 의식적인 수준에서 자기 자신과 환경과의 관계에 대해 가지고 있는 스키마(schema)가 반영된다(신민섭 외, 2003).

a. 재구성 전의 작품   b. 재구성 후의 작품

박OO의 'a. 재구성 전의 작품'에서 나무를 인상주의적으로 해석하자면 수관에 비해 가지가 과하게 위로 뻗어가려는 모습이다.

인물도 상체가 크고 손가락이 외부로 뻗어 있어 성취동기와 포주수준이 매우 높음을 알 수 있다. 박OO는 푸드아트테라피 과정에서 상담자와 집단원들의 피드백을 통해 성취동기와 포부수준을 현실적으로 조절하였고, 자신도 외부적으로 향한 에너지를 좀 더 내면으로 향하게 재구성하였다.

③ HTP의 "T"에 대한 예(김OO)

김OO의 작품에서 나무를 묘사한 것을 보면 가지를 지나치게 크게 묘사하였다. 김OO의 경우 환경과의 상호작용에서 자신이 없고 불안하지만 이를 과잉보상하려는 것으로 해석했다. 이 사례의 경우 놀이차원에서 진행된 것이어서 김OO의 정보만 취하여 푸드아트테라피 프로그램에 반영하고 재구성은 하지 않았다.

심리평가는 인간에 대한 포괄적 이해가 목적이며 심리평가를 위한 심리검사는 핵심적 자료를 제공하는 중요한 절차들 중의 하나이다. 그러므로 실제적 평가에서는 심리검사를 통해서 얻어진 정보, 면담, 행동관찰, 개인력 등을 종합하여 반영한다. 이는 푸드아트테라피를 활용한 내담자 평가에서도 동일하게 적용된다.

(2) 자신에 대한 정성적 평가

아래 작품은 에니어그램 힘의 중심에 대한 정성적 평가를 비유적으로 표현한 작품들이다. 각자 에니그램에 대해 정량적 평가를 한바 있으며, 프로그램 참여과정에서 자기평가와 탐험의 일환으로 푸드아트테라피 작품으로 표현한 것이다. 각자 현재 상황이 어떠한 지, 그리고 앞으로 어떻게 변화해 갈 것인지에 대해 탐색하는 시간을 가졌다.

〈푸드예술치료사 양성과정 "집단상담" 참여자들의 작품, 2015〉

필자는 시골에서 태어나 고등학교를 졸업할 때까지 전원에서 자랐다. 돌이켜보면 성장기에 자연과 더불어 성장한 것이 어른이 되어 인생을 살아가는데 큰 자산이 되고 있다. 어렸을 때 우리 집 수돗가에는 큰 거울이 하나 놓여 있었다. 어느 날 우리집에서 키우는 닭 한 마리가 거울 앞에서 거울을 보고 쪼고 있었다.

그 닭은 거울 속에 비친 닭이 자신인 줄도 모르고 쪼고 있었던 것이다. 필자는 당시 그런 닭이 불쌍하여 부리 아프니까 쪼지 말라고 닭을 쫓아냈던 기억이 있다. 만약 그 닭이 거울을 계속 쪼았다면 아마 자신의 부리에 문제가 생겼을 것이다. 사람도 자신을 제대로 이해하지 못하면 스스로를 쪼게 된다.

스스로를 쪼고 있음에 대해 바로 깨닫는다면 문제가 커지지 않겠지만, 혹여 너무 쪼아서 상처투성이가 되면서도 모른다면 문제가 간단하지 않다. 지속적인 자기 탐색으로 스스로를 쪼는 일은 없어야 할 것이다.

자신에 대한 정량적 평가도 중요하지만, 수시로 정성적 평가를 하며, 그 내용을 반영한 적절한 자기돌봄이 필요하다.

2. 책과 함께 하는 푸드아트테라피

책과 함께 하는 푸드아트테라피는 독서활동과 책의 내용을 매개로 하여 푸드아트테라피를 진행하는 것이다. 독서 치료적 요소와 푸드아트테라피적 요소가 만나 또 다른 시너지 효과를 낼 수 있는 방법이 된다. 구체적인 진행절차는 아래와 같다.

① 적절한 도서를 선정하여 책을 읽는 즐거움을 누린다.
② 책에서 인상 깊었던 내용이나 중요한 메시지를 나눈다. 이러한 활동은 개인 상담에서도 가능하고 집단 상담에서도 가능하다.
③ '②'에서 인상 깊었던 내용, 중요한 장면이나 메시지, 시사점 등을 푸드 재료를 활용하여 작품으로 만든다. 이러한 작업에서 내담자는 자신의 경험을 드러내는 경향이 있다. 상담 및 치료자는 그 중에서 내담자의 핵심요소를 잘 파악하여 개입전략에 포함하는 것이 중요하다.
④ 내담자가 만든 작품의 내용을 개인상담의 경우 상담자와 나누고 집단상담의 경우 상담자 및 집단원과 나누며 피드백을 주고받는다.
⑤ '④'에서 피드백 받은 내용 중에 내담자 자신에게 도움이 되는 것을 반영하여 자신의 작품을 재구성하고 더 발전시켜 나간다.
⑥ 재구성한 것을 토대로 일상생활 속에서 더 발전적인 방향으로 훈습이 필요한 것이 있으면

구체적이고 체계적인 실천전략을 수립한다.
⑦ 이 회기에 대한 활동소감을 나눈 후 마무리한다.

책과 함께 하는 푸드아트테라피를 놀이적 요소를 가미하여 진행할 수도 있다. 예를 들면 전래동화 스토리를 정하여 그것들에 대해 푸드를 활용하여 꾸미는 활동이 있다. 인원이 많을 경우 소집단으로 나누고, 전래동화 스토리도 크게 집단 수만큼 나눈다. 그리고 각 집단마다 그 스토리를 제시하여 그 중에 중요한 한 장면을 푸드로 꾸미게 한다. 집단원들은 매우 즐겁게 참여하며 집단 역동을 끌어내기에도 유용하다. 구체적인 진행절차는 다음과 같다.

사례 : [옛날 옛적에! : 푸드로 만나는 햇님달님 이야기]

① 전래동화(햇님달님) 이야기를 회상하는 시간을 갖는다. 언제 이 이야기를 접했는지, 그때 느낌은 어땠는지, 각자 햇님달님 이야기와 관련된 에피소드가 있으면 나눈다.
② 스토리의 중요한 장면들에 대해 논의한다. 소집단의 수를 고려하여 스토리의 중요한 장면의 수를 정한다. 각 소집단마다 집단원들이 원하는 스토리를 택하게 한다.
③ 자기 팀에서 택한 햇님달님 이야기의 중요한 장면을 푸드 재료를 활용하여 꾸민다.
④ 각 팀에서 작품이 완성되면 전체를 모아 스토리의 순서대로 연결한다.
⑤ 우리가 배워야할 교훈을 정리한다.
⑥ 전체정리를 하고 소감을 나누며 마무리한다.

[교육 참여자들의 공동작품 : 햇님달님 이야기]

[책/독서 관련 명언]

- 책은 정신의 음식이다(소크라테스).
- 독서가 정신에 미치는 효과는 운동이 신체에 미치는 효과와 같다(리처드 스틸).
- 좋은 책을 읽는 것은 과거의 뛰어난 사람들과 대화를 나누는 것과 같다(데카르트).
- 같은 책을 읽었다는 것은, 사람들 사이를 이어 주는 끈이다(에머슨).
- 책이 없는 집은 문이 없는 주택과 같고 책이 없는 방은 혼이 빠진 육체와도 같다(키케로).
- 좋은 책을 읽는 것은 과거 몇 세기의 가장 훌륭한 사람들과 이야기를 나누는 것과 같다(르네 데카르트).
- 독서는 인간을 정신적으로 충실하고 명상으로써 심오하게 해줄 뿐만 아니라 영리한 두뇌를 만들어 준다(벤자민 프랭클린).

3. 詩[14]와 함께 하는 푸드아트테라피

詩와 함께 하는 푸드아트테라피는 시인의 감성으로 창작된 시를 매개로 하여 푸드아트테라피를 진행하는 것이다. 시(詩)라는 말에는 言(언어)과 寺(사원)의 뜻이 내포되어 있다. 즉 시는 언어의 사원이다. 정신적 수행을 통해 사물의 본질을 파악하고, 시적 영감을 통해 미적 가치를 발견하여 촌철살인의 미학으로 표현해 낸 것이다. 시인은 마음이 흘러가는 것의 순간을 잘 포착하여 그 만의 시어로 정제된 시를 탄생시킨다.

좋은 시는 그냥 읽기만 해도 좋다. 읽고 음미감상하면 그 깊이가 마음으로 전달된다. 시집

---
14) 시는 그 자체만으로도 치유적인 기능이 있다. 성경에서도 다윗이 인생의 고비 때마다 내면의 고통과 아픔 그리고 두려움의 마음을 하느님께 시로 올려드리며 고백하고 자신의 감정과 갈등을 진정시키고 이겨냈으며 더 나아가 하느님에 대한 신뢰확인과 새로운 힘을 얻은 것을 알 수 있다.
또한 16세기에 프랑스의 의사이자 풍자 작가이기도 했던 라블레는 환자들에게 질병과 관계되는 적절한 문학작품을 약과 같이 처방하였다(권성훈, 2010). 각자의 상황과 관련된 시를 선택해서 읽거나 쓰는 과정을 통하여 작품 속 인물과 일체감을 느끼고 자신이나 타인에 대한 올바른 인식을 갖게 하며 억압되었던 감정의 발산을 통하여 그동안 인식하지 못했던 자신을 의식하고 정서적 안정과 도전을 주는 효과가 있다(김선종, 2013).

푸드아트테라피

창의·인성교육 효율성(效率城)으로의 초대

은 두꺼운 전공 책과 달라서 언제나 소지하고 다니며 아무데서나 펼쳐서 한 두 꼭지의 시를 감상할 수 있다. 집에서도, 지하철이나 버스 안에서도, 지하철이나 버스가 오기를 기다리면서도, 심지어 여행지에서도 시는 어울린다. 좋은 시는 가까운 사람에게 읽어주어도 좋다. 아름답고 감동적인 시를 선정하여 SNS를 통해 가족, 친구, 아끼는 지인들에게 보내면 그들도 감동스러워 한다.

이러한 시와 푸드아트테라피가 만나 또 다른 하모니를 이루면 멋진 테라피로 역량을 드러낸다. 시와 함께 하는 푸드아트테라피의 구체적인 진행절차는 아래와 같다.

① 적절한 시를 선정하여 감상한다. 필자가 많이 활용하는 명시들은 나태주 시인의 '풀꽃', 장석주 시인의 '대추 한 알', 도종환 시인의 '담쟁이', 윤운성 교수의 '지금 하는 사람이 성공한다', 박두순 시인의 '메아리', 이해인 수녀의 '어떤 기도'와 '나를 키우는 말', 그리고 '마음이 마음에게', 조명세의 '꽃씨를 심는 마음', 박노해 시인의 '다시', 디아스포타의 '성공과 실패', 벤 존슨의 '진실', 포르티아 넬슨의 '다섯 연으로 된 짧은 자서전' 등이다.
② 시에서 인상 깊었던 내용이나 중요한 메시지를 개인상담의 경우 상담자와 나누고, 집단상담의 경우 상담자나 집단원들과 나눈다.
③ '②'에서 나눈 것 중에서 가장 인상 깊었던 구절, 중요한 장면, 메시지, 시사점 등에서 마음이 끌리는 것에 대해 푸드를 활용하여 작품으로 표현한다.
④ 자신의 작품에 대해 집단원들과 나누고 피드백을 주고받는다.
⑤ 피드백 받은 내용 중에 자신의 성장과 발전을 위해 필요한 내용이 있으면 그것을 반영하여 자신의 작품에 대해 재구성 작업을 하고 지속적으로 발전시켜 나간다.
⑥ 앞에서 다룬 내용들 중에서 생활 속에서 훈습할 내용이나 실천해야할 것이 있으면 바람직한 계획의 조건을 갖추어 실천전략을 수립한다. 바람직한 계획의 조건은 간단하고, 즉시 이행할 수 있으며, 구체적이고 진심을 담은 내용을 말한다.
⑦ 이 활동의 전반적 과정에 대한 활동소감을 나눈 후 마무리한다.

또는 마음이 와 닿은 시를 감상하고 그에 대해 필요한 약간의 논의와 감상을 나눈 다음 인상 깊었던 구절을 작품으로 표현하며 진행해 갈 수도 있다. '지금 하는 사람이 성공한다(윤운성)'의 시를 감상하고 진행하는 예를 들어보면 아래와 같다.

① 먼저 윤운성 교수의 詩, '지금 하는 사람이 성공한다'를 감상한다.

[지금 노력하면 향상되고 / 지금 봉사하면 겸손해지고 / 지금 최선을 다하면 결과가 좋아지고 / 지금 감정을 다스리면 평온해지고 / 지금 관찰하면 식별력이 생기고 / 지금 용기를 내면 확신이 생기고 / 지금 절제하면 미래가 안정되고 / 지금 도전하면 추진할 힘이 생기고 / 지금 자신의 위치를 알면 타인과 좋은 관계를 유지하게 된다.
지금은 소중한 시간이다. / 지금은 우주와 연결되어 있다. / 지금은 꿈으로 가득 차 있다.]

② 주어진 상황과 여건을 고려하여 위에 제시된 시(詩)를 통해 몇 가지 생각할 거리를 제시하고 논의해 본다. '성공이란 무엇이라고 생각하는가?', '나는 지금 무엇을 하면 더 성공할 수 있을까?', '내가 원하는 꿈을 이루기 위해 무엇이 필요한 가'와 같은 내용들에 대해 반복질문하며 지금 해야 될 것을 찾아 나간다.
③ 앞의 활동에서 가장 와 닿는 부분을 포착하여 작품으로 표현해 낸다.
④ 상담자의 도움으로 그 내용을 자신에게 잘 맞는 것으로 다듬어 실현가능성을 높이기 위한 절차를 밟는다.
⑤ 전체 소감을 나누고 마무리한다.

도종환 시인의 '담쟁이'라는 시는 시의 이미지 사진을 준비하여 활용하면 더 리얼하게 진행이 가능하다(아래 사진 참조). 담쟁이 이미지와 시를 감상하고 그 내용을 치료적으로 끌어 갈 수 있다.

① 도종환 시인의 시(詩) "담쟁이"를 감상한다.

[저것은 벽 / 어쩔 수 없는 벽이라고 우리가 느낄 때 / 그때 / 담쟁이는 말없이 그 벽을 오른다. (중략) 결국 그 벽을 넘는다.]

② 상담자는 내담자에게 도종환 시인의 '담쟁이'라는 시를 비유적으로 설명하여 내담자의 푸드아트테라피 과정 참여에 대한 준비도를 점검할 계기를 마련한다. 푸드아트테라피에도 점진적인 과정이 있다. 주어진 과정을 마치고 나더라도 변화와 성장에는 개인차가 있다. 집단원의 유형, 의식수준, 준비정도에 따라 참여과정이나 수용의 정도가 다르기 때문이다.
③ 내담자에게 있는 담쟁이 근성을 찾아본다. 또는 '긍정적 중독'처럼 만들고 싶은 담쟁이 근성이 있다면 어떤 것인지에 대해 생각해 보고 나누는 시간을 갖는다.

④ 내담자 자신에게 꼭 필요하다고 판단되는 담쟁이 근성을 찾아 작품으로 만들어낸다. 참고로 푸드아트테라피 상담을 진행할 때는 진행강도에 대해 주어진 여건이나 상황에 따라 완급조절이 절대적으로 필요하다. 매회기마다 과도하게 깊이 있는 내면을 다루는 것은 내담자를 지치게 할 수 있다. 그러므로 놀이적인 요소와 내면 치료, 집단공동작업(개인상담의 경우 상담자와의 공동작업, 상담자와 내담자의 상호 이야기 기법 등을 적용) 등 강약을 조절하는 것이 중요하다. 담쟁이 시를 활용한 푸드아트테라피의 경우도 집단을 나누어 각 집단에서 필요한 담쟁이 근성을 찾아 작품을 만들어 볼 수 있다.

⑤ 이 과정에서 학습한 것을 정리하고 마무리한다.

자료사진: 담쟁이(충북대학교 생활과학대학 건물 외관의 단면)

도종환 시인의 또 다른 시 '다시 오는 봄'을 활용한 예는 아래와 같다.

① 도종환 시인의 詩, 「다시 오는 봄」을 감상한다.
    [햇빛이 너무 맑아 눈물이 납니다. / 살아 있구나 느끼니 눈물이 납니다. / (중략) /
    당신은 가고 그리움만 남아서가 아닙니다. / 이렇게 살아 있구나 생각하니 눈물이 납니다.]

② 개인적용의 경우 상담자와, 집단적용의 경우 집단원과 감상내용을 나눈다.
③ 만약 살아있음의 감사함이나 생명력을 의미 있게 느꼈다면 '살아있음의 감사한 장면'이나 '생명력을 느끼는 것'에 대해 푸드를 활용하여 작품으로 만든다.
④ 자신이 만든 작품 내용을 집단원과 나누고 피드백을 주고받는다.
⑤ 피드백 받은 내용을 반영하여 재구성을 통해 발전시켜 나간다.
⑥ (필요시) 생활 속에서의 실천전략을 수립한다.

⑦ 활동소감을 나눈 후 마무리한다.
이승헌 총장의 글, '건강도 습관이다'를 활용한 예는 아래와 같다.

① 이승헌 총장의 글, 「건강도 습관이다[15]」를 감상한다.

[화내는 것도 습관, / (초략) / 잘 웃는 것도 습관입니다. /
건강한 사람, 그렇지 않은 사람의 차이도 / 어떤 습관을 갖고 있느냐에 달려있습니다. / (중략) /
건강해지고 싶다면, / 즐겁게 살고 싶다면, / (중략) / 진짜 건강은 내가 만드는 것입니다.]

② 감상내용을 상담자나 집단원과 나눈다.
③ 자신의 긍정적 습관과 부정적 습관을 생각해보고 푸드를 활용하여 작품으로 표현해 낸다
   [예: 부직포를 반으로 나누어 왼쪽에는 긍정적 습관, 오른쪽에는 부정적 습관을 작품으로
   만들거나 또는 각각 따로 만들 수 있다]
④ 자신이 만든 작품에 대해 집단원과 나누고 피드백을 주고받는다.
⑤ 피드백과 재구성을 통해 발전시켜 나간다.
⑥ (필요시) 생활 속에서의 실천전략을 수립한다.
⑦ 소감을 나누고 마무리한다.

[詩 관련 명언]

- 내가 시를 만든 것이 아니다. 시가 나를 만든 것이다(괴테).
- 시는 그것 자체가 아름다운 일이며, 시를 쓴다거나 감상하는 것은 유쾌한 경험이다
  (루이스).
- 시는 마음속의 불꽃이고 수사학(修辭學)은 눈송이다. 불꽃과 눈이 어떻게 하나가 될 수 있
  겠는가? (칼릴 지브란).
- 시는 역사보다 더 철학적이고 근엄하며 더 중요한 무엇이다. 역사가 말해 주는 것은 독특한
  것들이지만, 시가 말해 주는 것은 보편적인 성격을 띠고 있기 때문이다(아리스토텔레스).
- 시는 오직 사물을 표현하는 가장 아름답고 인상적인 슬기롭고도 효율적인 방법이다. 그러

---
15) 일지희망편지 1544호(2014. 8. 25) 중에서.

므로 그것은 매우 중요하다(아널드).
- 시는 인류의 모국어이다(허먼).
- 시란 강력한 감정이 자연스럽게 흐르는 것이다. 그것은 고요한 가운데 회상되는 감정에서부터 솟아난다(워즈워드).
- 시를 읽으면 품성이 맑게 되고 언어가 세련되며 물정에 통달되니 수양과 사교 및 정치생활에 도움이 된다(공자).
- 시인은 영혼의 화가다(디즈레일리).

4. 이야기와 함께 하는 푸드아트테라피

우리의 삶을 이루는 것은 바로 우리 각자가 가지고 있는 자신의 삶에 대한 이야기이다(White, 1998). 이야기는 우리의 삶에 매우 가까이에, 그것도 폭넓게 관여하고 있다. 그럼에도 그것을 자각하지 못하고 살아가는 경우가 많다. 평소에 자신을 살리는 긍정적인 말을 많이 하고, 자신에게 피해를 주는 부정적인 말을 줄인다면 원하는 인생을 살아가는 가는 것이 훨씬 용이하다. 말의 힘이 작용하기 때문이다.

인간은 의미와 이상을 추구하는 동물이다. 사람들이 의미를 만들고자 할 때 자신과 서로의 삶에 대한 이야기를 시작하게 된다. 사람들은 이야기를 만듦과 동시에 그 이야기에 의해서 살아가는 것이다. "말이 씨가 된다."는 말은 좋은 예이다. 특히 병이나 문제에 오랫동안 잠식되어 온 사람들은 자신들이 만든 문제의 이야기 속에 깊숙이 매여 있음을 의식하지 못하는 경우가 많다.

가족상담의 이론중 이야기 치료에서는 개인이 자신의 삶에 대한 저작자임을 인식하도록 돕는다. 그러기 위해 내담자의 문제 이야기를 경청하고 해체하여 대안적 이야기를 구축하고 대안적 정체성을 구축하는 과정을 통해 개인이 스스로 자신의 인생과 삶의 이야기에 대한 저작자가 되도록 조력한다.

이야기와 함께 하는 푸드아트테라피에서는 이야기치료적인 방식을 응용하여 발전시켰다.

① 6~8명이 한 팀을 구성한다. 잠시 눈을 감고 명상모드를 조성하여 과거에 화가 났거나 속상했던 이야기를 떠 올린다. 그때 내가 어떻게 했으며, 어떤 느낌이었는지 등에 대해 오감각을 활용하여 생생하게 떠올린다.

② 눈을 뜨고, 한 사람을 기준으로 정하여 '①'에서 떠올렸던 이야기를 2분 이내에 집단원에게 들려준다. 그 집단원의 이야기가 끝나면 시계방향으로 다른 집단원들도 2분씩 돌아가며 얘기를 나눈다(또는 순서를 정하지 않고 그 내용을 나눌 수도 있다.).

③ 이야기 듣기가 다 끝나면 오늘 주인공이 되고 싶은 사람을 찾는다. 주인공이 되고 싶은 사람이 너무 많거나 없으면 투표를 한다. 예를 들면 다같이 "하나 둘 셋"을 외치며 가장 공감이 가는 사례자를 지목하는 방식을 적용한다.

④ 주인공이 정해지면 자신의 이야기를 1분 동안 집단원에게 들려준다. 시계 방향으로 돌아가며 옆 사람은 원래 주인공의 이야기 1분을 다시 이야기 하고, 자신도 그 주인공인 것처럼 주인공의 이야기를 더 발전적인 방향으로 1분간 더 이야기한다. 같은 방식으로 원래 주인공의 이야기 1분 + 옆 사람의 발전적인 이야기 1분 + 옆 사람의 시계방향으로 옆에 있는 사람의 발전적인 이야기 1분을 더해가며 마지막 사람까지 마무리한다. 집단원의 수가 적을 경우 두 바퀴를 돌릴 수도 있다.

⑤ 각자 발전시킨 이야기의 핵심주제를 이미지화하여 푸드를 활용하여 작품으로 표현해 낸다. 마치 스토리북의 삽화처럼 상징이미지로 할 수도 있고 상세화처럼 묘사할 수도 있다. 각자의 선호도에 맞게 구성하면 된다. 옆 사람과 서로 논의해가며 도와주며 완성할 수 있다. 전체적인 이야기를 마무리한다. 이러한 과정을 통해 자신의 이야기를 풍요롭게 발전시켜 갈 수 있다. 이야기치료에서는 인간의 문제는 이야기가 결핍된 것으로 본다. 집단원과 스토리텔링 과정을 이어가며 자연스럽게 풍부한 이야기로 전개되어 자신의 문제 상황에서 주관적 몰입으로 힘들었던 것이 객관화되고 분리되는 경험으로 이어진다.

⑥ 주인공의 소감을 들어보고, 원하는 답을 얻지 못했을 때 상담자의 조력으로 재구성요소를 찾고 발전 방향을 모색한다.

⑦ 종합정리 및 소감을 나누고 마무리한다.

이야기를 만들어 가는 과정에서 새로운 역동이 일어난다. 새로운 등장인물이 추가되기도 하고 새 인물에 대한 역할이 나온다. 각 역할에 대한 느낌을 나누고 논의하는 과정에서 인생에 대한 교훈을 얻을 수 있다.

5. 각종 도구 활용 푸드아트테라피

1) 살림의 성장카드 33

① 내용 : 살림의 성장카드는 푸드아트테라피의 개발자 이정연 교수가 만든 것으로 푸드아트테라피의 핵심단어이자 마음 성장에 도움이 되는 33개의 단어들로 구성되어 있다. 푸드아트테라피 참여 전과 후의 자아성장의 수준을 스스로 진단해볼 수 있다.
② 적용 : 자신의 현재 상태를 가늠해 볼 수 있다. 또는 개인이나 집단상담의 초기와 말기에 적용하고 그 차이를 비교해 볼 수 있다.
③ 글(이정연), 그림(노보레), 발행[㈜ 친친문화원]

2) 마음카드

① 내용 : "무한 축복으로 충전되는 나", "세상의 소음을 흘려보내는 나" 등 긍정적으로 마음을 자극하는 글귀와 이미지 그림이 있는 카드로 구성되어 있다.
② 적용 : 자기의 마음에 가장 와 닿는 카드를 찾게 하여 그 내용과 느낌을 나누는 활동으로 적용이 가능하다.
③ 글·그림(이정연), 발행[㈜ 친친문화원]

[마음 카드]

3) 마음을 치유하는 푸드 힐링 카드

① 내용 : 한국적인 정서와 이야기가 담긴 푸드아트테라피 작품, 감동적인 푸드아트테라피 작품을 카드로 만들어 활용한다.

② 적용 : 마음열기, 흥미 유발, 자발성 및 창의성 증진을 위하여 액자에 넣어 걸기, 달력·컵·옷 등에 프린팅하기, 코팅하여 마음결 고르기로 활용하기, 파일에 정리하여 감상하기 등 다양하게 적용이 가능하다. 힐링 카드로 활용한 몇 가지 작품들의 예는 아래와 같다.

- 작품: 만다라(왼쪽), 장승(중간과 오른쪽)[한국푸드아트테라피학회 수퍼바이저 TF팀, 2013] -

- 작품: 나에게 필요한 것(백석대학교 학생 작품, 2011) -

- 충북대학교 대학원생 작품(2010) -

- [내면의 불꽃(왼쪽), 국화꽃 향기(중간), 만다라(오른쪽), 조주영] -

- [동심에 풍덩(좌), 시작하는 마음(우): 권은진, 백경아(2015)] -

4) 주방 도구 활용(미니 축제 한마당 : 주걱 퍼포먼스)

집집마다 주방에는 다양한 도구들이 있다. 각종 주방 도구들을 푸드아트테라피를 위해 활용할 수 있다. 이 장에서는 주걱을 활용하는 방법과 사례를 중심으로 안내하고자 한다.

주걱은 음식을 저어 섞는데 쓰는 도구로 그 용도가 매우 다양하다. 밥주걱은 밥을 푸는데 쓰는 도구이고, 때로 콩을 삶을 때 젓는 도구가 되기고 하고, 죽을 쑬 때 젓는 도구가 되는 등 필요에 의해 활용된다.

전래동화 "흥부와 놀부"에서는 [흥부가 형 놀부의 집에 찾아가 형수에게 밥 한 술만 떠 달라고 애원하게 되는데, 그때 형수가 밥 푸던 주걱으로 시동생 흥부의 마른 뺨을 때린다. 그러자 흥부는 볼에 밥알이 붙은 것을 얼른 떼어 입으로 넣고, 다른 뺨도 내밀며 쳐 달라]고 하는 대목이 나온다.

여러 축제들에서는 대형 주걱으로 그에 준하는 크기의 비빔밥 비빔과 나눔 행사를 통해 공동체 의식을 함양하고 우리의식을 고양시켜 가기도 한다. 뮤지컬 퍼포먼스 난타처럼 나무주걱을 한국 전통가락인 사물놀이 리듬에 맞추어 놀이하거나, 나무주걱을 활용하여 타악기 놀이를 할 수도 있다. 타악기 두드리기 놀이는 각자 두드리는 놀이도 가능하지만 두 명씩 짝을 지어 한 사람은 왼손을 쓰고 한 사람은 오른손을 쓰며 적절히 장단에 맞추는 놀이로 응용할 수도 있다.

뿐만 아니라 주걱을 활용하여 서로 상대방에게 음식을 먹여주는 활동도 가능하고, 제한된 시간에 더 많이 빨리 먹여주기 놀이를 할 수도 있다. 이처럼 주걱은 우리의 일상생활에서 많은 이야기를 끌어내는 도구여서 이를 활용하여 다양한 FAT놀이 및 심리치료가 가능하다.

여기서는 주걱을 하나의 도구로 활용하여 할 수 있는 활동 몇 가지를 소개하고자 한다.

(1) 주걱위의 예술

주걱위에 다양한 푸드 재료를 활용하여 예술작품을 만들 수 있다. 각자 자신이 주걱위에 작품을 만든 다음 그것들을 모아 놓으면 색다른 즐거움을 누릴 수 있다.

- 서울초중등영양교육연구회 회원 작품(2015) -

(2) 주걱 활용 타악기 놀이

수박과 메론을 활용하여 푸드아트테라피를 한 다음 그 껍질을 엎어 놓고 타악기처럼 장단에 맞추어 두드리며 놀 수 있다. 팀별로 나누어 발표하게 하면 매우 흥겨운 놀이 한 마당이 가능하다.

실제로 좌측의 사진처럼 수박과 메론 껍질을 엎어서 타악기처럼 배치해 놓고 주걱으로 리듬에 맞추어 신명 나게 한바탕 놀게 한 결과 참여자들은 매우 흥겹게 놀이한마당을 즐겼다. 시간이 참으로 빠르게 지나갔다고 지각할 만큼 행복한 축제 한마당이었다고 보고 했다.

5) FAT콘텐츠 개발대회

(1) 테마별 다양한 기획 프로그램 확대

일상생활에서 필요한 여러 테마 영역별로 다양한 기획 프로그램을 개발하여 확대해 갈 수 있다. 예를 들면 진로지도 프로그램, 푸드 힐링 프로그램, 비전캠프, 힐링캠프, 푸드아트테라피와 함께 하는 명상투어 등을 들 수 있다.

(2) 푸드아트테라피 콘텐츠 공모전 개최

주기적으로 푸드아트테라피 콘텐츠 개발대회, 푸드아트테라피 공모전, 푸드아트테라피 경진대회 등을 개최하여 보다 많은 사람들이 참여하는 기회도 부여하고 발전적인 방향의 정보를 공유할 수 있다.

(3) 각 나라의 문화가 담긴 푸드 영상 자료의 개발 및 보급

우리나라도 다문화가족의 비중이 점차 늘어나고 있다. 여성가족부와 행정자치부의 통계에 따르면 우리나라의 다문화 가족은 2006년 23만여 명에서 2015년 7월 기준으로 82만여 명으로 증가했다. 다문화가족 청소년의 증가세는 더욱 두드러져 2006년 2만 5246명에서 2015년 7월 기준으로 20만 7693명이다. 이중에서 18세 이하 아동·청소년의 수는 2014년 말 기준으로 999만

2581명이다. 우리나라 전체 아동·청소년의 비율로 볼 때 100명 가운데 2명 정도가 다문화가정에서 태어난 것이다.

다문화가족이 우리사회에 새로운 문화를 형성하는데 도움을 줄 수 있도록 기회 부여가 절실하다. 그들이 우리사회에 적극적이고 능동적인 구성원으로 참여하여 함께 나아가도록 해야 한다. 그 일환으로 각 나라의 문화가 담긴 푸드 영상 자료를 개발하여 보급함으로써 풍요로움을 누리고 음식문화의 발전에 기여할 수 있다.

예를 들면 한국의 김치 담그기, 장 담그기, 떡 장수 놀이 등의 영상자료를 개발하여 보급함으로써 다문화 가족이 부담을 줄이고 적응할 수 있도록 돕고, 함께 살아가고 있는 다문화 가족 나라의 문화가 담긴 푸드 영상 자료도 개발하여 보급함으로써 다함께 공유하고 상생해가는 방안을 찾을 수 있다.

6. 장소와 상황 활용 푸드아트테라피

1) 음식점 활용

음식점에서는 언제나 맛깔 나는 음식으로 손님을 기다린다. 우리는 종종 그 주인공이 되기도 한다. 제한된 식사시간을 이용하는 것이지만, 그 시간을 활용하여 깜짝 이벤트는 충분히 가능하다. 특히 채식뷔페의 경우 조금만 창의성을 발휘하면 음식을 먹는 즐거움에다가 느낌 다른 또 다른 기쁨을 챙길 수 있다.

푸드아트테라피 교육훈련생 작품(2014)

왼쪽의 그림은 푸드아트테라피 교육훈련 과정에 참여하였던 한 전문상담교사가 이 교육과정이 100점짜리 의미와 가치가 있다며 만든 작품이다.

오른쪽 그림도 한 참여자가 정성들여 작품을 만들었고, 서로 그 의미를 나누며 색 다른 즐거움을 만끽할 수 있었다.

어떤 음식점은 푸드아트테라피의 가치와 철학에 부합하는 내용을 음식점 운영에 반영하기도 한다. 천안에 있는 연잎 밥 전문음식점 "산둘레"가 그렇다. 음식 재료 선별, 식기 활용, 경영 방침 등에 그러한 내용이 묻어난다. 그래서 필자와 푸드아트테라피 교육생들이 자주 찾는다. 밥상을 받으면 손님들은 연신 맛에 감탄하고, 약선 음식에 고마워하며 음식을 먹곤 한다. 한 끼 식사를 하고도 건강해 지는 느낌이라고들 입을 모은다. 아래 사진에 산둘레에서 제공하는 맛깔스런 한상 차림의 음식이 제시되어 있다.

산둘레 음식점의 한상 차림

2) 밭이나 텃밭 활용

각종 채소나 과일을 재배할 수 있는 밭이 있으면 야외수업과 활동이 가능하여 푸드아트테라피가 훨씬 풍부하고 깊어진다. 밭은 살아있는 재료를 직접 볼 수 있고 수확하는 기쁨까지 제대로 누려볼 수 있는 현장학습효과가 있다. 꼭 밭이 아니더라도 작은 텃밭만으로도 얼마든지 생생한 프로그램 운영이 가능하다.

푸드아트테라피 교육훈련생들의 현장학습 (2015. 5. 17)

위 사진은 푸드아트테라피 교육훈련생들이 충북대학교 농업생명환경대학 조성구 교수의 밭에서 농작물재배의 전문가 조성구 교수로부터 설명을 들어가며 학습하고 있는 모습이다. 조교수는 특별한 뜻을 두고 건강증진 및 치료를 위한 다양한 농작물과 약용식물들을 직접 재배하며 연구하고 있다. 실제로 위 사진의 밭에는 70여종의 농작물과 약용식물이 자라고 있다.

밭도 없고 텃밭도 없다면 집에서라도 채소 정도는 키워서 활용할 수 있다. 왼쪽의 사진은 필자가 아파트 베란다에서 테이크아웃 컵 등에 키우고 있는 옥수수, 콩, 땅콩, 호박 등이다. 물론 제한된 공간이라 옥수수나 호박을 수확하기는 어렵다.

관상용으로 키우는 것이고 적절히 자라게 되면 푸드아트테라피 프로그램 도구로 활용하곤 한다. 이 책의 곳곳에 필자가 직접 집에서 키워 활용한 자료들을 올려놓았다.

3) 계곡, 강, 바다 활용

계곡, 강, 바다 등은 물이 있는 곳이다. 물을 활용하여 다양한 푸드아트테라피 놀이, 교육, 예술 활동이 가능하다. 예를 들면 돌 위에 물로 그림 그리기, 모래사장에 물로 그림 그리기, 물 풍선 던져서 목표물 맞추기 놀이, 주전자에 물을 담아 행위 예술 활동하기를 들 수 있다.

여건이 닿아 계곡, 강, 바다와 같이 물이 있으면 자연스러운 분위기에서 훨씬 자유롭게 물을 활용한 놀이, 교육, 예술 활동에 흠뻑 취할 수 있겠지만, 현실적 여건이 마련되지 않는 경우가 더 많을 것이다. 아래에 제시한 몇 가지 물을 활용한 활동은 어디서나 가능하다. 일상생활공간에서 활용할 수 있는 물 활용 테라피(워터테라피)에 대한 몇 가지 예를 들어보면 아래와 같다.

(1) 페트병 활용 물놀이

① 제자리에서 물 뿌리기   ② 두 사람이 손잡고 리듬 타며 뿌리기

자료사진 ①은 집단원이 페트병에 담은 물 한 병을 자기만의 방식으로 일시에 뿌리는 놀이를 하는 장면이다. 자료사진 ②는 두 명씩 짝을 이루어 신나게 페트병의 물로 바닥에 그림을 그리고 있다. 다 그리고 나서 무엇을 그리려고 의도했는지, 그 내용이 무엇인지, 이 활동이 어떤 느낌이 드는지 등에 대해 나눈다.

(2) 종이컵 활용 물놀이

종이컵이나 테이크아웃 컵에 물을 8부쯤 담고 머리에 얹는다. 컵을 머리에 이고 있는 상황에서 손은 자연스럽게 내리고 일정한 거리를 걷는다. 원을 이루어 한 방향으로 걸을 수도 있고, 서로 손을 잡고 느리게 강강수월래를 하면서 걸어보기도 하고, 다양한 방법을 써서 걷기의 속도를 빠르거나 느리게 하는 방법으로 조절하면 난이도가 다른 느낌으로 흥미를 돋울 수 있다.

이 활동으로 팀 대결을 할 수도 있다. 컵을 떨어뜨리거나 물을 쏟으면 탈락하는 규칙을 정하여 제한 된 시간에 탈락을 가장 적게 한 팀이 승리자가 되는 것이다.

또 다른 활동으로 팀을 나누어 종이컵으로 물을 가장 많이 옮기기 경주를 할 수 있다. 각 팀별로 미리 컵에 물을 8부쯤 담아 놓는다. 이때 자원 재활용 측면에서 한번 사용한 종이컵이나 테이크아웃 컵이 있으면 활용한다. 제한된 시간(예: 1~2분)을 주고 컵 하나씩 머리에 이고 한쪽 지점에서 다른 쪽 지점으로 물을 더 많이 옮기도록 안내한다. 쏟지 않고 가장 많이 옮긴 팀이 승리자가 된다.

한편 물을 머리에 이고 걸으려면 자세가 반듯해야 한다. 이 활동을 통해 신체의 불균형한 자세를 바로 잡을 수 있다. 자신의 몸에 대해 불균형 여부를 쉽게 알아볼 수 있는 실험이 있다. 자신이 서 있는 자리에 표시를 해 두고 눈을 감고 제자리에서 2분간 걸어보라. 만약 2분간 눈을 감고 걸은 다음 눈을 떴을 때 제자리를 이탈하였다면 불균형된 것을 말한다.

(3) 방수되는 천 활용 물놀이

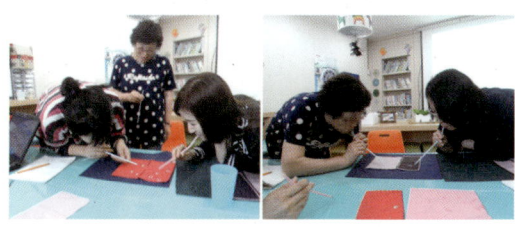

푸드아트테라피 교육훈련 중(2015)

방수되는 천에 물을 한 방울 떨어뜨리면 스며들지 않고 또르르 구른다. 참여자들은 이런 현상을 매우 신기해한다. 천을 두 개 마련하여 각자 물 한 방울씩 천위에 떨어뜨려 빨대로 불기 게임을 할 수 있다. 상대팀에게 자기 물을 먼저 넘기면 승리자가 된다. 참고로 방수되는 천은 입지 않는 등산복의 모자를 잘라 재활용하였다.

자연에서 천 대용으로 활용할 수 있는 재료를 구한다면 연잎이나 넓고 매끄러우며 평평한 나뭇잎과 같은 것을 활용하여 물놀이 게임을 할 수 있다. 또는 고장난 우산의 천을 적절히 잘라 가장자리를 마무리하여 활용할 수 있다.

(4) 물통이용 물놀이

푸드예술치료사 수강생

큰 물통에 물이 반쯤 차게 담고 중간에 구분 선을 마련하여 양 팀을 구분한다. 물 위에 떠 있을 수 있는 가벼운 물체(꽃, 미니 공, 풍선, 페트병 뚜껑 등)를 몇 개 띄운다. 각 팀에서 빨대를 이용하여 입으로 바람을 불어 물 위에 떠있는 물체들을 상대팀으로 넘긴다. 1분 정도 지난 후 물체를 상대편으로 많이 넘긴 팀이 승자가 된다.

(5) 캠프에서의 물 활용 프로그램

자료 : 브레인미디어(2014. 12. 29)

왼쪽의 사진은 벤자민인성영재학교 "인성영재캠프"의 한 장면이다. 세숫대야에 물을 반쯤 담고 팀원끼리 일정시간동안(20분가량) 발로 버틴다. 세숫대야는 서로의 힘이 조화로워야 제대로 받칠 수 있다. 스스로 당당해 지려면 포기하지 않고 해내야 한다. 그 과정에서 인내심과 책임감을 기른다. 이처럼 극기 훈련도 치료적으로 작용한다.

뇌 전문가들은 "사춘기에 대해 뇌를 리셋(reset)하는 시기"라고 한다. 청소년 당사자가 순간순간 무엇을 선택하는지, 무엇을 하고자 하는지에 따라 인생이 달라진다. 대충 묻어가려 하거나 대충하려 하는 것이 반복되면 자기성장과 발전은 발이 묶인 상태가 된다. 그것을 벗어나는 것이 진정한 성장의 시작이 된다. 극기 훈련에서의 성공경험은 진정한 성장에 매우 큰 힘으로 작용할 수 있다.

5장. 요리 활용 푸드아트테라피

1. 국수(스파게티)

2. 당근주스

3. 샐러드

4. 핑거푸드

5. 단호박요리

6. 도토리묵

7. 인절미

5장. 요리 활용 푸드아트테라피

1. 국수(스파게티)

국수나 스파게티 면은 길이가 길어 푸드아트테라피 작품 활동에 많이 활용된다. 삶지 않은 면으로 활용할 수도 있고, 삶은 면으로 활용할 수도 있다. 국수가 활용된 작품들의 예를 보면 아래와 같다. 아래 사진은 작품만 제시되어 있으나 각 작품마다 스토리가 있고, 또 푸드아트테라피적인 개입을 통한 성장과정 또한 담고 있다. 이 장에서는 요리 활용에 초점을 두고 있어 그 구체적 내용은 포함하지 않았다.

1) 국수 활용 작품

– 국수 활용 작품 : 나에게 필요한 것(백석대학교 학생, 2011) –

2) 국수 활용 요리

[콩국수]

앞에서 본 바와 같이 국수를 활용하여 푸드아트테라피 작품 활동을 하고 집단원과 함께 나누며 피드백을 주고받는 등 성장의 기회는 색다른 체험교육이자 경험학습에 탁월하다. 이런 작업을 한 후에 작품을 해체할 때 국수들을 다 모아서 삶아 작은 국수파티를 열 수 있다.

국수를 작품에 활용한 것만으로 끓여서 작은 국수파티를 열 수도 있고, 좀 더 추가하여 넉넉하게 끓일 수도 있다. 집단원들은 프로그램 과정에서 단지 한두 젓가락 정도의 국수를 먹고도 마냥 즐겁고 행복해 하며 푸드아트테라피 집단 활동에 대한 몰입의 즐거움과 애정을 표현한다.

2. 당근주스

당근은 색이 예쁘고 효능이 많아 푸드아트테라피 재료로서 다양하게 활용된다. 당근을 예쁜 모양으로 자르거나 찍어 내어 꾸미기도 하고, 채로 썰어서 작품을 꾸미는데 활용하기도 한다. 당근의 효능으로는 혈액순환을 개선하고 면역력을 증진한다. 눈·폐·간·위 등의 건강을 증진하고 부인병을 개선하며 항암효과 및 우울증과 알츠하이머 등의 정신질환을 예방하는 것으로 알려져 있다.

한편, 청소년들의 대화중에는 "당근이지!"라는 표현이 있다. 또 한동안 "당연하지" 게임이 유행하기도 했다. "당연하지" 게임과 "당근이지!"는 유사하기도 하여 게임할 때 실수의 요소가 되기도 한다. 의미상으로 보면 대화중에서 "당연하다"는 의미를 "당근이지"로 표현하는 경향이 있다.

당근이지라는 말은 "당연함의 근본이지" 또는 "당연히 근거 있지"의 줄임말이라는 설이 있다. 여하튼 푸드아트테라피의 일환으로 당근이라는 채소와 "당근이지"라는 말을 활용하여 놀이도 하고, 작품 활동도 하며, 당근 주스도 만들어 먹을 수 있다.

1) "당근이지!" 놀이

두 명씩 짝을 지어 돌아가며 상대에게 긍정적 의미의 질문을 하면, 상대는 "당근이지!"라고 말함과 동시에 하이파이브를 하는 것이다. 예를 들면 '너 내 친구지?'라고 파트너에게 말하면 '당근이지'와 같은 식으로 대답한다. 그 외에도 "너는 소중해" (당근이지!), "너 멋있어" (당근이지!) 등 다양한 상호작용으로 이어갈 수 있다. 무엇보다도 이런 잠깐의 놀이가 짧은 시간에 장의 분위기를 화기애애하게 이끌고 집단원간의 친밀감을 강화할 수 있다.

2) 당근을 활용한 푸드아트테라피 작품 활동

(강새울, 이수진, 최원일 作)

필자가 운영한 프로그램 중에 "세계를 품어라!"라는 주제 활동에서 한 팀에서는 당근을 활용하여 세계전도를 꾸미기도 했다. 팀원들은 세계전도를 어떻게 꾸밀지 논의를 한 다음 집단원의 일부는 당근을 채 쓸고 다른 일부는 채 쓸어 놓은 당근으로 5대양 6대주를 묘사했다.

당근의 주황색이 예쁘고 색상이 뚜렷하여 푸드아트테라피의 다양한 작품 활동에 등장한다. 아래 작품사진에서 볼 수 있는 바와 같이 과일이나 야채 "만다라" 작업을 할 때는 꾸밈요소로 당근을 많이 활용하였다.

― 서울초중등영양교육연구회 회원 작품 : 오이 찻잔과 만다라(2015) ―

3) 당근 주스 만들기

당근 주스 만들기는 대상자의 특성과 주어진 상황 및 여건에 맞추어 운영할 수 있는 프로그램이다. 한 시간정도의 여유가 있을 때는 1)의 "당근이지!" 놀이 후에 당근 주스를 만들어 먹는 활동을 하는 것으로 마무리하면 된다. 좀 더 시간적인 여유가 있을 때는 2)에서처럼 작품 활동을 하며 심리 치료적으로 끌어갈 수 있다.

3. 샐러드

샐러드(salad)는 서양 요리의 하나이지만, 우리의 일상식탁에도 많이 올라오는 메뉴이다. 생야채나 과일을 주재료로 하여 마요네즈나 프렌치드레싱 따위의 샐러드드레싱(salad dressing)을 넣어 버무린 음식이다.

각종 과일이나 야채를 활용하여 다양한 놀이를 한 다음 그 재료들을 모아 샐러드 만들기를 할 수 있다. 이때 사전에 재료들을 깨끗하게 사용할 수 있도록 하는 것이 중요하다. 함께 샐러드를 만들어 먹는 즐거움은 매우 크고 행복한 활동이다.

[오이 찻잔(충북대대학원생, 2010)]

[오이 찻잔(서울초중등영양교육연구회 회원 작품, 2015)]

이런 프로그램은 단순히 활동과 상호작용에 초점을 두어 진행하는 것도 의미가 있지만, 시간 등 여건이 마련된다면 심리 치료적 조력으로 끌어갈 수도 있다. 내담자가 부여하는 의미와 가치들에서 그 단서를 찾을 수도 있고, 좀 더 과제 제시나 탐색질문을 하면서 개입 수위를 조절할 수도 있다. 예를 들면, 내담자에게 의미 있는 특정 대상을 위한 샐러드 준비, 샐러드 준비를 하면서의 느낌, 전하고 싶은 말 등 내담자의 정황을 고려하여 적절히 자기 탐색적 조력과 개입으로 이어갈 수 있다.

- 과일과 야채로 만든 샐러드 -

4. 핑거 푸드

나라나 문화에 따라 음식을 먹는 방식은 매우 다양하다. 우리나라는 주로 숟가락과 젓가락을 활용하여 음식을 먹는다. 인도를 비롯하여 몇몇 나라들은 손으로 먹는 음식이 많다.

핑거 푸드(finger food)는 나이프나 포크 또는 젓가락과 같은 도구를 사용하지 않고 손으로만 먹는 음식을 말한다. 이 시대는 대부분의 나라와 문화가 서로 교류하는 상황이어서 우리나라도 다양한 핑거 푸드들이 음식문화 속으로 들어와 있다. 상황과 여건에 따라 다양한 핑거 푸드를 활용할 수 있다.

이 장에서는 연어 카나페 만들기를 소개하고자 한다. 카나페(canapé)는 프랑스어로 얇고 잘게 썬 빵이나 크래커 위에 야채, 고기, 생선, 달걀 따위를 얹어 만든 서양요리이다.

[연어 카나페 만들기]

① 식빵을 하트, 별, 꽃 모양 등의 틀로 찍어서 예쁘게 준비한다. 또는 나쵸칩, 아이비 같은 납작한 과자를 준비할 수도 있다.
② 양파, 파프리카(빨강, 노랑, 주황색), 오이 껍질을 깨끗하게 손질하여 잘게 썬다.
③ '②'에 캔에 들어 있는 연어의 뚜껑을 따고 물기를 제거한 다음 요구트 드레싱이나 각자 취향에 맞는 드레싱을 하여 잘 섞는다.
④ 미리 준비해둔 식빵이나 나쵸칩 등에 '③'을 보기 좋게 올려 접시에 예쁘게 담는다.

① 식빵 모양찍기　　　② 야채와 연어 섞기　　　③ 찍어낸 식빵 모양

④ 식빵 활용　　　　　⑤ 나쵸칩 활용

　간단한 핑거 푸드를 즐겁게 만드는 과정에서 집단원의 긍정에너지를 끌어 낼수 있다. 채소를 씻고 잘게 썰며 준비하는 과정, 모양 틀로 식빵을 찍는 활동, 준비된 재료로 연어카나페를 만드는 과정, 하나하나 정성들여 만든 연어카나페를 예쁘게 접시에 담아내는 과정 등 전반적 과정이 화기애애한 분위기 속에서 진행된다.

　핑거 푸드 만들기는 장의 활력을 끌어내기 위해 가볍게 할 수도 있고, 각자 누군가를 위해 만드는 과정으로 의미부여를 하며 작업할 수도 있다. 누구를 위한 것인지, 왜 그 사람을 생각하며 만들게 되었는지, 어떤 마음을 전하고 싶은지와 같은 내용을 다루어 갈 수 있다.

5. 단호박 요리

　단호박은 색이 예뻐서 푸드아트테라피 작품 활동하기에 좋다. 생 단호박으로 이용하여도 되고, 찔 수 있는 기구로 쪄서 활용할 수도 있다. 단호박 씨는 잘 말려 두면 푸드아트테라피 작품을 만들 때 다양한 꾸밈재료로 쓰기에 좋다. 활용하고 난 단호박 씨도 작품 해체 시에 깨끗이만 관리하면 여러 차례 재활용하기에도 용이하다.

단호박의 껍질, 속, 씨 등을 적절히 활용하여 작품놀이를 한 다음 재료들을 다시 모아 단호박 전, 단호박 주스, 단호박 죽 등 다양한 요리를 해 먹을 수 있다. 몇 가지 단호박 활용 요리 활동을 소개하면 아래와 같다.

1) 단호박 죽 만들기

- 재료 : 단호박 1개(4인 기준). 찹쌀가루 새알 적당량

- 만드는 법
  ① 단호박을 조각내어 찜통에 찐 후에 물 3컵과 함께 믹서에 간다. 물 1컵은 일반적인 종이컵으로 1컵 기준이다. 단호박을 찜통에 찌는 동안에 찹쌀가루를 익반죽한다. 물의 양은 찹쌀가루 1컵에 물 1스푼 정도면 된다.
  ② '①'을 끓이다가 찹쌀가루 반 컵을 물에 몽글몽글 개어서 넣고, 미리 준비해둔 새알을 넣고 끓인다. 죽이 끓는 동안 계속 저어 주어야 하며 물의 양은 단호박 죽이 되어가는 과정을 지켜보며 너무 빽빽하면 더 넣어 주어 조절한다.
  ③ 설탕 2T와 소금을 약간 넣고 좀 더 끓여 다 익으면 마무리한다.
  ④ 죽을 쑨 다음 그릇에 들어 낼 때 각자 푸드스타일리스트가 되어 본다. 각자 그릇에 예쁘게 담아낸 단호박 죽을 감상한 다음 맛있게 먹는다.
  ⑤ 종합정리 및 소감을 나눈 후 마무리한다.

① 단호박　　　② 단호박 반토막　　　③ 단호박 씨　　　④ 단호박 죽

2) 단호박 설기떡 만들기

    시간이 넉넉하다면 단호박 설기떡을 만들어 먹을 수도 있다. 단호박 설기떡을 만드는 과정은 아래와 같다.

- 재료(4인 기준) : 멥쌀 8컵, 녹두고물 4컵, 물 8T, 설탕 8T, 소금 1t, 단호박 가루 1T

- 만드는 법
  ① 쌀가루 8컵, 소금, 물 8T를 주고 체로 2번 내린다.
  ② 설탕 8T와 단호박 가루를 섞어 준다.
  ③ 지름 27센티 찜기에 젖은 면 보자기를 깔고 고물 한 층, 쌀가루 한 층, 고물 한 층, 쌀가루 한 층의 순으로 올린다.
  ④ 김이 오른 찜기에 25분간 찌고, 5분 정도 뜸을 들인다.
  ⑤ 적당히 뜸이 들면 꺼내어 각자 또는 다같이 그릇에 예쁘게 담아 감상한 다음 맛있게 먹는다.
  ⑥ 종합정리 및 소감을 나눈 후 마무리한다.

3) 단호박 연근피자 만들기

- 재료 : 또띠아, 어린잎 야채, 발사믹크림, 연근 모자렐라치즈, 단호박

- 만드는 법
  ① 단호박을 찜기에 찐 후에 소금과 후추로 적당히 간을 하여 으깬다.
  ② 또띠아 위에 플레인요플레를 펴서 올리고, 그 위에 으깬 단호박을 펴서 올린 다음 마지막으로 모자렐라치즈를 올려 마무리한 다음 오븐을 이용하여 180도에서 10분간 굽는다.
  ③ 샐러드 야채를 올리고 발사믹크림을 바른다.
  ④ 연근을 얇게 슬라이스한 후 튀긴다. 이때 끓는 기름에 연근을 넣을 때 하나씩 떼어서 넣어야 붙지 않는다.
  ⑤ "③"에다 튀긴 연근으로 적당히 장식하고 아몬드를 뿌려서 낸다.

〈단호박 연근피자가 완성되어 가는 모습〉

6. 도토리묵

도토리는 참나무의 열매로 가을에 산에 가면 쉽게 만날 수 있다. 도토리는 놀이, 작품 활동, 요리 등 푸드아트테라피에 다양한 용도로 활용된다. 제철에 도토리를 접할 수 있으면 자연의 혜택을 누리며 활용하고, 여건이 안 될 경우 시중에서 재료를 구입하여 활용하면 된다.

1) 도토리 줍기 활동

도토리는 가을에 수확이 가능하다. 해당 계절에 도토리나무를 접할 수 있으면 도토리 줍기를 활동으로 넣는 것도 의미가 있다. 여건이 된다면 주운 도토리를 가지고 말려서 껍질을 벗기고 가루를 내는 활동까지 해 볼 수 있다.

2) 도토리 활용 놀이 및 심리치료

[도토리]

도토리 활용 놀이 : 팀을 이루어 1분 안에 나무젓가락으로 도토리 많이 옮기기 놀이를 한다. 더 많이 옮긴 팀이 승리자가 된다.

[도토리 활용 작품]

옆의 작품은 푸드아트테라피 1급 자격과정에서 나온 한 집단원들의 만다라이다. 수박을 활용한 만다라 작업에서 테두리를 도토리로 장식하였다.

도토리를 활용하여 심리치료를 하는 또 다른 팁은 유아나 아동의 경우 척도질문 기법을 적용할 때 수치로 나타내기보다 그 정도를 도토리 개수로 표현하게 하면 유용하다. 도토리를 쌓을 수 있는 좁고 긴 통을 활용하면 또르르 굴러 쌓이는 소리에 아이들의 즐거움이 배가되어 몰입효과도 준다.

3) 도토리 묵 쑤기

도토리묵은 수분이 많고 열량이 적어 다이어트 식품으로도 인기 있다. 도토리 속에 함유된 아콘산은 우리 인체 내의 중금속, 여러 유해물질 및 각종 노폐물의 배출을 돕는 것으로 알려져 있다. 또한 생리통과 냉증에도 도움이 되고 피로회복 및 숙취해소에도 탁월한 효과가 있다고 한다.

도토리를 직접 줍고 말려서 가루를 낸 다음 묵까지 쑬 수 있다면 좋지만, 여건이 닿지 않을 때는 시장에서 도토리 가루를 사서 손쉽게 묵을 쑬 수도 있다. 푸드아트테라피를 효율적으로 운영할 수 있는 자연조건이 충분히 갖추어져 있다면 "1)의 도토리 줍기 활동"과 연계하여 프로그램을 운영하면 좋다.

딱딱한 도토리의 껍질 만져보기, 껍질 벗기기, 도토리 가루 등을 하나하나 오감체험활동으로 이어갈 수 있다. 이어서 도토리묵을 만드는 과정에서 물과 도토리를 섞기, 솥에 부어서 열을 가하고 젓기, 뜨거운 열과 만났을 때의 변화과정 등에서 도토리묵이 되어 가는 과학의 원리를 배울 수 있다. 도토리묵을 쑤는 구체적인 과정은 아래와 같다.

① 도토리 가루를 준비하여 냄비에 넣고 물과의 비율을 1:6으로 맞추어 잘 풀어 준다.
② 냄비에 중불로 열을 가하고 나무주걱을 이용하여 한쪽 방향으로만 저어준다. 처음에는 도토리 가루가 잘 섞이게 하고, 나중에는 냄비 바닥에 눌어붙지 않도록 주걱이 바닥에 닿게 하여 잘 저어준다.
③ 묵의 농도가 되직해지고 색이 진해지기 시작하면 소금 약간과 참기름 한 스푼 정도를 둘러서 다시 한쪽 방향으로 잘 저어 준다. 적당한 농도는 주걱으로 묵을 들어 올렸을 때 묵이 천천히 주르르 떨어지는 정도이면 된다.
④ 약한 불로 약 10분 정도 끓이면서 저어주다가 뚜껑을 닫고 30초 정도 뜸을 들인다.
⑤ 한 김이 나가도록 식히고 나서 미리 기름칠을 해 놓은 통이나 그릇에 담아 식힌 다음 냉장 보관하여 두었다가 먹으면 된다.

[도토리묵가루 한 컵]　　[가루를 물에 풀었을 때]　　[열을 가하면 묵이 됨]　　[완성된 묵]

　　도토리묵이 완성되어 적절히 식혀서 먹으면 미각을 충족하는 즐거움을 누릴 수 있다. 또는 완성된 묵을 활용하여 푸드아트테라피 작품 활동을 한 다음 먹을 수도 있다. 묵을 가지고 오감 체험하는 것에서부터 묵을 이용한 놀이, 묵을 이용한 작품 활동, 묵을 활용한 요리를 할 수도 있다.
　　활용 범위를 넓힌다면 사전에 푸드스타일리스트나 푸드코디네이터를 염두에 두고 프로그램을 기획해 볼 수도 있는 등 그 활용범위가 무궁무진하다.

7. 인절미

　우리나라에서는 명절이나 관혼상제와 같은 잔치, 축제 등의 행사시에 떡을 많이 지어 먹는다. 지역마다 다양한 풍습이 있고 그와 관련된 떡도 많다. 그 중에서 어느 지역에서나 많이 활용되기도 하고, 또 언제 어디서나 간편하게 만들 수 있으며, 프로그램으로 응용이 용이한 떡 중의 하나가 바로 인절미이다.

　아래 내용은 대학생의 행복증진을 위해 운영한 총 15회기의 푸드아트테라피 프로그램 중에서 10회기에 행동탐색의 일환으로 진행되었던 "인정사정 인절미"의 진행내용을 정리한 것이다.

1) 워밍업 활동 : 떡의 종류 알아보기

　떡의 종류에 대해 알아보는 시간을 갖는다. 본 집단의 구성원은 총 8명이어서 두 집단으로 나누어 진행하였다. 집단이 클 경우 아래와 같은 워크시트를 제시하여 4~6명 한 집단으로 팀 대결을 하면 놀이 식으로 즐겁게 몰입을 유도할 수 있다.

※ 아래 자음으로 시작하는 떡의 종류를 최대한 많이 적어 보세요.

ㄱ	ㄴ	ㄷ	ㄹ
ㅁ	ㅂ	ㅅ	ㅇ
ㅈ	ㅊ	ㅋ	ㅌ
ㅍ	ㅎ		

두 집단에서 적어낸 떡의 종류는 아래와 같다.

- ㄱ : 가래떡, 감자떡, 꿀떡, 고구마떡, 골미떡, 고치떡, 구름떡, 경단, 기장떡.
- ㄴ : 녹두떡, 느티떡
- ㄷ : 달떡, 단호박떡, 떡케익
- ㅁ : 무지개떡, 모시송편, 메밀총떡, 망개떡, 모듬백이
- ㅂ : 바람떡, 백설기, 보리떡
- ㅅ : 시루떡, 술떡, 송편, 쑥떡, 쑥 버무리, 수수떡, 수리취떡
- ㅇ : 오메기떡, 인절미, 약식, 오쟁이떡, 옥수수떡, 오그랑떡
- ㅈ : 절편, 주걱떡, 조랭이떡, 조침떡
- ㅊ : 치즈떡, 찹쌀떡
- ㅋ : 콩떡
- ㅍ : 팥떡
- ㅎ : 호떡, 화전

떡은 주로 멥쌀이나 찹쌀, 또는 재료로 이용할 수 있는 곡식을 가루 내어 쪄서 활용하기도 하고, 쪄서, 찧어, 빚어 만든 음식을 통칭한다. 주로 쌀을 주재료로 활용하지만 지역이나 여건에 따라 감자전분, 옥수수 가루 등 여러 곡물을 이용한다. 또한 다양한 부재료를 추가하여 맛과 모양을 내기도 한다.

떡을 전문적으로 연구하고 관련프로그램을 운영하는 떡 박물관(http://www.tkmuseum.or.kr, 서울시 소재), 평동전통떡마을(http://pd.invil.org, 청주시 소재) 등이 있으며, 그 외에도 떡을 주제로 하는 학습과 놀이의 장을 여러 곳에서 찾을 수 있다.

2) 인정사정 인절미 만들기

인절미는 찹쌀을 쪄서 떡메로 친 다음 적당한 크기로 썰어 고물을 묻힌 떡을 말한다. 요즘은 방앗간에서 수월하게 만들지만, 푸드아트테라피 프로그램의 일환으로 운영할 때는 다소 원시적인 방법을 동원하는 것이 좋다.

인절미의 유래는 조선시대인 1624년에 왕에게 불만을 품은 신하들이 난을 일으키자 이를

피해 공주에 잠시 머물렀던 인조에게 한 백성이 콩고물에 무친 떡을 바친 데서 시작되었다고 한다. 허기에 지친 인조는 허겁지겁 떡을 맛있게 먹은 후 신하들에게 떡 이름을 물어 봤지만 아무도 아는 이가 없었다. 그래서 떡을 바친 사람의 성을 따와, '임 씨 성을 가진 백성이 만든 떡'이란 뜻에서 '임절미'로 부르기 시작하다가 나중에 발음하기 편하게 인절미로 굳어진 것이다 (소년한국일보, 2012년 10월 3일자).

- 재료 : 찹쌀밥, 콩가루, 대형 비닐(또는 20포기용 김장봉투), 50cm이상의 나무 주걱(인원수만큼), 물

① 대형 비닐을 안전하게 깔고(일반 강의실에서 프로그램을 진행한 상황이어서 책상 위에 담요를 깔아 충격을 완화했다.) 그 위에 찹쌀밥을 모아 놓는다.
② 8명으로 한 집단을 구성하여 재료를 중심으로 둥그렇게 둘러선다.
③ 돌아가면서 주걱으로 찹쌀밥을 힘차게 내리친다. 내리치는 요령을 터득하고 나면 리듬에 맞추어 치기도 하고, 홀짝을 정하여 교대로 나누어 치며 조금씩 다르게 하여 즐거움을 더할 수 있도록 한다.
④ 구성원 중에서 한명을 정하여 자신이 간절히 원하는 것(Want)을 얻는데 방해되는 걸림 돌을 찾아내고 그것을 '사라져라', '꺼져 버려' 등과 같이 소리치며 주걱을 찹쌀밥 위로 내리친다. 그럼, 전체 집단원이 그 걸림돌의 내용을 다 같이 한 번 더 크게 외쳐 주며, 해결을 돕는다. 그리고 한 사람이 끝나면 시계방향으로 그 다음 사람이 또 외치고 앞에서와 같은 방식으로 전체구성원 모두 참여할 수 있도록 한다.
⑤ 구성원 중에서 한명을 정하여 걸림돌을 해결한 상황을 연상하여 외치며 주걱을 내리치게 한다. '④'에서와 마찬가지로 같은 활동을 시계방향으로 돌아가며 이어간다.
⑥ 찹쌀밥이 어느 정도 인절미를 만들 정도가 되었을 때 주걱으로 내리치는 활동은 중단하고, 대신에 예쁘게 콩가루 고물 묻히기 활동을 한다. 참여자들은 하하 호호 웃음과 경험들을 나누며 콩고물도 묻히고 중간 중간 인절미를 맛있게 먹기도 하며 즐거운 활동으로 이어갈 수 있다.
⑦ 어느 정도 먹었을 즈음, 2~3명씩 한 팀을 이루어 자신의 Want를 고려하여 어떤 내용을 정해 인절미로 모양 만들기 활동을 전개한다.
⑧ '⑦'의 작품 의미를 나눈다.
⑨ 소감을 나누고 마무리한다. 몇 명의 소감 내용은 아래와 같다.

- 송○○ : 스트레스가 확 풀리는 시간이었다. 돌아가며 모두가 외친 것이 다 내 것이 되어 더 잘 날

리고 풀린 것 같다. 그리고 다른 사람들도 나도 덩달아 위로가 되는 활동이었다.

- 윤○○ : 각자 원하는 것이 다름에도 불구하고 같이 외쳐 준 것이 모두에게 긍정적으로 작용한 것이 놀랍고 의미 있게 다가온다. 10주간 함께 하여서 인지 호흡이 척척 잘 맞아 10주가 그냥 흘러 간 것이 아니란 것을 느낄 수 있는 시간이었다.

- 이○○ : 옛날에 장구를 치며 어려움을 토설해 내는 프로그램에 참여한 적이 있었는데, 그때는 토설이 안 되어 고생하였다. 그런데 오늘을 감정이입이 잘 되고 자연스럽게 술술 털어내고 마치 하얗게 불태워 버린 듯 홀가분해지는 시간이었다. 푸드아트테라피의 장점과 위력을 확실히 확인한 시간이었다.

〈활동 장면 사진과 작품사진〉

6장. 채소원예 활용 푸드아트테라피

1. 새싹 채소

2. 땅콩나물

3. 고구마 화단

4. 커피나무

5. 다육식물

6. 기타 각종 채소원예활용

6장. 채소원예 활용 푸드아트테라피

원예에 대한 관점이 과거에 비해 많이 변하고 있다. 현대적 의미의 원예는 인간의 심신 건강과 사회복지, 그리고 문명을 풍요롭게 할 수 있는 채소, 과수, 그리고 화훼를 재배하는 기술과 과학의 개념으로 받아들이고 있다(조원근, 2015). 원예활동을 활용하는 원예치료는 새롭게 부상하고 있는 심리상담 및 치료의 한 분야이다. 그 중에서 채소원예는 원예치료의 한 분야이기도 하지만 푸드아트테라피의 한 영역이기도 하다.

본 장은 채소원예를 활용한 푸드아트테라피에 대해 살펴보고자 한다. 채소를 심고 돌보고 키우며 수확하는 과정에서 나도 누군가를 돌보고 있고 쓸모 있다는 마음이 자신감으로 이어진다. 채소원예의 전 과정이 전두엽을 쓰게 되고 상호간의 교류가 이루어진다. 채소원예의 과정과 점점 자라나는 채소를 바라보며 정서적 안정을 느낌은 물론 채소를 돌보는 활동까지 더해져 신체적 효과까지 얻을 수 있다. 그야 말로 지적, 사회적, 정서적, 신체적 효과를 고루 누릴 수 있다.

푸드아트테라피에서 활용할 수 있는 채소원예의 몇 가지 예를 들어보면 아래와 같다.

1. 새싹 채소

푸드아트테라피를 위해 새싹 채소를 시장에서 구입할 수도 있지만, 직접 길러보는 것이 신선하고 풍요롭게 활용할 수 있으며 교육적 효과도 극대화된다. 새싹 채소를 직접 재배하여 섭취한다면 웰빙을 위해서도 최고의 선택이다.

농업회사법인 아시아종묘사에서는 미니 새싹재배세트를 보급하고 있으며, 새싹채소 재배방법을 아래와 같이 안내하고 있다.

① 발아를 돕기 위해 씨앗을 3시간 정도 물속에서 불린다. 용기에 직접 파종해도 되지만 불려주는 것이 좋다.
② 다용도 새싹재배용기에 물을 채운 후 씨앗 판 위에 불린 씨앗을 70%정도 차게 가지런히 올

려놓는다.
③ 용기 내에 있는 수분이 증발함으로써 발아가 될 때까지 뚜껑을 덮어 놓는다. 물은 항상 플라스틱 망(아시아종묘사에서 보급하는 용기기준)까지 채워준다.
④ 발아가 시작되면 뚜껑을 열어 놓는다.
⑤ 이틀 정도 지나면 뿌리가 나오면서 발아가 진행된다.
⑥ 약 1주일이 지나면 대부분의 새싹채소를 먹을 수 있다. 재배용기를 깨끗이 청소하여 또다시 새싹을 키울 수 있다.

[새싹이 자라는 과정]

합리적 의사결정
(백석대학교 학생 공동작품, 2015)

- 씨앗, 싹트고 있는 새싹, 자라고 있는 새싹, 적당히 자란 새싹 등 모든 것이 푸드아트테라피의 재료로 활용될 수 있다. 아래 작품 사진은 적당히 자란 새싹을 활용하여 작품을 만든 것이다.
- 이 프로그램의 말미에는 새싹 채소를 이용하여 새싹 비빔밥을 먹는 시간을 가졌다. 프로그램 참여자들이 매우 맛있고 즐거운 시간이었다며 행복함을 보고하였다.

2. 땅콩 나물

땅콩은 우리에게 매우 친숙한 견과류이다. '심심풀이 땅콩'이라는 말이 있을 정도로 우리 가까이에 있다. 땅콩의 효능은 심혈관 예방, 콜레스테롤을 낮추는 효과, 두뇌 발달, 집중력 향상, 피부 미용, 노화 및 치매 예방, 피로회복, 숙취해소 등의 효과가 있어서 적정한 양을 먹는다면 건강에 매우 좋은 식품이다.

이런 땅콩이 푸드아트테라피에도 매우 유용한 재료이다. 특히 땅콩나물의 효능이 알려지면서 약선 요리도 주목 받고 있다. 그러므로 땅콩 새싹을 틔우는 과정부터 놀이, 작품 활동, 요리과정, 먹기 등 전 과정을 프로그램에 포함한다면 매우 다양하고 풍부하게 과정을 운영할 수 있다.

땅콩 나물은 숙취 해소에 좋은 아스파라긴산이 콩나물의 8배이며 항암효과에 탁월한 레스베라트롤이 포도주의 100배 효과가 있다고 한다. 뿐만 아니라 노화억제, 신체를 맑게 하는 사포닌이 홍삼의 6배라고 한다(조선일보, 2015. 7. 14). 땅콩과 땅콩 나물을 활용하여 푸드아트테라피를 진행할 수 있는 요소들을 아래와 같이 정리하였다.

1) 땅콩 관련 스토리 나누기

땅콩과 관련된 스토리를 나누고, 재료와의 오감각적 교류를 하며 친해지는 시간을 갖는다.

2) 땅콩을 활용한 놀이 및 작품 활동

땅콩을 활용한 작품 활동 전에 워밍업으로 땅콩 껍질이나 땅콩을 활용하여 다양한 놀이 활동을 한다. 속이 빈 둥근 통을 활용하여 땅콩 옮기기 놀이, 젓가락으로 땅콩 옮기기 놀이, 손으로 땅콩을 만지지 않고 까기 등을 할 수 있다. 작품 활동으로는 땅콩을 활용한 만다라 활동, 주걱위에 땅콩을 활용하여 꾸미기 등을 할 수 있다.

3) 땅콩 새싹 키우기 활동

한 학기 또는 여러 주차에 걸쳐 푸드아트테라피 프로그램을 운영하는 경우 땅콩 새싹 키우기 활동이나 땅에 심는 활동을 할 수 있다. 텃밭이 있고 프로그램 운영시기가 4월 하순이나 5월 상순경에 이루어지면 땅에 땅콩을 재배하는 것까지 프로그램에 포함할 수 있다.

보통 텃밭이 없는 경우가 더 많으므로 이장에서는 실내에서 활동할 수 있는 것 위주로 기술하고자 한다. 땅콩을 껍질째 준비하여 껍질을 까고, 물에 불리는 과정을 직접 해보도록 한다. 수업 주기가 길면 중간에 상담자가 싹이 튼 땅콩의 일부를 새싹 재배기에 옮기고 땅콩나물로 자라도록 주기적으로 물을 뿌려 준다. 싹이 튼 땅콩의 다른 일부는 화분에 심고 성장과정에 대해 관찰학습 기회를 갖는다. 땅콩나물은 적당히 자라면 수확한다. 화분에 심은 땅콩은 잎이 적당히 자라면 그 잎을 활용하여 작품 활동을 할 수 있다.

- 땅콩 씨앗 싹틔우기, 땅콩 나물, 땅콩이 자라는 모습 -

4) 땅콩 및 땅콩 새싹 활용 요리

(1) 땅콩 차와 땅콩 볶음

땅콩은 버리는 게 하나도 없다. 겉껍질도 깨끗이 씻어 차를 만들어 마실 수 있다. 보리나 녹차 등과 함께 끓여 마시면 좋은 효능을 챙겨 건강을 증진할 수 있다. 특히 다이어트 방법으로도 알려져 있다. 내 몸을 살리는 다이어트의 저자 류정만(2008)은 내분비 이상이 빚은 비만에 효능이 있는 땅콩껍질 차 만드는 방법을 다음과 같이 소개한다.

* 재료 : 땅콩껍질, 녹차 각각 50g
* 만드는 법 : 땅콩껍질을 분말로 간 뒤에 녹차와 골고루 섞는다. 이렇게 만든 것을 매회 6~10g씩 컵에 넣고 끓는 물을 부어 잠시 우려낸 다음 마신다. 오전과 오후 각각 1회씩 몇 개월을 두고 지속해서 마시면 효과가 나타나게 된다.

또한 땅콩을 껍질을 까서 직접 볶는 활동을 해본다. 사먹는 것과 직접 볶아 먹는 것의 느낌이 어떻게 다른지 나눈다.

(2) 생땅콩 호두 조림

* 재료 : 호두살 100g, 생땅콩 400g, 청양고추
* 양념장 만들기 : 간장 6T, 다시마와 표고 우린 물 한 컵, 맛술 2T
* 조리법
  ① 다시마와 표고를 우린 물을 미리 끓여 둔다.
  ② 끓는 물에 생땅콩과 호두를 삶는다. 충분히 삶아야 나중에 졸여도 안 딱딱하고 맛있다.
  ③ 삶은 땅콩을 체에 바쳐서 찬물에 헹군다.
  ④ 냄비에 준비해둔 양념장(조림장)을 끓이다가 땅콩과 호두를 넣고 좀 더 조린다. 거의 졸였을 때 물엿 4T를 넣고 물기가 자작해질 때까지 조린 후에 마지막으로 청양고추와 참기름을 약간 추가하여 마무리한다.

〈완성된 생땅콩 호두 조림〉

(3) 땅콩새싹 활용 요리

수확한 땅콩새싹을 활용하여 요리를 해본다. 푸드스타일리스트가 되어 땅콩이나 땅콩 새싹 활용 요리를 접시에 예쁘게 담아낸다. 푸드아트테라피에서의 요리활동은 일반적 요리를 넘어 땅콩새싹 나물이 숙취 해소에 좋은 아스파라긴산이 콩나물의 8배, 항암효과에 탁월한 레스베라

트롤이 포도주의 100배 효과가 있으며, 노화를 억제하고, 신체를 맑게 하는 사포닌이 홍삼의 6배(조선일보, 2015년 7월 14일자)라는 점 등을 교육과 치료적으로 적절히 활용한다.

- 땅콩 새싹 요리 -

3. 고구마 화단

고구마는 메꽃과의 여러해살이풀이다. 줄기는 덩굴이 되어 땅 위로 뻗으며 꽃은 보통 피지 않으나 때로 연한 붉은빛의 꽃이 나팔 모양으로 피기도 한다. 땅속뿌리는 식용하거나 공업용으로 쓰고 잎과 줄기도 나물로 식용한다. 고구마는 북아메리카가 원산지로 따뜻한 지방에서 재배된다(네이버 국어사전, 2015).

푸드아트테라피를 연구하고 교육하면서 늘 일상에서 활용할 수 있는 자료, 소품이나 재료의 재활용에 관심을 가지고 있다. 관심에 부응하여 좋은 자원들이 많이 발견되어 여러 과정이 즐겁고 행복하다. 본장에서 다루는 고구마 활용 프로그램도 그러한 과정에서 탄생한 것이다. 그 경험을 중심으로 기술하고자 한다.

어느 해 봄에 보조주방에 두었던 고구마 하나에 아주 조그맣게 예쁜 싹이 올라오고 있었다. 고구마의 생명력에 감탄하며 한참을 감상하였다. 그리고는 사랑스러운 고구마 싹을 키워보고 싶어졌다. 그래서 도자기 컵에 물을 반쯤 채우고 고구마를 옮겨 담았다.

날마다 바깥일을 마치고 귀가하면 고구마를 관찰하는 것이 일상의 작은 기쁨이 되었다. 고구마 싹이 무럭무럭 자라는 것을 지켜보는 즐거움에 푹 빠질 수 있었기 때문이다. 그 즈음에 마침 대학생 대상 푸드아트테라피 15주프로그램(2015년 3월) 시작을 앞두고 있었다. 이 아름다운 생명력을 학생들에게도 보여주고 싶었다.

1) 생명체 관찰과 명상

[고구마, 3월 12일]

첫 회기는 오리엔테이션과 푸드아트테라피 맛보기 프로그램으로 진행된다. 왼쪽 사진에 제시된 고구마를 보며 생명체를 관찰하고 간단하게 "생명의 노래(이정연)"라는 시로 명상을 한 다음 느낌을 나누었다. 학생들은 고구마가 이렇게 예쁠 줄 몰랐다며 자신들도 나중에 고구마가 싹이 트면 한 번 키워보고 싶다고 입을 모았다.

2) 나만의 희망 주문 만들기

(관상용 고구마 화분 만들기)

[고구마, 5월 28일]

푸드아트테라피 수업을 마치고 고구마는 다시 집으로 가져와 베란다에 두고 키웠다. 12주차 즈음에 고구마 줄기가 제법 많이 자랐다. 고구마 줄기를 한 번 더 수업에 적용해 보고자 조심스럽게 강의실로 옮겼다. 옆의 사진은 5월 28일 학교에 출근하기 전에 필자의 집 베란다에서 찍은 사진이다.

수업을 시작하기 전에 학생들 중에 한 명이 "어! 저건?!.. 교수님 저거 지난번에 보여주셨던 것 맞죠?"라고 묻자 모두의 시선이 고구마로 쏠렸다. 이어지는 소리는 "신기하다. 잘 자랐네. 진짜 많이 자랐네. 저렇게 많이 컸어요?" 등 여기저기서 관심을 보였다. 필자도 웃으며 "예쁘게 잘 키웠지?"라고 묻자 이구동성으로 "네"라는 답이 돌아왔다.

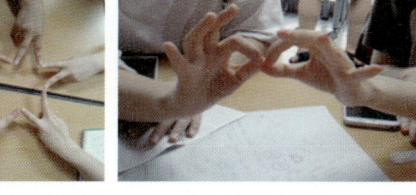

A팀의 희망상징(별)   B팀의 희망상징(하트)

12주차의 푸드아트테라피 수업 주제는 「진로장벽 깨트리기」였다. 소주제가 몇 가지 있는데 그 중에 하나가 "나만의 희망 주문 만들기"였다. 전체 집단원 9명을 두 팀으로 나누어 워밍업으로 손으로 표현하는 우리 팀의 희망상징 만들기를 하였다.

이어서 부쩍 자란 고구마 줄기를 잘라 각자에게 나누어 주고 나만의 관상용 고구마 화분 만들기 작업을 하였다. 화분은 커피 테이크아웃 컵을 재활용하였고 물 빠짐을 위해 맨 밑에 마사토를 한층 깔고 상토를 넣어 고구마 줄기 심기를 하였다. 그리고 명패에 자신 만의 희망 주문을 만들어 글루건으로 붙여 꽂아 완성하였다.

나만의 희망주문 (갈OO)   나만의 희망주문 (구OO)

집단원들이 각자 고구마 화분에 써 붙인 희망주문은 "잘하고 있어! 멋쟁이 이빙빙", "괜찮아, 잘 될 거야", "꿈은 이루어진다!" 등이었다. 이 활동에서 집단원 G는 고구마의 작은 싹이 자라듯이 자신들도 성장해 가고 있고, 성장할 수 있는 깨달음의 발판을 얻게 되었다고 소감을 표현하였다.

3) 고구마 화단 조성

자신의 화분을 화단에 배치하는 모습   완성된 고구마 화단

마지막으로 각자의 고구마 화분을 모아 공동의 고구마 화단을 조성하였다. 그리고 각자 준비한 푸드 재료를 활용하여 화단의 느낌이 나게 꾸미는 활동을 하였다. 집단원들은 서로 의견을 나누며 즐겁게 공동의 화단을 조성하였다.

이번 회기 활동에 대해 집단원들은 매우 만족해했으며 아주 색다른 과정이었다고 경험을 보고했다.

필자가 이끄는 팀은 텃밭이 없어서 책상위에 가상의 화단을 조성하였다. 요즘은 학교나 기관에 텃밭을 활용하는 경우가 많다. 만약 텃밭이 있다면 실제 화단을 조성하거나 고구마 밭을 만들어 나중에 고구마 캐는 활동, 그 고구마를 활용한 프로그램 등 다양하게 펼쳐 갈 수 있을 것이다.

4) 계속 이어지는 고구마 스토리

(1) 고구마를 심은 지 2주경과

고구마 화분 (6월 15일)

고구마 화분을 만든 지 1주가 지난 후에 모두들 고구마가 테이크아웃 컵에서 자라는 것이 신기하다고 경험을 보고 하였다. 비록 관상용으로 만들어 고구마는 달리지 않을 지라도 매우 소중한 체험활동이었다고 한다. 옆의 사진은 집단원 G가 고구마 화분을 만든 지 2주가 좀 지나서 자신의 고구마화분 사진을 찍어 온 것이다. 처음 심을 때 고구마 줄기에 잎이 2장 밖에 없었는데 이렇게 많이 자랐노라고 자랑스럽게 얘기했다.

이 프로그램에서는 고구마를 활용하여 더 깊이 있는 프로그램으로 들어가지는 않았지만, 독자들에게 팁을 제공하고자 한다. 계속 자라고 있는 고구마를 활용하여 각자의 성장과 성장점을 돌아보게 하는 것이다. 그리고 스스로를 칭찬하거나 격려하는 상장, 꽃다발 등을 만들기 위한 작품 활동으로 이어갈 수 있다.

① 6월 7일   ② 6월 7일

지난 5월 28일에 관상용 고구마 화분을 만들던 날 고구마 줄기를 다 활용하고, 자투리가 남았다. 이것도 살까 하는 마음으로 심어 보았다. ②는 ①의 사진 중에서 새로운 싹이 올라오는 부분만 클로즈업한 것이다. 생명체의 생존에 대한 위력을 발견할 수 있다.

① 6월 7일　　　② 6월 17일　　　③ 6월 17일　　　④ 7월 23일

　5월 28일 고구마 줄기로 푸드아트테라피 "나만의 희망주문 만들기"를 하던 날 고구마의 모든 싹을 다 잘라서 각자 관상용 고구마 화분을 만들고, 공동화단까지 조성하였다. 고구마 입장에서 보면 줄기들을 다 떼어서 만신창이가 되었을 것이다. 미안하고 안쓰럽기까지 했다. 몸통만 남은 고구마를 다시 컵에 물을 반쯤 채우고 담아 두었더니 또 새로운 싹이 올라왔다. 생명력의 위대함을 다시 한 번 느낄 수 있었다.

　6월 17일 필자의 실수로 고구마가 담긴 컵을 깨트렸다(사진 ②). 그래서 좀 더 큰 항아리로 고구마의 집을 옮겨 주었다(사진 ③). 그 고구마 싹이 사진 ④(7월 23일)에서 저렇게 쑥 자라 있다. 고구마 줄기는 지금도 자라고 있어 이 스토리는 아직 진행 중이다.

(2) 고구마를 심은 지 2개월경과

　필자가 재직하는 대학은 8월 24일이 2학기 개강일이다. 푸드아트테라피 과정에 참여하였던 학생들은 멀리서 필자를 알아보고 달려와 인사하며 고구마 관련 스토리를 들려준다. 아직까지 잘 살려서 키우고 있다고 자랑스럽게 말하는 학생, 아쉽지만 죽어서 다시 시도해 보겠다는 학생, 좋은 체험 이어가고 있어 고맙다는 학생 등 다양하다.

　이렇게 훈훈한 스토리가 서로 오고갈 수 있고, 지속되는 것은 푸드아트테라피 덕이다. 그 이후 고구마 줄기를 좀 더 큰 스티로폼 박스를 재활용하며 옮겨 심고 베란다에 다른 화분들과 나란히 두었다. 그리고는 고구마 줄기가 더 길게 뻗어 나가는 것만 볼뿐 세심히 관찰할 여지를 갖지는 못하고 잊고 지냈다. 그러다가 늦가을 어느 날 전체화분들을 분갈이하며, 고구마 줄기도 정리하는데 새끼 고구마가 달려 나왔다. 처음에 고구마 줄기를 이용하여 프로그램을 운영할 때 관상용으로만 생각했다. 그런데, 새끼 고구마가 달려 나와 고구마라는 생명체에 감탄하였고 생명의 신비로움을 다시금 느낄 수 있었다. 이로써 집이나 교실 등 실내에서도 어렵지 않게 고구마를 키울 수 있음을 확인했다. 이런 과정과 결과 또한 푸드아트테라피 프로그램으로 발전시켜갈 수 있다.

4. 커피나무

　　커피(Coffee)의 원산지는 아프리카와 열대아시아이다. 커피의 종류는 40종이 있고, 높이 3~7m 정도 자라는 상록 관목이다. 성숙한 열매의 씨앗을 발효, 건조시킨 것이 원두다. 원두는 종류, 날씨, 가공 방식에 따라 다양한 맛과 향을 낸다. 디저트나 향신료, 조미료, 염색소로 사용하기도 한다. 뇌와 심장병 환자의 자극제와 이뇨제로도 사용한다. 커피의 카페인 성분은 진통을 없애는 효과가 있어서 편두통이나 만성 천식환자에게 사용하기도 한다(하순혜, 2006).
　　푸드아트테라피에서 커피콩, 커피가루, 커피나무를 활용하는 프로그램들을 살펴보고자 한다. 커피콩과 가루 활용 프로그램은 대체로 향기가 좋아 후각의 만족도가 높다. 커피콩은 볶기 전의 생두를 활용할 수도 있고 볶은 갈색이나 검은색 커피콩을 활용할 수도 있다. 색이나 향기에 따라 느낌이 다르고 작품도 달라 질 수 있다.

1) 시중에서 구입하는 알갱이 커피 활용

　　작은 알갱이 형태의 커피가루는 푸드아트테라피 과정 중, 주로 초반에 물에 녹는 과정을 지켜보며 마음결 고르기 작업하기에 좋다. 커피가루가 물에 녹는 것이 참여자들의 내면을 자극하여 지금–여기의 장으로 이끌 수 있다.

2) 활용한 커피가루 재활용

　　커피콩과 커피 가루를 활용하여 다양한 작품 활동이 가능하다. 아래 작품은 푸드아트테라피를 적용하여 진로지도 프로그램을 운영한 작품 중의 일부이다. 커피가루와 목공 풀을 활용하여 진로 로드맵을 그려 보이고 있다.

내 인생의 로드맵(백석대학교 학생작품)

우리나라는 커피벨트에는 해당되지 않아 커피나무를 키우는 것이 쉽지 않다. 그렇지만 화분이나 하우스에서 키울 수는 있다. 실제로 우리나라 강릉은 커피도시로 명성이 있으며 커피축제도 열린다. 2015년 제7회 강릉 커피축제는 10월 8일부터 11일에 개최된 바 있다. 커피 마니아들은 커피가 단순히 음료 차원을 넘어 고유의 커피문화를 즐기고 커피 정서를 느끼고자 한다.

① 커피나무(8월 1일)   ② 커피나무(8월 1일)

필자도 지난 6월 6일에 커피나무 묘목을 하나 얻었다. 왼쪽의 커피나무 사진은 묘목을 받은 이래 약 2개월 정도 자란 나무이다. ①은 처음 얻어온 화분이다. 8월 1일 현재 화분이 커피나무에 비해 작아 좀 더 큰 화분 ②로 옮겨 주었다. 푸드아트테라피 프로그램 개발을 위해 제대로 한 번 키워보고자 정성을 들이고 있다.

일반적으로 커피는 남북위 25도 사이 지역, 즉 적도를 중심으로 남회귀선과 북회귀선 사이에서 재배되기 때문에 이 지역을 커피 벨트(coffe belt) 또는 커피 존(coffee zone)이라고 부르고 있으며, 아시아 지역에서는 중국의 云南에서도 재배되고 있다. 맛있고 좋은 커피들은 대부분이 커피 벨트 지역 높은 고산지대의 언덕에서 그 지역의 토양과 비, 햇볕 등을 받고 자란 커피 열매를 손으로 일일이 수확하기 때문에 지역마다 고유의 독특한 맛과 향을 지닌 커피가 생산되는 것이다.

그림 및 자료 출처 : http://blog.naver.com/calebmktg/130105115413

5. 다육 식물

다육 식물은 잎이나 줄기 속에 수분을 저장하는 조직이 발달한 식물이다. 척박한 땅, 수분이 적고 건조한 날씨가 주를 이루는 사막이나 높은 산 등에서 살아남기 위해 땅 위의 줄기나 잎에 수분을 많이 저장하는 것이다. 식용이 가능한 대표적인 다육식물로는 알로에, 와송 등이 있다.

식물을 직접 돌보는 활동은 일상에 생기를 불어 넣고 생명의 소중함과 땀의 가치를 알게 해 준다. 생명체는 정성을 들인 만큼 성장하므로, 식물이 자라는 것을 보며 성취감을 느끼고 자존감 향상으로 이어진다. 푸드예술치료사 집단상담 과정에서 운영한 다육식물을 이용한 활동의 예는 아래와 같다.

1) 워밍업 활동 : 다육 식물과의 오감교류

① 오늘의 주제와 활동을 안내한다.
② 나태주 시인의 "풀꽃"이라는 시를 감상한다.
 [풀꽃 : 자세히 보아야 예쁘다 / 오래 보아야 사랑스럽다 / 너도 그렇다].

시의 내용처럼 다육식물 잎의 생김새와 두께 등을 자세히 보며 아름다움을 발견하고 마음을 교류한다.

2) 본 활동

③ 다육식물의 주요 특성에 대해 이해하는 시간을 가지며 식재할 식물을 인식하도록 한다.
④ 다육식물의 새집준비 : 코코넛 껍질을 이용하여 다육식물을 식재할 화분을 만든다. 복숭아 씨, 살구 씨, 피스타치오 껍질 등 각종 씨앗을 이용하여 화분 받침대를 만든다(글루건 이용: 글루건 사용상의 주의 점을 안내하여 안전하게 활동이 이루어지도록 한다.)
⑤ 다육식물 심기 및 이름 붙이기 : 준비된 화분에 다육식물의 생육에 적합한 흙을 담고 정성스럽게 다육식물을 옮겨 심는다. 다육식물의 새 이름을 지어주고 오감으로 교감하며 정성을 보낸다. 한 참여자 백OO는 다육식물을 분주한 후 "하늘성"이라는 이름을 지어 주었다. 그녀는 동양사상에서 음양오행의 균형을 생각하며 지은 이름이라고 했다.

⑥ 척박한 환경에서 자라는 다육식물의 특성을 비유하여 집단원의 내면 탐색을 조력한다. 엽삽번식을 하는 다육식물의 생존력과 생존에 대한 강한 의지를 인간의 삶에 비유하여 보고 자신의 생명력 찾기 등의 활동으로 전개한다. 다육식물에게 "하늘성"이라는 이름을 지어주었던 백OO는 저런 식물도 아름답게 살고자 하는데, '나는 뭔가' 하는 생각을 했으며, 앞으로 다육식물을 닮아가야겠다는 생각을 했다고 한다.

3) 정리

⑦ 이번 회기의 전 과정을 요약하고 집단원들의 활동 소감과 피드백을 주고받은 다음 마무리한다. 참여자들의 몇몇 소감은 아래와 같다.

- 오체가 튼튼하면 새끼들은 알아서 잘 큼을 다시 확인했으며(김OO), 기분이 점점 좋아지고(권OO), 내면의 동심이 일깨워지는 시간이었으며(김OO), 재활용이 얼마든지 가능함을 알게 되었다(주OO)고 소회를 밝혔다.

〈다육식물 화분 받침대 : 왼쪽부터 복숭아 씨, 살구 씨, 호박씨〉

〈코코넛 껍질로 만든 다육식물 화분 : 푸드예술치료사 회원 작품, 2015〉

6. 기타 각종 채소원예 활용

    그 밖에도 파, 양파, 마늘 등 다양한 채소들을 활용하여 원예활동도 하고 필요시 그것들을 수확하여 또 다른 작품 활동으로 이어갈 수 있다. 아래 김애리의 작품과 같은 수경재배는 뿌리가 자라는 것을 직접 육안으로 관찰할 수 있어서 좋다. 학교장면에서는 학생들과 활동을 한 후, 잘 관리하였다가 다음 시간에 더 자라 있는 채소를 보며 해당회기를 이어갈 수 있다.

    또한 조주영의 베란다 미니텃밭은 테이크아웃 컵 등 버려지는 재료들을 활용하여 조성한 것이다. 한번 사용한 것을 자원으로 활용하는 것은 특별한 의미를 지닌다. 지구환경을 지키는 의미나 에너지 절약의 관점에서 중요하다. 이러한 노력은 푸드아트테라피에서 추구하는 생명존중 사상이나 에코시스템과의 상생추구적인 측면에서도 의미와 가치를 지니고 있다. 뿐만 아니라 상담이나 복지 현장에서 예산이 마련되어 있지 않거나 부족하여 적절한 프로그램 진행이 어려울 경우 다양한 대안으로도 고려해 볼 수 있다.

〈수경재배 : 김애리 作, 2015〉

〈베란다 미니텃밭 : 조주영 作, 2015〉

7장. 푸드아트테라피 관련 학술연구 정보

1. 푸드아트테라피 연구논문 및 보고서

2. 푸드아트테라피 관련 도서 및 자료

3. 푸드아트테라피 관련 웹사이트

7장. 푸드아트테라피 관련 학술연구 정보

1. 푸드아트테라피 연구논문 및 보고서

    푸드아트테라피가 개발된 지 아직은 역사가 짧아 다른 상담 및 치료학 분야에 비해 연구논문이나 보고서가 많지는 않지만 차츰 증가하고 있다. 그렇지만 상대적 비율로 볼 때 푸드아트테라피를 적용하는 현장실무 상담자나 상담 및 치료혜택을 받는 대상자들의 증가에 비해 매우 부족하다. 앞으로 보다 많은 학자들이 연구의 에너지를 푸드아트테라피에도 쏟아 더 큰 발전이 이루어지길 기대한다. 본 장에서는 필자가 그간 연구 발표한 논문이나 보고서 위주로 실었다.

1 건강가정지원센터에서의 FAT 현황과 전망
(조주영, 문정숙, 2010)[16]

I. 들어가는 글

    정보혁명, 즉 정보통신기술의 발달로 정보, 문화, 상품, 자본이 전 세계를 자유롭게 넘나드는 시대가 되었으며, 그야말로 지구촌시대이다. 이러한 변화의 흐름에 편승한 것은 가족도 예외가 아니며, 미래학자들은 오래전부터 정보혁명(제3 물결 문명)에서 다양한 가족구조가 나타날 것을 예측하였다. 서구에서의 가족관계 붕괴, 가치관의 분열 등 여러 변화양상이 우리나라에서도 큰 문제로 부상한지 이미 상당한 시간이 흘렀다.
    또한 디지털노마드족이 늘어나고 있으며, 삶의 방식과 트렌드가 노마드적으로 변하고 있다. 디지털노마드는 첨단화된 현대기술을 잘 활용하고 적극적으로 삶에 도입하여 시공간의 제약을

---

16) 본 논문은 2010년 한국푸드아트테라피학회 연차학술대회에서 발표한 것임.

극복하고 소통을 확대하며 삶의 질을 향상시키는 측면이 있다. 그러나 다른 한편으로는 기계와 기술 의존적인 삶, 과다사용으로 인한 현실감각 상실, 개인화, 기존의 인간관계 단절, 인간소외, 하이퍼노마드와 인프라노마드의 양극화가 가족에 미치는 부정적 파급 등의 폐해로 이어져 문제로 제기되고 있다.

한편 다문화 가정, 다문화사회도 형성되었지만, 그로 인한 다양성과 차이를 적절히 수용하지 못한 결과 빚어진 부작용 또한 만만치 않다. 다문화가족들은 사회적 편견으로 인한 대인관계나 사회생활의 난제, 경제적 곤란, 자녀양육에 대한 어려움 등의 불편사항을 호소한다. 우리나라가 다방면에서 선진국으로 도약하고 있지만 다문화가정을 포용하는 자세는 미흡한 것으로 보고되고 있어 이에 대한 인식개선과 사회통합이라는 큰 과제가 있다.

이러한 즈음에 정책적 대안으로 2004년 2월에 '건강가정기본법'이 제정되었다. 건강가정기본법을 근거로 '건강가정지원센터'가 설치 운영(전국현황: 2010년 10월말 현재 134개소)되고 있다. 건강가정지원센터는 가족행복과 가족친화사회를 실현하는 가족사업 전문기관이며 우리사회의 모든 가족이 평등하고 행복한 사회를 이룰 수 있도록 다양한 사업을 수행하고 있다. 2010년 11월 현재 시·도 및 시·군·구 건강가정지원센터에서 중점적으로 운영하고 있는 사업은 서비스 제공방식을 중심으로 크게 6개 영역(가족교육사업, 가족상담사업, 가족친화문화조성사업, 가족돌봄지원서비스사업, 다양한 가족통합서비스사업, 정보제공 및 지역사회연계사업)이다(중앙건강가정지원센터, 2010).

톨스토이는 "행복한 가정들은 모두 비슷하다. 그러나 불행한 가정은 모두 다른 이유로 불행하다"고 하였다. 스티븐 코비는 인간의 상호작용을 지배하는 근본적인 원칙들이 있으며, 그 원칙들에 따라 사는 것은 행복한 가정을 위해 필수적이라고 강조하였다. 그 원칙은 변화 자체의 본질, 즉 오래 지속되는 진정한 변화는 모두 내면에서 시작해 외부로 향한다는 것이다(김경섭 역, 1998). 이런 논제로 볼 때 어려움이 있거나 불행한 가정, 역기능적 가정에서도 가족성원간의 상호작용에 있어서 근본적인 원칙, 즉 가족성원의 내면의 변화가 이루어진다면 행복한 가정, 건강한 가정이 될 수 있다. 그동안 가족의 건강과 행복을 조력하기 위해 다양한 수단과 방법이 동원되어 왔다. 그러나 다른 측면에서는 그러한 수단과 방법에 대한 효과성 측정이 요구되며, 보다 효율적이고 질적인 방법의 모색도 필요하다.

본 연구는 최근에 개발되어 급부상하고 있는 동양적 상담기법인 FAT(Food Art Therapy)[17]에 대한 것이다. 건강가정지원센터의 주요핵심사업 6개영역에서 FAT를 통해 가족을 효율적으

---

17) FAT는 2005년도에 이정연(목포대학교 교수, 한국푸드아트테라피학회 초대회장)이 동양사상과 문화를 토대로 하여 개발한 새로운 심리치료 이론과 기법이다(이정연, 2006; 주식회사 친친가족문화원 리플렛, 2010).

로 조력한 예들을 발굴하여 정보를 제공하고, 향후 과정을 지원계획에 반영하는 것의 타당성과 발전방안에 대해 살펴보고자 한다.

　FAT는 음식재료 및 식품을 매체로 하여 창의적인 놀이와 예술 활동을 통해 자신의 내면세계를 표현하고 긍정적인 사고의 전환과 확장을 통해 자아 찾기와 자아초월에 이르도록 한다. FAT는 철학적 배경에 동양적 사유가 있으며, 놀이, 교육, 문화, 예술, 상담과 치유를 통합한 새로운 접근으로 개인의 심리·신체·영적인 웰빙을 증진시키는 심리치료이다(이정연, 2008).

II. 건강가정지원센터에서의 FAT

1. 건강가정지원센터와 FAT

　건강가정지원센터의 설립근거는 건강가정기본법 제 35조(건강가정지원센터의 설치)에 명시되어 있다. 즉, "국가 및 지방자치단체는 가정 문제의 예방·상담 및 치료, 건강가정의 유지를 위한 프로그램의 개발, 가족문화운동의 전개, 가정 관련 정보 및 자료제공 등을 위하여 중앙, 시·도 및 시·군·구에 건강가정지원센터를 둔다."는 것이 그 내용이다. 그리하여 가족문제 발생을 사전에 예방하고 일반가족 및 다양한 가족을 대상으로 통합적인 가족지원서비스를 제공하기 위한 효율적인 전달체계 마련을 그 목적으로 한다. 건강가정지원센터의 주요사업영역 및 기능은 아래와 같다(중앙건강가정지원센터, 2009)〈그림 1 참조〉.

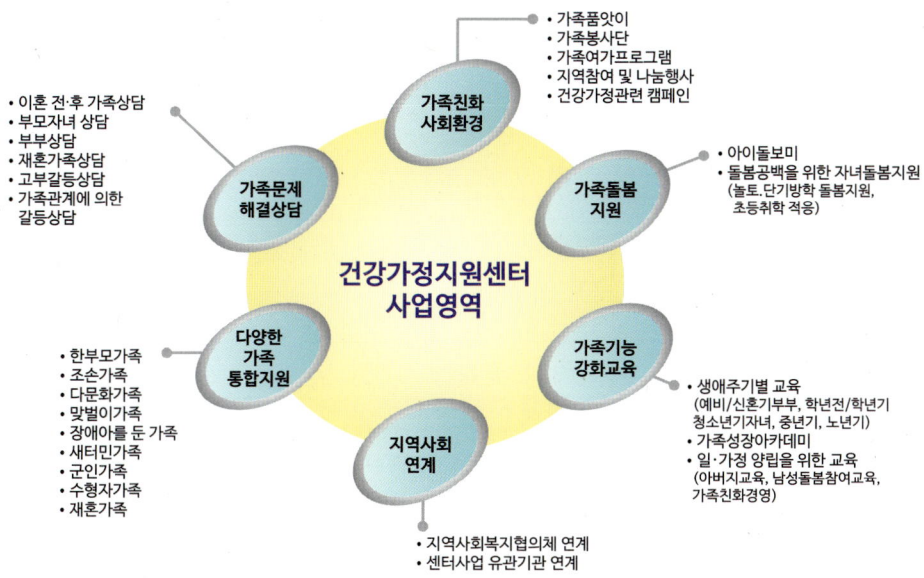

〈그림 1〉 건강가정지원센터 사업기능

※ 출처 : 중앙건강가정지원센터(2009), 2009 전국건강가정지원센터 연간사업실적보고서.

 이들 주요 사업영역 및 기능을 강화하기 위하여 FAT를 적용할 수 있는 방안 모색은 다방면으로 이루어질 수 있으리라 사료된다. FAT는 인간에게 가장 친숙한 푸드(음식)를 매체로 하여 예술 활동을 하면서 내면세계를 표현하고 그 과정에서 자기성찰을 통해 심리적 문제를 치유하여 자기존중감을 회복하고 긍정적 사고로의 전환과 확장을 해갈 수 있다. FAT는 놀이, 교육, 문화, 예술, 상담, 치유를 통합한 자연주의적 심리치료로서 개인의 심리·신체·영적인 웰빙을 증진시키며, 더 나아가 전체 에코시스템과의 상생과 조화를 추구한다.

 한편, 가정은 가족들이 이루고 있는 공동체적 생활을 토대로 가족원의 일상생활이 영위되는 장소이자 삶의 물적·인적 토대가 되는 근원지이다(송혜림 외, 2005). 즉 가정은 가족이 생활하는 공간으로서의 의미를 넘어서 가족의 감정과 의식, 가치와 규범, 행동이 형성되는 심리적 환경과 가족이 생활하는 데 필요한 의식주의 물리적 환경을 모두 포함하는 개념이다(이선형, 임춘희, 2009). 그러나 모든 가정이 이들 개념의 의미를 충족하는 것은 아니어서 가족과 가정의 기능에서 다양한 문제점과 그로 인한 문제양상들이 드러나고 있다.
 이에 대해 건강가정지원센터의 기능과 적절한 역할수행이 절실하다. '가정'이라는 단어는 많은 사람들에게 휴식과 안정이라는 정서적인 의미와 귀소본능을 자극하는 이미지가 있다. 가정의 개념과 이미지에 걸맞는 요소인 푸드(음식)는 매우 친화적으로 함께 할 수 있는 수단이자 방법이 될 수 있다. 그러므로 전문적 조력이 필요한 가족에게 푸드를 매체로 활용하는 FAT의 적용은 별 부담 없이 자연스러우면서도 친근하게 가족과 상호작용하면서 그들의 내적 성장을 돕고 건강가정의 기능을 회복하도록 지원할 수 있다.

2. 건강가정지원센터에서의 FAT

지금까지 가족을 지원하고 조력하는데, 수많은 기법과 도구들이 동원되고 활용되어 왔다. 그러나 그 많은 기법과 도구들 중에 가족들의 호응을 크게 이끌어내지 못한 것도 상당하다. 보다 효율적인 조력수단과 방법은 지금도 꾸준히 연구 개발 되어야 할 과제로 남아 있다.

한편, 가족의 조력을 위해 매우 활용가치가 높은 푸드를 도구로 활용하는 것에 대해서는 상대적으로 간과되어 온 것이 사실이다. FAT는 가족을 교육하고 상담하며 조력하는데 일대의 변혁을 가져오리라 예상된다. 마치 화학방정식에서 한 가지 원소만 변화시켜도 모든 것이 변하는 것처럼, 재료를 푸드로 한 것이 그 자체로서 큰 위안과 치유효과가 있어서 상담 및 치료의 전환계기가 될 수 있다. 여기서는 건강가정지원센터의 6개 사업영역(중앙건강가정지원센터, 2009; http://www.familynet.or.kr)을 중심으로 FAT 관련 선행연구, 청주시건강가정지원센터에서의 FAT 운영사례, 본 연구자의 FAT 운영사례에 근거하여 FAT 적용의 타당성을 제시하고자 한다.

1) 가족교육영역

가족교육 사업은 가족문제를 예방하고 가족의 역량강화에 초점을 맞추어 가족의 기능강화 및 잠재된 강점을 개발하고 활용할 수 있는 능력을 갖추도록 지원한다. 아울러 가족의 건강성 증진과 건강한 사회를 구현하고자 한다. 특히 생애주기별(아동·청소년기, 예비·신혼기 부부, 부부, 부모, 아버지, 중년기, 노년기, 가정경영아카데미)로 가족의 형성·확대·축소에 따라 예측 가능한 문제들을 미리 준비하고, 그 단계에서 해내야 할 과업들에 대한 교육이 각 단계별로 제공된다.

⇨ 가족교육영역에서의 FAT 적용 예 :

○ 아동청소년기교육 : 푸드아트테라피를 적용한 「진로지도과정」에서 "자신에게 필요한 것", "자신의 강점 찾기" 등을 진행한 결과 참가자들의 큰 호응이 있었다.

- **나에게 필요한 것** : 참가자들은 현재의 소망이나 '나에게 가장 필요한 것'을 주제로 푸드를 활용하여 창작하였다. 자신의 작품을 소개하며, 구성원들로부터 받은 건설적인 피드백이 원하는 것을 얻는데 필요한 용기와 정보제공효과가 있는 것으로 나타났다〈그림 2 참조〉.

〈그림 2〉 "자신에게 필요한 것"에 대한 창작품

- ○○여(대학생) : 국수를 활용하여 자신에게 필요한 것으로 "자신감"을 표현하였다. 작품을 감상하며, 주어진 질문은 '자신감을 얻기 위해 무엇을 하였는가', '그것이 자신감을 얻는데 도움이 되었는가' 등이다. 지금까지 나름대로 노력하였지만, 크게 진전하지 않는 상황이었는데, 집단과정에서 구성원들의 피드백으로 자신감을 얻기 위한 구체적인 계획수립에 대한 의지를 갖게 되었다고 하였다.

- **자신의 강점 찾기** : 참가자들은 각자 '자신의 강점(스스로 그렇게 여기는 것, 주변의 피드백, 희망하는 것 등)'을 주제로 창작하였으며, 작품을 소개하며 피드백을 주고받는 과정에서 긍정적인 평가가 있었다(내용: "재미있었다." "강점에 대한 확신을 갖게 되었다." "희망을 얻게 되었다.")〈그림 3과 4참조〉.

〈그림 3〉 "자신의 강점"에 대한 창작품 1

- ○○여(대학생)의 강점 표현 : 자신이 희망하는 강점을 표현하였으며 졸졸졸 흐르는 시냇물처럼 느긋함과 꾸준함을 갖고 물 흐르듯이 살아가고 싶음을 표현하였다.
- ⇨ 피드백 : 물의 느낌에 대해 편안하고 안정적이라는 피드백을 주고받았으며, 그 결과 강점이 강화되는 느낌이 들고 더 확신을 얻게 되었으며 자신감이 커졌다고 하였다.

〈그림 4〉 "자신의 강점"에 대한 창작품 2

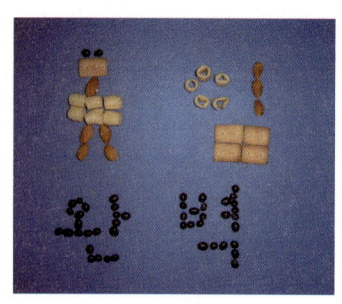

- ○○여(대학생)의 강점 표현 : 평소에 책임을 완수하고자 하고 완벽하고자 하는 자신의 모습을 표현하였다. 작품을 완성한 다음 스스로의 작품에 대해 추상적이지 않고 잘 표현하였다는 뿌듯함을 보고 하였다.
- ⇨ 피드백 : 자신의 평소 소신과 강점이 잘 드러난 듯하며, 특히 잠자리의 이미지와 "책임"의 'ㅊ'을 연결하여 마음이 넓어지고 온화함을 유지하고자 하는 노력에 대해 긍정적으로 피드백을 받았으며, 그 과정에서 힘을 얻었다고 하였다.

특히, FAT는 다른 어떤 매체보다도 가족단위의 프로그램 운영 시에 조화롭게 잘 어울린다는 것이 관련 프로그램 운영결과 확인되었다(청주시건강가정지원센터, 2010). 왜냐하면 음식이라는 주제가 남녀노소 어느 층에나 친화적으로 다가갈 수 있으므로 핵가족, 확대가족, 다문화가족, 장애인가족, 군인가족 등 다양한 가족형태에 쉽게 수용되고 조화될 수 있기 때문이다. 또한 자연스러운 참여를 촉진할 수 있으며 가족구성원들의 감성개발 및 관계증진에 좋은 효과를 기대할 수 있다.

2) 가족상담영역

가족상담 사업은 가족문제를 직접적으로 상담하고 해결하기 위한 것이다. 즉 가족생활주기 상에서 나타나는 여러 특성을 감안하여 가족관계는 물론 일상생활에서 경험하는 다양한 어려움들이 보다 큰 가족문제와 위기로 심화되기 전에 상담을 통해 가족을 적절히 지원함으로써 건강한 가정생활을 영위하도록 하는 것이다. 가족 상담에서 주로 다루어지는 내용은 가족으로 살아가면서 발생하는 어려움이나 갈등과 같은 문제, 즉 부부문제, 이혼문제, 부모문제, 자녀문제, 성인자녀와 부모세대간의 문제, 가족의 기능상의 문제 등이다.

▷ 가족상담영역에서 FAT 적용 예 1 :

○ 고부갈등으로 힘들어하는 O씨 이야기 <그림 5 참조>

〈그림 5〉 내담자의 작품 속에 나타난 고부갈등의 치유과정

FAT훈련 과정에서 고부갈등을 다루었으며, 시어머니 앞에서 늘 주눅 들고 힘들어하던 자신의 모습에서, 점차 힘을 키우며 자기다움을 찾아가는 과정이 드러난다. ① 시어머니의 구박에도 오뚝이처럼 일어서자 ② 오뚝이가 되더라도 볼 수 있는 눈은 가져야 되지 않겠느냐는 피드백을 받고 눈을 만들더니 좀 더 마음이 편안해 졌다고 하였다 ③ 오뚝이에 비해 눈이 너무 크다는 피드백을 받고 그것을 수용하여 눈을 작게 만들고 제대로 듣기 위해 귀도 만들었다 ④ 볼 수 있고, 들을 수 있게 되고 보니 마음이 매우 가벼워졌고, 이제는 시어머니에 대한 측은지심이 생겼다며 가슴에 하트로 묘사하였다. (O씨는 집단구성원들로부터 FAT과정 전에 비해 얼굴표정이 많이 밝아졌다는 피드백을 받았다)

⇨ 가족상담 영역에서 FAT 적용 예 2 :

○ 갱년기 우울증에 걸린 부부의 사례

고현(2009)은 갱년기 우울증으로 고생하는 부부를 상담한 결과 스트레스 지수(사전 뇌파 측정결과 80점이었던 것이 12회기 개입 후 50점으로 감소함)가 많이 감소하였음을 확인하였다. 또한 치료과정 관찰에서도 표정과 언어사용 등 행동과 정서에서 긍정적인 변화결과를 보여주었다.

⇨ 가족상담 영역에서 FAT 적용 예 3 :

○ "데이트 강간 가해" 보호관찰 청소년을 위한 FAT<그림 6참조>

〈그림 6〉 "데이트 강간 가해 청소년의 창작품

- ○○남(19세): (다른 상담자가 6회기 상담을 진행한 후, 연계된 사례). 이전 상담에서 심리검사는 이루어진 것이 없다고 하여 HTP와 KFD 실시결과 자신을 적절히 드러내지 못하며, 안정감이 부족하고 공격욕구를 나타내었다. 총 5회기의 FAT과정 초반에 "바르게 살고 싶다"는 의지를 표명하며 정도(正道)를 나타내는 길(왼쪽 작품)을 표현하였다. 치료후반에 가족구성원의 함박웃음을 묘사(아래작품)하여, 지금까지 힘이 되어준 가족의 행복을 열망하는 창작을 하였다.

⇨ 1:1로 진행된 FAT여서 치료자도 창작을 하고 상호이야기를 나누는 형태로 진행하였다. 내담자는 부담 없이 참여하며 "바른 생활", "인생의 목표"를 생각해보는 의미 있는 시간이었으며, 피해자의 고충을 헤아리며 미안한 마음이 들었고, 더 나아가 그녀의 행복을 기원하였다. 그리고 자신의 마음도 정돈된 듯하다고 소감을 표현하였다.

⇨ 가족상담 영역에서 FAT 적용 예 4 :

○ 「퓨젼! 요리와 상담」

　　요리에 상담을 접목하여 "요리치료"형태로 운영되었던 프로그램도 FAT에 포함될 수 있을 것으로 사료되어 소개하고자 한다. 「퓨젼! 요리와 상담」과정을 소외아동 및 청소년, 일반아동 및 청소년, 가정폭력 피해아동, 학부모 및 지도자 조력 프로그램으로 운영한 결과에 따르면 그 효과가 매우 큼이 입증되었다. 즉 보편적으로 잘 적응하고 있는 일반청소년에게는 인성교육의 효과가 있고, 부적응 학생의 경우는 적응력이 향상되며, 각종 피해로 상실감을 느끼고 있는 청소년의 상처회복과 자존감 향상은 물론 각종 습벽(習癖)도 개선된 것으로 보고되었다(경향신문, 2002년 2월 24일자; 동아일보 2002년 2월 26일자; 조주영, 김민정, 2002; 한국일보 2003년 2월 3일자; CJB 청주방송 "행복한 아침" 2003년 3월 18일). 요리를 준비하는 과정, 만드는 과정, 그리고 마감의 과정을 과학과 예술의 경지로 격상시키고 이에 대화기술과 상담기술을 접목함으로써 참가자들에게는 자기성장의 기회를 부여함과 더불어 청소년에게는 희망을, 지도자에게는 자긍심을 줄 수 있다(조주영 외, 2002).

　　이처럼 FAT는 테라피에 푸드아트를 접목시켜 심리치료를 하는 통합적인 예술치료이다. 전문적인 예능교육을 받지 않아도 단기간에 작품을 완성할 수 있어서 처음 접하는 경우에도 저항감이 적고, 내담자에게는 성공경험을 제공한다. 작품을 제작하고 해체하는 경험을 통하여 문화적인 욕구충족과 긴장이완을 가져오며 문제를 가진 개인에게는 치유를, 일반인에게는 자아성장의 효능을 갖는다(이상월, 2009). 이때 내담자가 단지 작품을 통하여 감정을 분출하는 것만으로도 상당한 효과가 있다. 그렇지만 FAT에서 진정한 테라피는 치료자의 적절한 개입으로 내담자가 자신의 작품을 통해 드러낸 가시화된 증상이나 문제점을 인식하고, 새로운 관점에서 그것을 재구성하며 더 큰 통찰과 자각을 통해 인지, 정서, 행동의 변화를 끌어내는 것이다.

　　한편, 가족상담 사업은 가장 기본적이며 중요한 사업영역으로 매우 일상적이면서도 지속적으로 서비스가 제공되는 사업영역이고 교육 및 문화사업과 유기적으로 연계〈그림 7참조〉되어 진행될 뿐 아니라 가족지원, 취약가정을 위한 사례관리사업 등과 밀접한 관련을 맺고 있다(중앙건강가정지원센터, 2007). FAT는 교육, 문화, 상담의 유기적 연계 측면에서도 탁월하다. 푸드라는 매체의 특성은 교육, 문화, 상담 등 그 어떤 영역에서도 잘 어울릴 수 있기 때문이다.

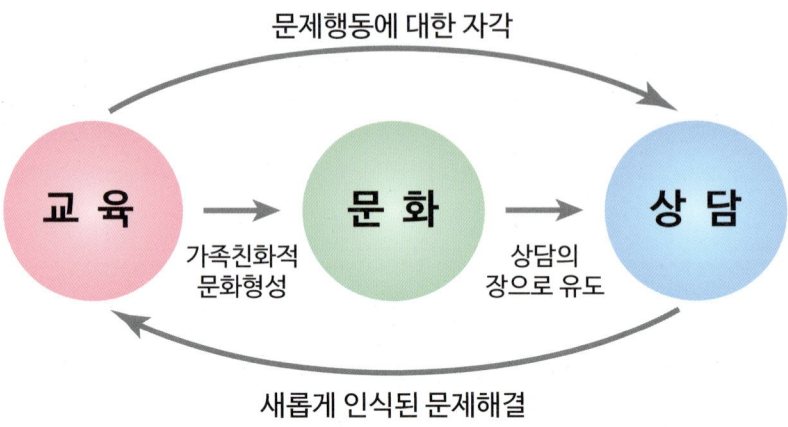

〈그림 7〉 교육, 문화, 상담의 유기적 연계

※ 출처: 중앙건강가정지원센터(2007), 「2007 가족상담 전문교육」 자료집.

3) 가족친화문화조성영역

가족친화문화조성 사업은 가족친화적인 직장과 마을, 사회를 조성하기 위한 것이다. 다양한 가족의 건강한 가정문화를 조성해 가는 과정에서 사회의 기본단위인 가정의 세대통합과 기능강화, 양성평등한 가족문화 형성, 지역사회의 역량을 강화하고자 한다. 또한 가족화합과 가족통합에 도움이 되는 가족단위의 문화서비스를 제공하도록 함으로써 가족친화적인 문화를 양성하고 확산시키고자 한다. 그리고 다양한 가족과 연령층을 고려한 문화프로그램을 통해 지역주민과 가정기능 강화와 삶의 질을 높이려는 것이다.

⇨ 가족친화문화조성영역에서 FAT 적용 예 1:

○ 군인가족들과 함께 한 FAT <그림 8 참조>

〈그림 8〉 어느 군인가족의 FAT 창작활동장면

- 지역의 OO사단 공군부대를 방문하여 군인가족들에게 FAT를 적용하여 프로그램을 운영하였다. 음식을 활용한 놀이에 아이들이 매우 즐거워하였으며, 함께 참여한 부모님들은 덩달아 행복해 하였다.
⇨ 제안 : 각종 부모교육 프로그램이나 찾아가는 아버지학교 등에서 기존의 교육 내용에 FAT도 포함함으로써 보다 다채롭고 풍성한 교육과정으로 발전시켜 나갈 수 있다.

⇨ 가족친화문화조성영역에서 FAT 적용 예 2:

○ 가족사명서 만들기 <그림 9 참조>

〈그림 9〉「가족사명서」를 주제로 한 창작품

- OO네 가족(가상가족)의 사명서 : 우리가족은 가족 간에 개인존중과 상호신뢰의 분위기 속에서 효율적인 상호작용을 위해 적극적으로 대화하며 사랑을 유지한다.
  - 가족구성원 각자 원하는 내용: 할머니(원활한 의사소통), 아빠(함께 하는 가정), 엄마(순활한 역할분배), 언니(개방적 대화), 동생(서로를 인정) & 가족전체(사랑)

⇨ 제안 :「가족사명서」창작품 전시회. 가족단위로 다른 가족들에게 각 가족의 사명서 만들기 지원해주기(건강가정캠페인). 사명서대로의 실천사례 발표회(사진공모전)등을 개최하며 이러한 긍정성을 직장 및 사회로 범화해 갈 수 있다.

모든 가정은 다 나름대로 골치 아픈 문제들이 있지만, 이런 문제들을 비전의 힘으로 해결할 수 있다. 더 나은 비전을 꿈꾸며 마음속에서 그려보는 비전은 과거의 좋지 않은 기억이나 현재 처한 상황보다 훨씬 강력한 영향력을 행사한다. 이에 대해 세상의 모든 가정마다 '가족사명서'를 작성하여 비전과 가치관을 공유하고 가족 간의 일체감을 다져갈 수 있다. 가족사명서는 그 가족만의 독특한 목적지가 될 수 있으며 거기 담긴 가치관은 가족들이 따르는 지침이 된다(김경섭 역, 1998). 이밖에도 FAT를 활용하여 가족회의주제, 부부사명서, 부모사명서, 자녀사명서, 개인사명서를 창작해 볼 수 있다. 또한 가족멘토링, 가족코칭, 부모코칭 등 가족성장아카데미 과정에서도 FAT를 적용할 수 있다.

청주시건강가정지원센터(센터장 : 김영희, 충북대학교 교수)의 경우 가족친화문화조성영역 사업의 일환으로 "새샘(3SEM)운동[18]"을 전개하였으며, 새샘운동(3SEM)에서 유아교육기관을 방문하여 음식재료를 소재로 프로젝트접근법 교육을 실시하였다. 그 과정에서 음식재료의 특성을 살피고 작품을 만든 후 가족이 함께 음식을 만들어 나누는 활동을 진행하여 부모자녀관계 향상과 가족원간의 상호작용을 증진시키는 효과를 얻었다(청주시건강가정지원센터, 2009). 또한 몇 몇 기업(H사, G사, C유치원 등)에 "찾아가는 아버지학교"를 운영하였는데(청주시건강가정지원센터, 2009; 2010), 이들 프로그램들과 연동하여, 또는 기업체에서 독자적으로 직원들의 직무스트레스 완화를 위한 연수프로그램으로 FAT를 활용할 수 있다. FAT는 그동안 도입되지 않은 새로운 방식이어서 참신한 발상이 될 수 있고, 연수효과는 기업의 생산성 향상으로 이어질 것이며 더 나아가 가족친화문화조성과 더불어 사회적 건강증진에도 기여할 것이다.

4) 가족돌봄지원서비스영역

가족돌봄지원서비스 사업은 가족의 돌봄 공백을 지원함으로써 건강한 가정생활을 영위하도록 돕기 위한 것이다. 또한 지역사회 자원을 활용하여 지역사회 네트워크 중심의 가족돌봄서비스를 지원하는 것이다.

➡ **가족돌봄지원서비스영역에서의 FAT 적용을 위한 제안 :**

○ **우리 동네 가족 품앗이 :**
부녀회나 자모회 등 활동이 가능한 대상자를 중심으로 놀이차원의 FAT를 훈련하여, 품앗

---

18) 「새샘(3SEM)운동」은 건강하고(Smart), 즐겁게(Smile), 나누는(Shareing) 음식문화운동으로 청주시건강가정지원센터가 모든 국민이 3SEM하여 건강한 개인, 행복한 가족, 더불어 사는 사회를 만들고자 (주)농심의 후원으로 전개한 사업이다. 모든 생명의 시작은 새싹으로서 "새"와 힘과 생명의 근원지인 "샘"이 어우러져 우리 먹거리를 제대로 알고, 바르게 먹고, 함께 나누자는 "한국의 식양(食養)운동"이다.

이 형태로 돌아가며 취학 전 아동의 육아품앗이, 취학 아동의 놀토·임시휴교·방학 시에 가족돌봄지원, 조손가정이나 한부모 가족의 돌봄지원을 할 수 있다. 특히, 이때 식재료도 생명체임을 교육하는 것이 필요하다. 예를 들어, 땅에서 자란 식재료는 흙, 물, 바람, 햇볕, 농부의 정성 등을 거쳐 그 재료의 구성성분이 되는 것이다. 즉 하나의 식재료는 농부가 땅에 씨를 뿌려 자연과 어우러지며 싹이 트고, 줄기와 뿌리가 자랐으며, 농부의 손을 거쳐 내게 온 생명인 것이다. 이들 생명교육을 인간과 자연에게 확대함으로써 인간존중의식 및 생태계와 지구사랑, 우주사랑으로 발전시켜 갈 수 있다.

5) 통합서비스영역

가족통합서비스 사업은 보다 특수한 가족의 기능강화를 위한 것이다. 즉 가족기능 강화의 요구가 있는 다양한 가족유형 중 지역적 특성에 맞는 대상을 선정하여 교육, 상담, 문화가 포함된 통합서비스를 제공함으로써 건강한 가정생활을 영위하도록 돕는 것이다.

▷ 통합서비스영역에서의 FAT 적용 예 :

○ 교통사고 피해가족 심리안정 지원서비스<그림 10참조>

〈그림 10〉 교통사고 피해가족의 FAT 창작활동 장면

- 교통사고 피해가족들이 "푸드"라는 매체를 통해 보다 수월하게 마음을 열 수 있었고, 비슷한 경험의 가족들이 모이면서 지지리더를 발굴할 수 있었다. FAT로 가족의 이미지, 소망을 표현하고 더 나아가 현재의 갈등을 표출하며 부정적 감정을 발산할 수 있었고 그간의 문제점이 상당부분 완화되거나 해소되었다. 더 나아가 일상생활에서도 가족의 행복과 성공을 이룰 수 있는 희망과 용기를 얻게 되었다.

6) 정보제공 및 지역사회연계영역

정보제공 및 지역사회연계 사업은 지역네트워크 활성화와 정보제공을 위한 것이다.

▷ **정보제공 및 지역사회연계영역에서의 FAT 적용 예 :**
○ 정보제공 및 지역사회연계를 위한 FAT 응용<그림 11 참조>

<그림 11> FAT 산업을 구상한 창작품

- 지역네트워크 활성화와 정보제공의 장을 여는데 "푸트"를 매체로 활용한다. 놀이차원의 이벤트를 열 수도 있고, 힐링을 테마로 주기적인 교육과정을 운영할 수도 있으며, 좀 더 적극적으로 FAT를 산업화할 수 있다. 더불어 이에 겸하여 정보교류, 정보제공 및 지역사회연계 사업도 전개한다.

3. 향후 전망

1) 가족의 생활교육, 교양교육으로서의 FAT

푸드의 친숙함, 위로기능 등을 잘 활용하여 일상생활교육이나 교양교육을 진행하며 자연스럽게 치유효과를 얻을 수 있다. 푸드의 본질을 기억하고, 교감을 나누는 것만으로도 무디어진 원시적 감성을 일깨우며, 대자연의 섭리를 습득할 수 있다.

우리선조들의 삶 속에는 그러한 일면들이 곳곳에서 드러난다. 예를 들면 아침 식사 때 오순도순 밥상머리 교육의 한 대목으로 속담을 통해 사계절의 기온과 관련지어 각 음식의 섭취 및 보관법을 가르쳤다. 사계절을 아우르는 음식 속담의 예로 "밥은 봄같이 먹고, 국은 여름같이 먹고, 장은 가을 같이 먹고, 술은 겨울같이 먹어라"는 밥은 따뜻하게, 국은 뜨겁게, 장은 서늘하게, 술은 차게 마셔야 한다는 것을 운치 있게 설명한 것이다. "가을비는 떡비요, 겨울비는 술비"는 우리 조상의 생활상이 담겨 있는 것으로 곡식이 넉넉한 가을에 비가 오면 떡을 해먹으며 쉬고, 겨울에 비가 오면 술을 마시며 보낸 정겨운 풍경이 그려진다. "2월 가자미 놀던 뻘 맛이 도미 맛보다 좋다"는 가자미가 음력 2월께 가장 맛이 뛰어나다는 것을 뻘 도미에 빗대 문학적으로 표현(중앙일보, 2010년 11월 19일자)한 것이다.

안병수(후델식품건강연구소 소장)는 자연의 섭리를 역행한 식품을 먹으면 고혈압, 비만, 당뇨, 퇴행성 질환, 저혈당 등의 발생위험이 가중된다고 한다(충청리뷰, 2010년 11월 19일자). FAT는 식품의 본질을 먼저 고려하므로, 자연스럽게 자연의 섭리를 습득하고 따르도록 안내한다. 이에 더하여 FAT과정에 각종 생활상식이나 교양적인 내용이 자연스럽게 가미되어진다면 매우 탁월한 생활교육 및 교양교육수단이자 방법이 될 것이다.

2) 아름다운 가족문화 조성으로서의 FAT

아름다운 가족문화를 조성하고 건강가족을 유지하며 관리하기 위한 프로그램의 일환으로 FAT를 운영할 수 있다. 또한 FAT운영에서 발굴된 창작품들에 대해 다양한 활용방안을 모색하면 부가적인 효과를 얻을 수 있다. 예를 들어 창작품의 스토리를 다른 가족들에게 전파할 수 있는 기회를 갖는다. 스토리북을 만들어 보급하거나 관련 작품들의 전시회를 열기도 하고, 감성을 자극하는 좋은 사진은 콘테스트가 끝난 후에도 자원으로 활용할 수 있다. 그리고 우수 창작품에 대해서는 치하하고 포상을 통해 창작기회 및 더 큰 발전을 위해 동참할 수 있도록 동기를 부여할 수 있다.

FAT를 통해 가족구성원의 감성이 개발되고 편안하고 안정된 가정 분위기를 조성하게 되면 가족이 연대감을 느낄 수 있고, 가족구성원의 성장과 건강에도 중요한 생활환경이 된다. 더 나아가 가족원의 역량강화로 이어지고, 사회에 긍정적인 기여를 할 수 있으며, 궁극적으로 밝은 사회 문화조성에도 일조를 할 수 있다.

3) 개인의 내적성장 및 치유로서의 FAT

FAT는 푸드를 활용한 놀이 또는 아트가 기본이다. 놀이로서의 FAT는 즐거움을 주고 다양한 창작활동이 가능하며, 결과적으로 감성개발, 창의성 증진과 더불어 작품완성을 통한 성공 경험을 제공한다. 이런 경험은 '할 수 있다'는 자신감으로 이어지고, 이러한 긍정적 정서는 삶의 다른 영역에도 바람직한 방향으로 영향을 미친다. Baumgardner와 Crothers는 긍정적 정서는 우리들의 시야를 넓혀주고, 부정적 정서의 효과를 상쇄시키며, 탄력성을 고양시키고, 정서적 웰빙을 향상시킨다(안신호 외 공역, 2009)고 보았다. 또한 그 과정에서 치료자의 적절한 역할이 더해져 내적성장 및 치유가 깊어진다.

⇨ 개인의 내적성장 및 치유로서의 FAT 적용 예 1:

○ TV 드라마 속 등장인물의 마음 읽어주기<그림 12 참조>

〈그림 12〉 드라마 등장인물에 대한 공감훈련 창작품

- TV 드라마 "아내의 유혹" 중에서 정신지체인 '하늘이 고모'의 심리상태를 묘사해보고 더 집중 탐색하며 공감하는 시간을 가졌다. 주 내용은 사랑하는 사람이 있는데, 상대집안이 원수 집안이어서 결혼반대에 직면해 있고, 사랑을 이루지 못하는 상황이어서 안타깝고 불안한 마음을 나타내었다.
- ⇨ 느낌 : 사람의 마음을 푸드라는 매체로 표현하며 그것들에 대해 이해해 가는 과정이 신기했고, 자기이해의 폭도 넓어짐을 느꼈다. 자신의 마음도 표현해 보고픈 욕구가 생겼다.

⇨ 개인의 내적성장 및 치유로서의 FAT 적용 예 2 :

○ 책과 함께 하는 FAT

FAT는 어떤 것과 통합하여 운영하더라도 잘 융합될 수 있어서 특별히 충돌이 일어나지 않는다. 동화책 등에서 전하고자 하는 중요한 가치를 창작으로 풀어내며, 책과 함께 FAT를 운영하고 독서활동도 겸할 수 있다. 예를 들면, FAT의 강점과 독서의 이점을 잘 반영하여 "책과 함께 하는 요리여행", "책과 함께 하는 푸드아트", "책과 함께 하는 FAT" 등의 프로그램을 운영할 수 있다.

4) FAT 산업 : 푸드·푸드아트·푸드아트테라피 연동

FAT 산업의 일환으로 푸드·푸드아트·푸드아트테라피를 연동하는 방안을 모색해 볼 수 있다. 예를 들면, 푸드·푸드아트·푸드아트테라피 투어리즘을 운영할 경우 식재료 생산현장, 식품가공 현장, 식문화 연구 등 각 산업마다 푸드, 푸드 아트, 푸드아트테라피를 연동함으로써 보다 소비자 친화적으로 산업을 운영하며 심신의 건강을 증진할 수 있다. 특히 웰빙에 대한 많은 사람들의 관심에 부응하여 팜스테이나 웰빙관광에 각각의 운영취지에 맞는 FAT를 포함하여 가치를 살리고, 체험의 즐거움은 증대하며 더 나아가 농어촌의 관광소득 증대로 이어갈 수 있을 것이다.

⇨ FAT 산업에서의 FAT 적용 제안 :

○ 마늘의 재탄생 : 단양 마늘, 의성 마늘의 생산 현장이나 지역에서 응용 가능〈그림 13참조〉

〈그림 13〉 마늘의 재탄생 창작품

① 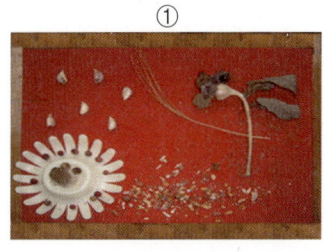 ②  ③

① 마늘의 항암효과를 나타낸 작품(스토리가 있음) : 문늘(문어+마늘)에게 암 덩어리가 생겨 공격받는 상황인데 마천(마늘천사)의 도움으로 암덩어리를 물리치고 활력을 얻어 희망을 안고 살아간다는 스토리 ② 갈릭스테미너를 나타낸 작품 : 노란 선 밑은 마늘이 땅에 심겨져 있는 상황이며, 위에는 마늘이 요리로 재탄생하여 육체적 스테미너와 기운을 상승시켜 주고 있는 모습을 그려냄(다른 한편으로는 밑에는 무의식, 위에는 의식적으로 발전된 모습을 드러냈다고 함) ③ 11월의 크리스마스를 나타낸 작품 : 가족이 함께 하는 따뜻하고 사랑스런 분위기를 묘사함 ⇨ 전반적 느낌 : 든든. 뿌듯. 성취감. 색다름

FAT 적용 예에서처럼 지역 특산물(보은 대추, 상주 곶감, 괴산 고추, 금산 인삼 등), 향토음

식(전주비빔밥, 춘천닭갈비막국수, 임실치즈 등), 지역축제(영동포도축제, 충주사과축제, 이천쌀축제, 경주떡축제 등) 등과 연계하여 FAT 문화축제나 산업을 통해 확산시켜 나갈 수 있다.

5) 각 기관 및 단체에서 활용 가능한 FAT

FAT는 다양한 기관 및 단체에서 각 특성에 맞게 응용하여 활용할 수 있으리라 사료된다. 몇 가지 활용 가능한 방안을 제시하면 아래와 같다.

- **어린이집, 유치원, 청소년 수련관, 복지관, 백화점 문화센터** : 부모와 자녀, 또는 가족이 함께 하는 푸드아트, 또는 푸드아트테라피를 운영할 수 있다. 실제로 청주시청소년수련관과 청주시청소년지원센터의 경우 조주영과 김민정에 의해 2001년부터 개발되어 꾸준히 운영해 오던 "요리치료"프로그램을 발전시켜, 지난 2007년에 청소년활동진흥법 제 35조에 근거한 수련활동 인증프로그램(명칭: 만듬사랑 나눔사랑 맛짱사랑)으로 인증 받은 바 있다(조오숙, 2009). 그 이후 프로그램 내용과 진행과정에 더욱 공신력을 실어 아동 및 청소년들에게 수시로 수련활동 프로그램으로 요리치료(FAT)를 활용하고 있다. 만약 백화점 문화센터 등에서 FAT를 적용한다면 기존의 요리교실이나 쿠킹 클래스에 추가하여 운영할 수 있다.

- **노인대학, 아파트 노인정, 노인전문요양병원** : FAT는 부담 없이 오감을 자극하고, 흥미와 즐거움을 더해주는 과정이어서 노인들의 건강유지와 증진에도 매우 탁월한 수단이 될 수 있다. 예를 들면, 삼락회(원로교육자들의 모임) 등 역량 있는 노인들에게 FAT를 적용할 경우 심신의 건강유지 및 관리에 큰 도움이 될 수 있을 것이다. 더 나아가 훈련받은 삼락회 회원들이 자라나는 아동이나 청소년들에게 인성교육의 일환으로 FAT를 적용하는 방안도 고려해 봄직하다.

- **각종 전시관, 미술관, 박물관** : 각 성격에 맞게 테마를 정하여 음식놀이 차원의 체험교실을 운영함으로써 프로그램의 다채로움과 더불어 방문객들의 즐거움을 증진할 수 있다.

- **휴식, 웰빙 관련 업종** : 각종 휴식, 웰빙 관련 업종에서 FAT를 응용하여 휴(休)개념의 패키지 프로그램을 운영할 수 있다. 예를 들면 FAT를 스파나 스포츠 등과 연계하여 프로그램화 할 수 있을 것이다.

- **병원** : 환자들을 대상으로 보완대체프로그램의 일환으로 FAT와 음식의 성분을 고려한 음식치료를 병행하여 운영할 수 있다.

이처럼 FAT는 여러 영역에서 친화적으로 응용하여 활용할 수 있다. 앞으로 FAT를 활용하고 있는 현장실무자나 학자들이 관심을 갖고 더 건설적으로 적용방안을 모색한다면 무궁한 발전과 긍정적 파급효과가 지대할 것으로 예상된다.

6) 다양한 분야에서 효과 검증된 FAT

현재 FAT는 학교, 사회복지관, 병원, 상담센터, 기업체, 관공서 등 다양한 분야에서 활용되고 있으며, 매우 큰 호응과 긍정적인 평가를 받고 있다. 그러나 이에 비해 학술적으로 연구 발표된 것은 몇 건 되지 않는다. 지금까지 국회도서관 통합검색 결과로 알 수 있는 FAT 관련 국내연구로는 학위논문이 4건, 학술지 1건, 단행본 1건, 도서 1건이 전부다(http://www.nanet.go.kr, 검색어: 푸드아트테라피). 국회도서관 자료실에 보고된 푸드아트테라피를 활용한 연구물 중 연구(학위)논문을 중심으로 그 내용을 정리하면 아래와 같다.

① 청소년의 자기효능감과 대인관계 향상(김혜진, 2009)

김혜진(2009)은 이정연이 개발한 FAT이론을 토대로 3단계(자아찾기, 긍정적 사고의 전환, 긍정적 사고의 확장), 10회기의 프로그램을 구성하여 청소년들에게 운영한 결과, 청소년의 자기효능감($p<.01$), 대인관계 향상($p<.01$)에 효과가 있는 것으로 나타났다.

② 청소년의 학교생활적응 및 자기효능감 향상(김양희, 2009)

김양희(2009)는 학교생활 부적응 청소년을 대상으로 10회기의 FAT 프로그램을 운영한 결과 학교생활적응($p<.001$)과 자기효능감 향상($P<.01$)에 효과적임을 입증하였다. 연구자는 FAT가 놀이와 예술 활동을 통합한 새로운 개념의 테라피로서 과정 참여에의 저항감을 줄이고 참여도를 높이며 작품 활동을 통해 자신의 내면 상태를 시각화할 수 있다는 점에서 자기이해, 수용, 통찰이 용이한 것으로 평가하였다.

③ 노인의 우울과 자기효능감 향상(한수연, 2009)

한수연(2009)은 주간보호센터 노인을 대상으로 FAT 프로그램을 운영한 결과 노인의 우울

감소(p<.05)와 자기효능감 향상(p<.01)에 유의한 효과가 있는 것으로 나타났다. 전반적으로 프로그램에 참여한 노인들의 삶에 대한 불만족도, 무기력감, 기운저하와 의욕상실 등의 문제가 긍정적으로 변화하였다.

④ 가정폭력 피해여성의 우울과 자아 존중감 회복(이상월, 2010)

이상월(2010)의 연구에 따르면, 푸드아트테라피가 가정폭력피해여성의 우울을 감소시키고 자아존중감을 향상시키는 것으로 나타났다. 즉 우울의 하위요인들(죄책감 및 자기혐오, 부정적 자기상 및 신체적 측면, 정서적인 표현 및 부정적 인지)의 감소와, 자아존중감의 하위요인들(일반적 자아존중감, 사회적 자아존중감, 가정적 자아존중감)의 증가를 나타냈다.

그 밖에 국회도서관 자료실에 보고되어 있지는 않지만, 푸드아트테라피(연구자는 "푸드아트놀이"로 지칭하였는데, 이는 푸드아트테라피에 포함된다고 볼 수 있다)와 다른 기법을 혼용하여 연구한 학위논문으로 김보미(2010)의 연구가 있다. 김보미는 FAT가 아동의 정서순화 및 공격성 완화에 효과가 있는 것으로 보고하였다. 즉 빈곤가정 아동을 대상으로 단기간의 정서순화예술놀이 프로그램(유리드믹스 음악놀이와 푸드아트 놀이를 중심으로)을 실행한 결과 아동의 공격성이 유의하게 감소한 것으로 나타났다. 연구자는 프로그램 개입과정에서 놀이형식을 통해 아동이 자유롭게 내적 요인, 가족관계, 또래관계, 학교생활 등을 표현하도록 하였다. 무엇보다도 대상자들이 부담 없이 놀이과정에 참여할 수 있도록 촉진하고 결과적으로 카타르시스를 경험하며 정서순화와 공격성 완화의 긍정적인 결과를 가져온 것으로 분석하였다.

이러한 연구결과들을 토대로 해서 볼 때 FAT가 전 연령대, 다양한 문제 영역에서 활용될 수 있음을 알 수 있다.

III. 나오는 글

우리는 다양성을 존중하고 수용해야 하는 시대와 사회에 살고 있다. 변화의 물결은 지속되고 있고, 그 물결을 주도하거나 발맞추어 살아가는 사람들이 있는 반면, 변화에 적응하기 위해 숨 가쁘게 쫓는 사람, 변화의 흐름과 자신의 현실에 대한 격차가 너무 크다고 지각하여 과한 부담을 느끼고 아예 흐름을 따르기를 거부한 사람, 심지어는 제대로 자각하지도 못하는 사람, 또는 자연주의 삶을 표방하며 살아가는 사람 등 여러 부류의 사람들이 함께 공존하고 있다. 다양한 부류의 사람들이 이러한 변화에서 어느 위치에 있고 어떤 부류의 삶을 살아가든지 간에 대부분 행복하게 살고자 하는 공통된 소망이 있다. 그러나 이러한 공통된 소망과는 달리, 상당수의 개인과 가정의 현실은 어려움과 난제들로 힘들어하며, 그것들로부터 벗어나기 위해 전문적인 조력을 필요로 한다.

건강가정지원센터는 이러한 요구와 필요성이 반영된 것으로, 지금까지 그래왔듯이 앞으로도 전문적 역할과 기능 수행이 기대된다. 본 연구는 "건강가정지원센터에서의 FAT"라는 주제를 통해 FAT가 건강가정지원센터의 역할과 기능수행에 잘 활용된 사례들의 정보를 제공하여, 보다 많은 관계자들과 공유하려는 것이었다. 또한 FAT를 활용한 사업의 타당성을 검토하고, 더 나아가 발전적인 방안을 모색하는 것이었다.

이를 위해 전국 건강가정지원센터에서 현재 중점적으로 운영되고 있는 6개의 주요 사업영역을 중심으로 FAT 관련정보와 사업의 타당성, 앞으로의 발전방향을 모색하였다. 그 결과 기 운영된 사업과정에서는 상당한 성과가 있었으며, 앞으로 지속운영이나 더 발전적으로 확대 운영하는 것에 대해서도 매우 희망적이다. 앞으로 가족관련 전문사업주체로서 건강가정지원센터에서의 FAT와 가족의 건강과 행복을 위한 전문조력 수단이자 방법으로의 FAT의 발전을 위해 다음과 같은 사항을 제언하고자 한다.

첫째, FAT는 훈련된 전문가에 의해 운영되어야 한다.

특별한 경우(일반적인 식사가 어려운 환자 등)를 제외하고 누구나 매일 음식을 섭취하며 살아간다. 또한 음식은 오감을 충족할 수 있는 매우 즐겁고 친숙한 주제여서 누구 할 것 없이 호감을 가질 수 있다. 이런 이유로 훈련받지 않은 사람이나 얕은 훈련만을 받은 비전문가가 무분별하게 오용하거나 변용되어질 가능성이 크다. FAT의 오용과 변용에 따른 부정적 파장은 FAT를 필요로 하는 사람들의 접근을 어렵게 할 것이며, FAT의 건전한 성장과 발전을 저해할 것이다. 그러므로 이러한 폐단이 생기지 않도록 사전에 예방하는데도 관심을 모아야 할 것이며, 치료자는 치료자로서의 윤리규정을 준수해야 할 것이다.

둘째, FAT의 핵심주제인 푸드의 본질과 가치를 살리고 가능한 자연친화적인 방법이 강구되어야 할 것이다.

"치료"라는 미명하에, 푸드의 본질이나 가치를 훼손하거나 환경을 오염시키는 것은 최소화하여야 한다.

셋째, FAT는 다문화가족의 심리적 고충 해소와 적응력 향상에도 탁월한 수단이 될 수 있다.

국내 다문화가족의 수가 해를 거듭할수록 증가추세에 있다. 이들 다문화가족들이 적응해 가는 과정에서 겪는 다양한 심리적 어려움을 FAT로 풀어내고 치유해 갈 수 있으며, 또 그들을 훈련하여 다른 다문화가족이나 이웃들과의 상생방안을 모색할 수 있다. 더 나아가 FAT가 국제적으로 성장하고 발전해 가는데도 힘을 모을 수 있을 것으로 예측된다.

넷째, FAT를 활용하고 있는 현장전문가나 학자들의 적극적인 연구가 함께 수행되어야 할 것이다.
아직은 FAT가 다른 치료법에 비해 역사가 짧아서 그 활용도나 관심에 비해 효과를 검증하는 연구 자료가 매우 미흡하다. 상담 및 치료사례 연구, 프로그램 개발연구, 프로그램을 시행한 결과에 대한 효과검증 연구, 타 분야에서의 통합적 활용방안 연구 등 다양한 연구의 개진이 필요하다.

※ 참고문헌 및 자료

고현(2009), 갱년기 우울증에 걸린 부부의 사례, 한국푸드아트테라피학회 학술대회 자료집, 37–47. 건강가정기본법 제 35조, 건강가정지원센터의 설치.
경향신문(2002. 2. 24), 요리 통해 마음 상처 치유.
김경섭 역(1998), 성공하는 가족들의 7가지 습관, 김영사.
김보미(2010), 정서순화예술놀이가 아동의 공격성에 미치는 영향: 유리드믹스 음악놀이와 푸드아트 놀이를 중심으로, 숙명여자대학교 정책·산업대학원 석사학위논문.
김혜진(2009), 푸드아트테라피 프로그램이 청소년의 자기효능감과 대인관계에 미치는 효과, 목포대학교 대학원 석사학위논문.
동아일보(2002. 2. 26), 요리로 상처받은 마음 치료해요.
송혜림, 성미애, 진미정, 이승미(2005), 건강가정 개념에 대한 논의. 한국가정관리학회지, 23(6), 179–190.
이선형, 임춘희(2009), 건강가정론, 학지사.
이상월(2010), 푸드아트테라피가 가정폭력 피해여성의 우울과 자아존중감 회복에 미치는 영향, 배재대학교 행정심리대학원 석사학위논문.
이정연(2006), 푸드아트테라피, 도)신정.
_____(2008), 푸드아트테라피의 이해, 한국푸드아트테라피학회 학술대회 자료집. 25–32.
조오숙(2009), 요리와 상담이야기. 청주시청소년지원센터(청주시청소년수련관).
조주영, 김민정(2002), 퓨젼 요리와 상담, 청주시청소년상담실(청주시청소년수련관).
주식회사 친친가족문화원 리플렛(2010). 푸드아트테라피.
중앙건강가정지원센터(2007), 「2007 가족상담 전문교육」자료집.
중앙건강가정지원센터(2009), 2009 전국건강가정지원센터 연간사업실적보고서.

중앙건강가정지원센터(2010), 전국건강가정지원센터 현황(10월말 현재).
중앙일보(2010. 11. 19), "꽁치는 서리 내려야 제 맛" 조상님은 이미 아셨던 거죠.
청주시건강가정지원센터(2009), 내부운영자료집.
_____(2010), 내부운영자료집.
충청리뷰(2010. 11. 19), 연지벌레 갈아 만든 딸기유유 드셔보실래요?.
한국일보(2002. 2. 3), 요리로 마음의 상처 고쳐요.
Baumgardner, S. R & Crothers, M. K.(2009) ; 안신호, 이진환, 신현정, 홍창희, 정영숙, 이재식, 서수균, 김비아 공역(2009), 긍정심리학, 시그마프레스.
CJB 청주방송 "행복한 아침"(2003. 3. 18). 요리와 상담이야기.

※ 참고 웹사이트

http://www.familynet.or.kr(중앙건강가정지원센터)
http://www.nanet.go.kr(국회도서관)

2 FAT프로그램이 대학생의 긍정심리성향에 미치는 효과
(조주영, 2012)[13]

I. 서론

1. 연구의 필요성 및 목적

최근 우리사회에도 "웰빙"이 주요한 관심사로 떠오르고 있으며, 행복한 삶을 사는 것이 심리적 장애를 예방함과 더불어 웰빙을 위한 최선의 방법이라는 깨달음이 확산되고 있다(조주영, 김남진, 2009). 지난 2009년 10월 제3차 경제협력개발기구(OECD) 세계포럼은 행복에 대한 관심과 필요성을 반영한다. "발전 측정의 새로운 패러다임"이라는 주제로 진행된 이 포럼에서

---

19) 본 논문은 한국푸드아트테라피학회에서 발간하는 푸드아트테라피 창간호에 게재된 것임.

는 국내총생산(GDP)으로 측정되는 경제적 성과를 넘어서 인간의 행복을 종합적으로 평가할 수 있는 새로운 지표를 모색하기 위하여 많은 논의가 이루어졌다. 'GDP'에 짓눌린 국민을 "성장의 감옥"으로 비유하며, 삶의 질·평등에 초점을 맞춘 "행복 GDP"개발에 관심을 보였다. 경제적 성장만으로 인간이 행복해지지 않았다는 자각을 통해 발전의 목표를 행복에 둬야 한다는 인식으로 전환하였다(한겨레 21, 제784호).

한국보건사회연구원에 따르면 30개 경제협력개발기구(OECD)가입국 중 우리나라의 종합복지지수가 26위이며, 그 중에서 주관적 행복도가 25위이다(연합뉴스, 2011년 3월 28일자). 또한 최근 취업포털 잡코리아에서 국내 4년제 대학생 810명을 대상으로 행복지수를 조사한 결과 100점을 기준으로 하여 평균 56점이었고, 스트레스 지수는 70점으로 나타났다. 특히 지방사립대의 경우 행복지수는 54.5점으로 가장 낮았고, 스트레스지수는 71점으로 가장 높았다(경향신문, 2011년 5월 23일자). 또한 아르바이트 포털 알바천국이 전국 대학생 남녀 1945명을 대상으로한 대학생 행복지수 조사 결과에서는 전체의 56.7%만이 평소에 행복하다고 생각하는 것으로 나타났다(한국경제, 2010년 9월 30일자).

우리나라 「헌법」에서는 "모든 국민은 인간으로서의 존엄과 가치를 가지며, 행복을 추구할 권리를 가진다(제 10조)"라고 규정하여, '행복추구권'을 보장하고 있다(이병태, 2011). 행복은 개인의 행동 및 적응과정에 귀중하고 요긴한 기능을 하며 개인의 삶에서 가장 중요한 목표로 인식되고 있다. 그럼에도 "행복"이라는 주제가 교육학, 심리학, 사회학, 상담학, 사회복지학 등의 학문분야에서 연구주제로 두드러지게 부각되는 것은 그 역사가 짧다. 행복을 비롯하여 인간의 성격적 강점 및 덕성 등에 대해 과학적 연구방법론을 적용하여 집중적으로 연구함으로써 긍정심리학이라는 새로운 학문분야로 태동한 것이 10여년 역사에 불과하다.

Seligman(2004)은 심리학이 지난 50여 년간 정신질환이라는 주제에 치중하느라, 상대적으로 삶의 긍정적 가치를 부각시키는 노력에 소원하였음을 지적하고 긍정심리학의 발전방향 모색을 강조하였다. 한편, 긍정심리학의 태동에 대한 시기는 학자에 따라 다른 관점을 보이고 있다. 문용린(2009)은 미국과 영국의 심리학계를 중심으로 긍정심리학이라는 이름하에 행복 측정 도구를 계발하여 행복에 영향을 미치는 요인을 다각적으로 탐색해 온 것이 20여년의 역사를 갖는다고 본다. 그러나 긍정심리학의 주요주제인 인간의 강점을 계발하고 재능을 키우는 일의 중요성과 필요성이 새롭게 제기되고 관심제고로 이어진 것은 10여년의 역사로 보는 것이 보편적이다(권석만, 2008; 생활심리 2006, 2007, 2009; Baumgardner & Crothers, 2009; Compton, 2005; Hoggard, 2005).

긍정심리학은 이론과 실제, 연구와 실천, 분석과 개입 모두에 관심을 갖는다. 인간의 삶을 좀 더 행복하고 풍요롭게 하기 위한 긍정심리학의 연구주제는 매우 광범위하다. 그렇지만 긍정심리학의 세 기둥으로 불리며 주로 초점을 맞추고 있는 주제는 긍정상태, 긍정 특질, 긍정기관에 대한 것이다(권석만, 2008). 긍정적 심리상태는 인간이 주관적으로 경험하는 긍정정서(행복감, 안락감, 만족감, 사랑, 친밀감 등)를 비롯하여 자신과 미래에 대한 낙관적 생각, 희망, 열정, 활기, 확신 등을 포함한다. 긍정적 특질은 개인이 지속적으로 나타내는 긍정적 행동양식이나 탁월한 성품과 덕목(창의성, 지혜, 끈기, 진실성, 겸손, 용기, 열정, 리더십, 낙관성, 유머, 영성 등)을 의미한다. 긍정적 기관은 가족, 학교, 직장, 지역사회 등 인간이 속한 조직이 어떠한 조건과 기능을 갖추는 것이 구성원이 최고로 행복할 수 있을 지에 대한 방안을 탐색하고자 한다.

지금 우리나라의 현실도 "긍정의 힘"이 절실히 필요하다. 현대인들은 물질적 풍요에 비해 정신적 빈곤과 가치관의 혼란이 우려되는 수준인데, 거기다가 복잡한 사회를 살아가며 늘어나는 스트레스로 문제가 가중되고 있다(기현정, 2011). 특히 대학생은 청소년기와 성인기의 중간단계에 위치하며 입시위주의 중고등학교 교육체제에서 수동적으로 생활하다가(최숙경, 이현림, 2006) 대학생으로서의 자율적이고 능동적인 역할을 갖추지 못한 상태에서 전공학습, 가치관 혼란, 대인관계, 취업진로 문제 등의 다양한 스트레스 요인에 직면하여 적응상의 어려움을 겪고 있다(장현갑, 1996). 대학생활의 적응은 매우 다차원적 현상으로 다양한 종류의 요구들에 적절히 대처할 수 있는 지에 따라 달라진다(김재은, 이은순, 강순화, 1997). 이런 현실에 대한 대안 중의 하나로 "긍정의 힘"이 떠오르고 있다.

긍정적 정서는 스트레스를 중재하여 심리적 안녕감에 긍정적 기여를 한다(김소희, 2004). 일부 대학생들은 최근 인기리에 방영되었던 KBS 2TV 수목드라마「영광의 재인」에서 "절대 긍정 간호조무사" 재인의 역에 대해 과도한 긍정이 현실성이 없어 보이기는 하지만, '닮고 싶다', '긍정의 마인드가 인생에 필요한 것 같다'는 의견을 표현하였다(조주영, 2011b). TV 기업광고에서 "긍정의 메시지"를 담은 내용이 트렌트가 되고 있는 현상은 우리의 어려운 현실을 반영한 것으로 보인다. 현대그룹의 "나는 누구일까요? (중략) 나는 긍정입니다"의 시리즈 광고(패션쇼 편, 계단편, 드라이브편)는 불편과 당황을 긍정으로 극복하는 과정을 그린 내용을 담아 실생활에서의 긍정 실천법을 전하고 있다. 마케팅 분야에서도 긍정과 희망의 메시지를 담은 H.O.P.E 마케팅이 눈길을 끌고 있다. 즉 건강한(Healthy), 긍정적인(Optimistic), 평화적인(Peaceful), 친환경적인(Eco)을 주제로 한 희망(H.O.P.E) 마케팅은 삶에 지쳐 있는 이들에게 소소한 일상의 행복을 되돌아봄과 동시에 다시 힘을 낼 수 있는 용기를 북돋아 준다. 또한 얼마 전 MBC 무한도전에서 개그맨 유재석과 가수 이적이 함께 부른 '말하는 대로'라는 노래가 젊은 층 사이에서 공감을 일으키며 큰 반향을 일으키기도 했다. 이처럼 매스컴에서 전하는

푸드아트테라피

'긍정의 힘'이 불확실한 미래로 불안해하는 대학생들의 마음에 불을 지핀 것이다(프라임경제, 2011년 7월 18일자). "긍정의 힘"을 확산하기 위한 노력은 다방면에서 추구되어야할 절실한 주제이자 과제이다.

푸드아트테라피(FAT: Food Art Therapy)[20]는 푸드예술치료로 지칭되기도 하는데 테라피에 푸드아트를 접목하여 심리치료를 하는 통합적 예술치료이다. FAT는 음식재료 및 식품을 매체로 하여 창의적 놀이와 예술 활동을 통해 자신의 내면세계를 표현하고 긍정적 사고의 전환과 확장을 통해 자아 찾기와 자아초월에 이르도록 한다. FAT는 철학적 배경에 동양적 사유가 있으며, 놀이·교육·문화·예술·상담과 치유를 통합한 새로운 접근으로 개인의 심리·신체·영적인 웰빙을 증진시키는 심리치료이다(이정연, 2008).

실제로 푸드는 우리에게 매우 친숙하고 자연친화적 주제여서 처음 접하는 경우에도 저항감이 적다. 특별히 전문적인 예능교육을 받지 않아도 단시간에 작품을 완성할 수 있는 이점이 있다. 또한 푸드를 통한 창작과정은 클라이언트에게 큰 어려움 없이 성공경험을 제공한다. 푸드는 그 자체가 갖는 탁월성으로 인하여 매우 큰 위로효과가 있으며, 푸드를 활용하여 직접 창작하고 해체하는 경험은 문화적인 욕구충족 이상의 가치를 지닌다. 스트레스 해소, 긴장이완, 자아성장, 문제치유의 효과가 있다. 즉 클라이언트가 창작활동을 통하여 감정을 분출함으로써 상당한 카타르시스와 치유로 이어진다.

이런 점에서 푸드의 치료적 활용은 상승효과를 가져올 것으로 예측된다. 푸드를 활용한 창작활동은 긍정심리학에서 강조하는 몰입(flow)의 측면에서도 그 효과가 뛰어나 치료적으로 연계하기에 수월성을 더해준다. 따라서 FAT가 전문적으로 활용되어질 경우 "긍정의 힘 확산"에도 큰 기여를 할 수 있으리라 기대된다. 그렇지만, FAT에서 진정한 테라피는 치료자의 적절한 개입이 전제되어야 가능한 일이다. 즉 치료자는 클라이언트가 작품을 만들어내는 과정에서 드러낸 증상이나 문제점을 인식하고, 그것을 새로운 관점에서 재구성하도록 조력함으로써 더 큰 통찰과 자각으로 안내하는 것이다. 그리하여 클라이언트의 인지·정서·행동의 변화를 이끌어내는 것이다. 선행연구들은 FAT의 효과성을 입증하기도 하였고, 또 다양한 분야에서 효율적이면서도 질적인 기능을 발휘할 것으로 전망하고 있다(고현, 2009; 김보미, 2010; 김혜진, 2009; 이상월, 2010; 이정연, 2006, 2008; 조주영·문정숙, 2010). 그렇지만 다른 학문분야에 비해 그 역사가 짧고 실증적인 연구가 많이 미흡하다. 특히 FAT와 긍정심리를 다룬 대학생 대상의

---

[20] FAT는 목포대학교 이정연 교수가 2005년도에 동양사상과 한국의 전통문화를 바탕으로 개발한 새로운 심리치료 이론과 기법이다(이정연, 2006).

연구결과는 찾아보기 어렵다. 이러한 현실을 반영하여 본 연구는 FAT프로그램이 대학생의 긍정심리성향에 미치는 영향을 살펴보고자 한다.

이상에서 논의된 연구의 필요성과 목적에 근거하여 본 연구는 다음과 같은 연구문제를 설정하였다.

첫째, 대학생을 대상으로 FAT프로그램을 실시하였을 때, 프로그램 실시전보다 주관적 행복에 미치는 효과는 어떠한가?

둘째, 대학생을 대상으로 FAT프로그램을 실시하였을 때, 프로그램 실시전보다 긍정적 정서에 미치는 효과는 어떠한가?

셋째, 대학생을 대상으로 FAT프로그램을 실시하였을 때, 프로그램 실시전보다 부정적 정서에 미치는 효과는 어떠한가?

넷째, 대학생을 대상으로 FAT프로그램을 실시하였을 때, 프로그램 실시전보다 긍정심리성향에 미치는 효과는 어떠한가?

II. 이론적 배경

1. FAT

푸드는 인간의 생존에 필수불가결한 요소이다. 옛 어른들은 푸드를 생존을 위한 용도 외에 놀이적 요소로 활용하는 것을 금기시하였다. 그리하여 "음식가지고 장난쳐서는 안 된다"는 말이 불문율처럼 지켜져 왔다. William Glasser는 선사시대에는 인간에게 생존의 욕구만이 존재하였으나, 시대가 발달하면서 소속·사랑의 욕구가 분화되고, 이어서 힘·성취의 욕구, 그리고 자유의 욕구 순으로 분화되었다고 주장한다. 여기에 즐거움의 욕구까지 더하여진다(Wubbolding, 2000). 잘 살아가기 위해서는 꼭 생존의 욕구뿐만이 아니라 다섯 가지 욕구 모두가 필요하다. 이런 의미에서 보자면, 인간의 욕구전반을 돌보는 것이 결국 생존을 위한 것이 된다. 시대가 변하고 사회가 변한 현실에서 푸드의 의미와 가치도 새롭게 조명되고 있다. 푸드

푸드아트테라피

가 치료의 수단이 되고 있고, 그 치료를 산업화할 수 있는(조주영 외, 2010) 시대이다. 옛 어른들의 관점을 유지하되 긍정적이고 생산적인 활용방안 모색으로 발전시켜나갈 수 있다. 음식을 가지고 장난을 치는 것이 아니라, 음식으로 위안을 얻고 닫힌 마음을 열 수 있다. 스트레스를 해소하고 긴장을 이완하여 건강해질 수 있다. 상처받은 마음을 치유하고 문제를 해결하여 행복을 실현할 수 있다.

푸드를 활용하는 푸드아트는 하나의 창조활동이다. 김보미(2010)는 푸드아트놀이가 여느 놀이에 비해 아동들의 관심과 집중, 개인의 감정표현과 의사표현에서 월등하다고 보았다. 여기에 테라피를 가미하여 활동의 과정, 내용, 결과물에서 드러나는 그 사람의 욕구(생존, 소속·사랑, 힘·성취, 자유, 즐거움), 감정(분노, 상실, 우울), 사고(합리적, 비합리적, 갈등), 동기, 성격, 스트레스, 상처 등을 적절히 다루어줌으로써 클라이언트를 조력할 수 있다. 창작활동과 치료적 조력은 개인의 정서를 긍정적으로 조율하여 안정되게 이끌고, 어려움을 가진 개인의 증상을 치유하거나 경감되도록 하는 치료수단이 된다. 더 나아가 개인을 더 큰 성숙으로 안내하며 전인적 성장을 촉진한다. 결국 FAT는 진단의 역할과 동시에 치료도구와 수단으로 활용하기에도 매우 탁월성이 있다.

FAT는 클라이언트의 문제가 어떠하든 자아성장에 초점을 둔다. 온전한 자아를 회복하여 자신이 문제를 극복하도록 한다는 점에서 통합적인 목표를 취한다(이정연, 2006). FAT는 언어적, 비언어적 기법을 병행할 수 있다. 비언어적 상징과 비유를 사용하는 예술치료로서의 의미와 더불어 클라이언트와 치료자간의 관계를 형성하고 스토리텔링과 작품의 의미, 새로운 통찰과 이해 등 전 과정은 언어적 기법을 통하여 이루어지는 특징의 면에서도 통합적이다(김보미, 2010). 이정연(2008)은 FAT의 목표로 개인의 생명력과 자기효능감의 회복, 문제에 대한 새로운 인식, 인지·정서·행동상의 긍정적인 변화, 자아성장과 자연치유 능력의 강화, 그리고 전체 체계에서의 상생적인 조화의 취득 등을 들고 있다.

자연주의 테라피를 내세우는 FAT는 개발 이래 빠른 속도로 파급되고 있으며(OSEN, 2010년 5월 27일자) 다양하게 활용되어지고 있다. 몇몇 보도된 내용은 자기성장과 치유를 돕는 활동(중앙일보, 2011년 6월 15일자), 집단상담(강원일보, 2011년 8월 17일자), 희귀난치성 질환을 앓고 있는 아동을 위한 집단프로그램(부산일보, 2011년 7월 28일자), 중증장애인을 위한 심리치료프로그램(경북일보, 2010년 9월 27일자), 부모와 청소년자녀가 함께 하는 집단프로그램(시민일보, 2011년 11월 1일자), 미혼모 대상 집단프로그램(문화일보, 2005년 12월 6일자), 푸드아트테라피를 활용한 독서교실(충남지역인터넷신문, 2011년 3월 18일자), 문화축제의 한 파트로 진행된 프로그램(씨앤비뉴스, 2011년 10월 9일자) 등이 있다.

한편, FAT프로그램이 빠르게 확산되고 있고, 많은 사람들로부터 큰 호응을 받고 있음에도 불구하고 이들에 대한 실증적 연구는 매우 미흡하다. 2011년 11월 현재 FAT관련 연구로 국회 전자도서관에 소장되어 있는 자료 검색결과는 단 5건에 불과하다(http://www.nanet.go.kr, 검색어: 푸드아트테라피). 그 밖에 "푸드아트"로 검색할 경우 4건이 더 확인 된다.

2. 긍정심리

긍정심리학이라는 용어가 공식적으로 사용되기 시작한 것은 1998년 Seligman이 미국심리학회에서 행한 연설이 계기였다. 그 이후 Seligman을 비롯하여 여러 학자들의 노력으로 긍정심리학이 매우 급속도로 확산되고 있으며 현재 학계는 물론 대중들의 뜨거운 관심과 호응을 얻고 있다. 긍정심리학은 정신질환보다는 정신건강에 초점을 둔 새로운 심리학이다. 즉 사람이 어떻게 병에 걸리는지 보다는 어떻게 하면 잘 살 수 있는지에 초점을 두고 있다.

긍정심리학은 과거의 심리학이 인간의 심리적 결함과 장애에만 편향적인 관심을 기울여왔다는 반성 속에서 인간의 긍정적인 측면을 과학적으로 탐구하는 심리학의 새로운 분야이다(권석만, 2008; Baumgardner & Crothers, 2009; Lopez & Snyder, 2003). 즉 긍정심리학의 태동은 그동안 심리학이 인간의 약점이나 결함에 대한 이해를 위해서 다양한 노력을 기울여왔고, 상대적으로 인간의 강점이나 자원에 대한 이해를 위해서는 노력이 미흡했던 점을 인정하고 대두된 시대적 요구와 필요에 의한 것이다(조주영 외, 2009). 긍정심리학에서 주로 관심을 갖는 세 가지 주요연구주제는 긍정상태, 긍정특질, 긍정기관에 대한 것이다. 이 중에서 본 연구는 주로 긍정상태의 요소인 주관적으로 느끼는 행복을 포함한 긍정정서의 요소를 포괄하여 긍정심리성향으로 나타냈다.

행복(Happiness)에 대한 사전적 정의는 "만족감에서 강렬한 기쁨에 이르는 모든 감정 상태를 특징짓는 안녕의 상태"이다. 심리학자 리처드 스키븐스는 행복의 세 가지 요소로 좋은 느낌과 긍정적인 마음, 활기 넘치는 생활, 의미부여(인생에서 가치 있는 선택을 하는 것)를 꼽았다. 행복한 사람은 이 세상을 좀 더 안전하게 느끼고, 더 쉽게 결정을 내리며 훨씬 친화적이다. 또한 남들보다 더 건강하고 활동적인 삶을 영위하며 타인과의 관계나 자신을 바라보는 시각, 그리고 미래에 대해 훨씬 희망적이고 긍정적이다(Hoggard, 2005). 행복한 사람은 불행한 사람에 비해 학교나 직장에서 더 우수한 성취를 보이고, 다른 사람들과 더 좋은 관계를 맺으며, 평균 수명도 더 길었다(Lyubomirsky, King, & Diener, 2005). 영국 BBC의 "슬라우 행복하게 만들기"프로그램은 2005년부터 3개월간 런던 인근의 슬라우 시의 자원자들을 대상으로 "행복학"의 효과성에 대한 실험연구 결과 나온 것이다. 이 프로그램은 행복의 4가지 측면(자기 자신, 관계, 일, 공동체)을 주제로 행복위원회의 진행에 따라 시간 순으로 촬영되었다. 결과는 대성공으로 기록되었다(Hoggard, 2005).

　주관적인 심리상태로서의 행복에 있어서 가장 중요한 요소는 긍정적 정서체험이다. 정서는 외부적 상황에 대한 반응이나 내부적 상태(기억, 상상, 생각 등)에 의해 유발되어 경험하게 되는 느낌이다. 정서는 생리적 반응을 수반하며 행동을 촉진한다. 긍정정서는 인간의 진화, 적응, 생존에 절대적으로 필요한 것이다(권석만, 2008; Buss, 2000). 긍정정서는 개인의 인생이 옳은 행로에 있다는 신호이고 개인이 긍정적 성과를 달성하도록 돕는데 구체적인 역할을 할 수 있다(Lopez & Snyder, 2003). 긍정정서를 경험하는 사람은 더 유연하고 창의적이며 공감적이고 이타적이다(George, 1998). 부정정서는 인간이 처하게 될 위험과 위협에 대응하도록 만드는 적응적 기능을 지닌다. 긍정심리학은 인간의 긍정정서와 부정정서가 서로 독립적이라는 사실을 중시한다. 긍정정서와 부정정서는 서로 다른 심리적 과정과 신경학적 기제에 의해서 유발되며, 그 진화적 기능도 다르다. 부정정서의 제거는 그 자체로 소중한 것이지만 그 결과로 얻게 되는 것은 중립적 정서일 뿐 긍정 정서가 자동적으로 유발되는 것은 아니다(권석만, 2008). Peterson 등(2002)은 비관주의를 약화시키면 부정정서는 감소하지만 긍정정서는 증가하지 않는다고 보았다. 긍정정서는 낙관주의를 강화하여 증가시킬 수 있다(권석만, 2008). 결국 행복감을 증진하려면 비관주의를 약화시켜 부정정서를 감소시키고, 더불어 낙관주의를 강화하여 긍정정서를 고양시키는 것이 필요하다.

　결론적으로 긍정심리는 긍정적인 주관적 경험과 긍정적 특성 및 그것을 촉진하는 것이다. 긍정심리는 웰빙과 기능최적화와 관련되며 고통을 완화시킬 뿐만 아니라 행복으로까지 확장시킨다(Duckworth et al., 2004).

3. FAT와 긍정심리

　FAT와 긍정심리에 대해 직접적으로 다루어진 선행연구는 찾아보기 어렵다. 또한 다른 주제의 FAT관련 연구조차 많지 않다. 그렇지만 이에 대한 향후 전망이 매우 밝아 앞으로 다양한 연구물들이 쏟아져 나오리라 예상된다. 여기서는 본 연구와 직접 관련은 없을 지라도 기 발표된 다른 주제의 FAT관련 연구를 통해 FAT와 긍정심리의 연관성을 유추해보고자 한다.
　FAT는 분석이나 직면방법을 지양하고 현재에 초점을 두고 있으며, 개인을 둘러싼 場과의 조화를 통해 상생을 추구한다는 점에서 기존의 심리치료와 차이를 지닌다. 또한 창의성 있는 표현활동을 통해 감정표출을 돕고, 그로 인하여 인지와 행동 변화에도 영향을 주어 몸과 마음의 균형을 잡아 자기조절 능력과 면역능력을 보다 나은 상태로 나아가게 한다는 점에서 자연치유 요법의 하나로 볼 수 있다(이정연, 2006). FAT는 공동체의 치유적 특성을 수용하여 개발되었으므로, 개인상담보다는 집단상담의 형식으로 전개되어가는 경향이 많다(이정연, 2010). 청소년대상 연구들을 보면, FAT프로그램이 청소년의 자기효능감 향상과 대인관계 증진에 효과가 있었으며(김혜진, 2009), 학교생활 적응과 일반적 자기효능감 및 사회적 자기효능감 향상에 효과가 있었다(김양희, 2009). 대학생 대상 연구에서도 FAT프로그램이 자기효능감 증가에 영향을 미쳤으며, 특히 하위영역 중 사회적 자기효능감이 향상되고 우울은 감소하는 결과를 보였다(이정연, 2009). 노인대상 연구를 보면, FAT프로그램이 노인의 우울감 감소와 자기효능감의 증진효과를 가져온 것으로 보고되었다. 특히 우울의 하위영역 중 삶에 대한 불만족도, 무기력감, 기운저하와 의욕상실 등이 모두 감소하였고, 자기효능감의 하위영역에서는 일반적 자기효능감이 증가하였다(한수연, 2009). 가정폭력 피해여성대상 연구를 보면, FAT프로그램이 가정폭력피해여성의 우울을 감소시키고 자아존중감을 향상시키는 것으로 나타났다. 특히 우울의 하위요인 중에서 죄책감 및 자기혐오, 부정적 자기상 및 신체적 측면, 정서적 표현 및 부정적 인지가 감소하였다. 그리고 자아존중감의 하위요인에서는 일반적 자아존중감, 사회적 자아존중감, 가정적 자아존중감이 증가하였다(이상월, 2010). FAT의 과정에서 치료자의 적절한 역할이 더해지면 내적 성장 및 치유가 깊어진다(조주영 등, 2010).

이정연(2010)은 선행연구(김혜진, 2009; 김양희, 2009; 한수연, 2009; 이정연, 2009) 분석을 통해 FAT집단상담 과정상의 공통점을 다음과 같이 정리하였다. 즉 참가자들이 마치 어린 시절의 놀이터로 돌아간 것처럼 자연스럽게 자신의 이야기를 끌어냈다. 그 과정에서 자신의 이미지를 투영하는 작품제작이 전개되면서 극적인 저항이나 방어, 직면 등이 없이도 드러난 자신의 참모습을 만나게 되었다. 공동작품을 제작하는 동안에는 집단이 보다 활성화 되어 개인뿐만 아니라 집단전체의 성장도 확인되었다.

이러한 결과들을 종합적으로 검토하여 다음과 같은 결과를 유추해 볼 수 있다. FAT는 상담 초기에 클라이언트와 치료자의 관계형성을 촉진하기가 용이하여 클라이언트가 특별한 자기방어 없이 자발적 참여를 유도하는데 수월하다. 식품은 본능적으로 흥미를 유발하고 위안효과까지 있어, 식품을 매체로 창작해가는 과정에 쉽게 몰입할 수 있어 만족감이 크고 단시간에 작품의 완성으로까지 이어져 성공경험과 더불어 자신의 힘을 확인할 수 있다. 상담의 초·중·후기의 각 과정에서 FAT전문가의 치료적 조력은 클라이언트의 인지·정서·행동 상의 긍정적 변화와 자기성장 및 치유로 스스로를 통합해 갈 수 있도록 안내한다. 결국 FAT프로그램은 행복감 증진과 긍정 정서 확대에 기여할 것으로 예측된다.

긍정적 정서는 우리들의 시야를 넓혀주고, 부정적 정서의 효과를 상쇄시키며, 탄력성을 고양시키고, 정서적 웰빙을 향상시킨다(Baumgardner & Crothers, 2009). 국내 긍정심리연구의 대가인 김인자(용문심리상담대학원) 총장은 행복해지기 위해서는 가능한 자주, 즉각적 만족과 피드백을 받으면 효과적이라고 제안한다. 이러한 측면에서 볼 때 FAT는 그 과정에서 즉각적 만족을 수시로 제공할 수 있는 이점이 있어서 행복증진을 위해서도 아주 좋은 수단이 될 수 있을 것이다. 또한 행복으로 가는 가장 확실한 방법은 공존과 공익의 추구라고 강조한다. 공존과 공익을 추구하는 과정에서 사회적 인간관계를 통해 사람과 사람 사이의 감정적 공명(共鳴)을 이끌고 만족도를 높일 수 있다는 것이다. 공존과 공익은 의사소통을 포함한 사회적 기술의 습득과 연습을 통해 얻어진다. 김인자는 외국의 경우 어려서부터 학교와 가정에서 감사하고, 사과하며, 사랑을 주고받는 것 등의 사회적 기술과 봉사활동을 중점적으로 가르치는데, 한국 사람들은 이에 대한 투자가 매우 부족하다(동아일보, 2011년 5월 14일자)는 점을 지적하였다. 2005년 FAT를 개발한 이정연(2006)은 FAT의 궁극적 목표를 "우주적 감수성을 회복하고 함께 더불어 사는 대긍정의 세계로 나아가도록 하는 것"이라고 하였다(이정연, 2010). 이러한 맥락은 공존과 공익을 포함하는 것이라고 판단되며, FAT가 행복증진은 물론 긍정정서 함양을 통하여 긍정심리성향에 기여하는 방법이 될 수 있음을 지지해 주고 있다.

III. 연구방법

1. 연구대상 및 표집

본 연구의 대상자는 충청남도 소재의 기독교적 특성을 지닌 B대학교에 재학 중인 학생들이다. 사회복지학부에 개설된 특정교과목 수강생 중 희망자가 24명이었으나 지속참여가 가능한 20명을 실험집단으로 하고, 동일 인원의 다른 교과목 수강생 20명을 임의표집하여 통제집단으로 구성하였다.

2. 연구 설계

본 연구는 FAT프로그램이 대학생의 긍정심리성향에 미치는 영향을 알아보고자 하는 것이다. 실험설계는 2집단 사전사후측정 설계로 하나의 실험집단에 실험처치를 가하고, 다른 하나의 통제집단에 실험처치를 가하지 않는 방법의 유사실험설계 방식을 적용하였다〈표 1〉.

FAT 프로그램 실시는 2011년 9월 19일부터 11월 21일까지 매주 1시간 30분가량(단, 12회기는 3시간가량), 총 12회기에 걸쳐 본 연구자가 직접 진행하였다. FAT 프로그램이 시작되기 전에 사전검사를 실시하였으며, 전체 프로그램이 종료된 후 사후검사를 실시하여 사전-사후 간 점수를 비교하였다. 또한 참여자들이 직접 작성한 경험보고서와 평가서의 의미 있는 내용들도 연구에 반영하였다.

〈표 1〉 실험 설계

집단	사전검사	처치	사후검사
GE	O_1, O_2	X	O_3, O_4
GC	O_5, O_6		O_7, O_8

GE: 실험집단　　GC: 통제집단　　X: FAT프로그램의 실시
O_1, O_5: 행복 사전검사　　O_2, O_6: 긍정적 정서와 부정적 정서 사전검사
O_3, O_7: 행복 사후검사　　O_4, O_8: 긍정적 정서와 부정적 정서 사후검사

3. 연구도구

1) 긍정심리성향 함양을 위한 FAT 프로그램

본 연구에서 긍정심리성향 함양을 위해 적용한 FAT프로그램은 선행연구(김양희, 2009; 김혜진, 2009; 이상월, 2009 ; 한수연, 2009; 한수연, 2010)에서 이정연(2006)의 이론을 근거로 프로그램을 개발하여 적용한 것을 참고하여 본 연구자가 재구성한 후, 좀 더 수정하고 보완한 것이다〈표 2〉. 매 회기별 진행과정은 구조화된 방법과 기술을 적용하였다. 즉 ① 그 회기에 주어진 재료의 본질을 느껴본다. 오감을 활용하여 색깔, 감촉, 냄새, 모양, 느낌, 맛, 소리(자극을 가해 봄) 등을 체험하고, 재료와 교감하며 그 경험을 나눈다. ② 그 회기의 주제와 목표관련 과제를 생각하도록 안내하고 연상(명상)해 보는 시간을 갖는다. ③ 생각(연상)한 내용을 창작하도록 독려한다. ④ 창작한 내용을 나누며 피드백을 주고받는다. ⑤ 피드백을 반영하여 더 발전적인 방향으로 재구성한다. ⑥ 재구성을 통해 새롭게 인식한 것이나 느낌을 나눈다. ⑦ 종합정리 및 피드백을 주고받고 마무리한다.

---

21) 주재료는 제공하고, 소소한 재료는 참여자들이 임의로 활용하는 것을 허용하였다.

〈표 2〉 긍정심리성향 함양을 위한 FAT 프로그램

단 계	회기	주 제	① 목표, ② 내용, ③ 재료[15]
관계형성	1	나를 소개합니다!	① 마음을 열고 관계를 형성한다. ② 현재의 기분과 자기가 불리고 싶은 애칭을 묘사하여 소개하고, 피드백을 통해 재구성하며 서로를 이해하는 시간을 갖는다. ③ 소금, 콩, 포도, 부직포
자기이해	2	나에겐 이런 특징이 있어요.	① 자신의 특징을 알아보고 탐색하는 시간을 갖는다. ② 자신의 얼굴, 신체, 마음의 특징을 생각해 보고 그것을 창작하여 나누고, 피드백을 수용하여 재구성하며 자기이해의 시간을 갖는다. ③ 메론, 보리로 만든 티밥, 접시
자기이해	3	이런 마음 저런 마음	① 영화 속의 주인공 마음을 통해 자신의 마음을 들여다본다. ② 마음이 가는 영화나 드라마에서 마음이 끌리는 인물에게 몰입하여 그 내용을 창작한다. 작품에서 자신의 마음을 발견하여 살펴보고, 피드백을 통해 재구성하며 자신이해의 시간을 갖는다. ③ 김, 밤, 고추, 접시
자기이해	4	강점은 살리고! 약점을 줄이고!	① 자신의 강점과 약점에 대해 이해한다. 강점은 잘 유지하고 발전시키며, 약점이나 어려움에 대해서는 긍정적 방향을 모색한다. 특히 무가치하다고 생각하는 것도 관점에 따라 다르게 해석될 수 있으며 그 쓰임이 있음을 안다. ② 자신의 강점과 약점(기본적 두려움)이나 어려움(힘들게 하는 것)에 대해 창작하고 피드백과정을 통해 객관적 이해의 확장과 더불어 재구성으로 발전방향을 모색한다. ③ 각종 폐품, 푸드의 껍질(메론, 감 등), 부직포
관점열기	5	스트레스 날려버려!	① 내면의 부정적 감정을 표출하고 스트레스를 해소하며 긍정적 관점을 연다. ② 뻥튀기 한 장에 자신의 현재 기분을 묘사하여 나누며 분위기를 조성하고 관계를 형성한다. 자신이 스트레스로 지각하고 있는 것을 생각해 보는 시간을 갖는다. 그것들을 재료(뻥튀기)에 투사하여 격파하며, 부정적 감정을 분출하고 해소하는 기회를 갖는다. 조각난 뻥튀기로 떠오르는 이미지를 재구성하며 긍정적 발전방향을 모색한다. ③ 뻥튀기, 쵸코시럽, 딸기시럽, 부직포
관점열기	6	내가 말하고 싶은 것	① 내면에 억압되어 자신을 속박한 외침을 표현하고 마음의 자유를 얻고 자신을 수용한다. ② 밀가루반죽으로 입술모양을 만들어 색상지 위에 올려놓고 주변에 말 주머니를 만들어 내면에 억압되어 자신을 속박한 외침을 채운다. 속박했던 외침을 충분히 표현한 후, 집단원이 다 같이 밀가루반죽으로 만든 입술모양을 자신의 입 주위에 올려놓고 하고 싶은 말을 외친다. 이어서 귀를 만들고 듣고 싶은 말의 말 주머니를 채운 후, 옆 사람이 대신 들려준다. 피드백을 통해 입과 귀를 재구성한다. ③ 밀가루 반죽, 대추, 색상지
긍정적 사고의 확장	7	나에게 가장 필요한 것	① 자신에게 가장 필요한 것을 찾고, 그것을 얻을 수 있는 방법을 모색한다. ② 현재의 소망이나 자신에게 가장 필요한 것이 무엇인지 생각하여 창작하고 나눈 후, 피드백을 반영하여 재구성한다. ③ 각종 국수, 링모양 뻥튀기, 부직포
긍정적 사고의 확장	8	내 안의 긍정에너지 찾기	① 내 안에 있는 (어쩌면 잊혀진) 특별한 긍정의 힘과 그 에너지를 찾는다. 그리고 그것을 발전시키는 방법을 모색한다. ② 내 안의 긍정의 힘과 에너지에 대해 생각해 보고 그것을 창작하여 나눈 후, 피드백을 반영하여 재구성한다. ③ 옥수수가루 뻥튀기, 양파링 과자, 부직포

	9	희망의 메시지	① 나에게 희망과 긍정에너지를 주는 메시지를 찾는다. ② 나에게 희망을 주고 힘들 때는 힘이 되어주는 이미지, 상징, 단어(이니셜)을 생각해 보고 창작하여 나눈 후, 피드백을 반영하여 재구성한다. ③ 현미로 만든 티밥, 부직포
	10	내가 꿈꾸는 세상	① 만다라 작업을 통해 긍정적 사고를 확장하고 인간의 본질, 자기의 본질을 기억한다. ② 눈을 감고 잠시 명상하며, 내가 꿈꾸는 세상을 상상해 보고 그것을 창작하여 나눈 후, 피드백을 반영하여 재구성한다. 그 과정에서 인간의 본질과 자기의 본질을 기억한다. ③ 각종 씨앗, 부직포
긍정적 자아상 확립	11	새롭게 얻은 강점	① 이 프로그램의 전반적 과정을 통해 새롭게 얻은 강점을 기억하고 자신의 존재감을 확인한다. ② 본 과정에서 새롭게 얻은 강점이나 인식한 것이 무엇인지 생각하고 그 내용을 창작하여 나눈 후, 피드백을 반영하여 재구성한다. 10번의 FAT과정이 자신의 새로운 강점을 찾아 주었듯이, 앞으로도 계속 자신의 잠재역량을 강화해가도록 지지해 준다. ③ 각기 다른 모양의 과재(길쭉한 것, 동그란 것, 부드러운 것, 딱딱한 것 등), 부직포
	12	꿈꾸는 나, 나를 위한 상차림 (또는 꽃다발)	① 자신이 꿈꾸는 모습을 명료화하고 그 꿈의 실현을 염원하는 마음을 담아 창작한다. 꿈꾸는 자신의 모습을 이미지화하여 열망을 담아 자신을 위한 격려의 메시지를 준비하여 스스로를 격려한다. ② 자신이 꿈꾸는 모습에 대해 생각해 보고 창작하여 나눈 후 피드백을 반영하여 재구성한다. 스스로를 격려하기 위한 메시지((상, 상차림, 꽃다발, 힘이 되는 말 등)를 준비하여 나눈 후, 피드백을 반영하여 재구성한다. ③ 코코볼, 콘프러스트, 각종 떡, 색지, 가위, 부직포, 접시 • 종합정리 및 마무리

2) 행복

행복과 관련하여서는 Argyle(2001)이 개발한 옥스퍼드 행복 척도-개정판(The Revised Oxford Happiness Scale)을 권석만(2008)이 번안하여 수정 보완한 것을 사용하였다. 이 척도는 총 29문항으로 각 문항은 4점 리커트 척도(전혀 그렇지 않다 1점, 매우 그렇다 4점)로 구성되어 있으며, 측정결과에 대해서는 점수가 높을수록 개인이 느끼는 주관적 행복수준이 높음을 의미한다.

3) 정서

정서에 대해서는 PANAS(Positive Affectivity and Negative Affectivity Scale; Clark & Tellegen, 1988)를 김인자(2006)가 번안한 것을 사용하였다. PANAS는 긍정정서와 부정정서 각 10가지로 이루어져 있으며, 각 문항은 5점 리커트 척도(1은 아주 조금, 5는 아주 많음)로, 점수가 높을수록 해당 정서가 많음을 의미한다.

본 연구에 사용된 측정도구의 신뢰도는 모두 Cronbach's α계수를 이용하여 내적 일관성을 검증하였고, 구체적인 내용은 〈표 3〉과 같다.

〈표 3〉 각 변인에 따른 측정도구

변인		문항	Cronbach's α계수	측정점수가 높을수록 나타내는 특성
행복		29	.87	주관적 행복도가 높음을 의미
정서	긍정정서	10	.93	긍정정서가 많음을 의미
	부정정서	10	.90	부정정서가 많음을 의미

4. 자료 분석

실험집단과 통제집단의 동질성 확인을 위해 긍정심리성향(행복, 정서) 척도 사전검사에 대해 t-검정을 실시하였다. FAT가 긍정심리성향에 미치는 효과를 알아보기 위해 실험집단과 통제집단에 실험처치 전후에 실시한 긍정심리성향(행복, 정서) 척도의 차이를 알아보았다. 통계적인 자료처리는 SPSS/Window 12.0을 이용하여, 빈도와 백분율, 대응표본 t-test, Cronbach의 내적합치도 계수를 산출하였다. 또한 참여자들의 경험보고서와 프로그램 평가서의 주요내용을 프로그램 효과분석에 반영하였다.

IV. 연구결과 및 해석

1. 연구대상자의 일반적 특성

본 연구대상자의 일반적 특성은 〈표 4〉와 같다. 실험집단의 경우 성에 따라 남학생이 30%, 여학생이 70%였고, 학년은 2학년이 10%, 3학년이 55%, 4학년이 35%였으며, 종교는 개신교가 55%, 천주교가 15%, 불교가 30%였다. 통제집단의 경우 성에 따라 남학생이 15%, 여학생이 85%였고, 학년은 2학년이 10%, 3학년이 35%, 4학년이 55%였으며, 종교는 개신교가 45%, 천주교가 20%, 불교가 35%였다.

<표 4> 연구대상자의 일반적 특성   N(%)

변인	구분	실험집단(N=20)	통제집단(N=20)
성 별	남	6(30)	3(15)
	녀	14(70)	17(85)
	계	20(100)	20(100)
학 년	2학년	2(10)	2(10)
	3학년	11(55)	7(35)
	4학년	7(35)	11(55)
	계	20(100)	20(100)
종 교	개신교	12(60)	9(45)
	천주교	2(10)	4(20)
	무교	6(30)	7(35)
	계	20(100)	20(100)

실험집단 연구대상자(프로그램 참여자)의 개인적 특성은 <표 5>와 같다.

<표 5> 연구대상자(프로그램 참여자)의 개인적 특성

대상자	성별	연령	종교	대상자	성별	연령	종교
1. 구OO	여	22	개 신 교	11. 유OOb	여	22	무 교
2. 길OO	남	21	개 신 교	12. 이OOa	여	25	개 신 교
3. 김OOa	여	23	천 주 교	13. 이OOb	남	24	천 주 교
4. 김OOb	여	51	개 신 교	14. 이OOc	여	22	개 신 교
5. 김OOc	여	22	개 신 교	15. 이OOd	남	25	무 교
6. 박OO	여	23	무 교	16. 이OOe	남	20	개 신 교
7. 백OOa	여	22	무 교	17. 임OOa	여	24	개 신 교
8. 백OOb	여	27	개 신 교	18. 임OOb	여	22	무 교
9. 성OO	여	22	개 신 교	19. 정OO	여	24	개 신 교
10. 유OOa	남	24	무 교	20. 최OO	남	26	개 신 교

<표 6> 실험집단과 통제집단의 동질성 검증

구분		실험집단(N=20) M(SD)	통제집단(N=20) M(SD)	F	P
행복		2.56(.37)	2.58(.43)	.895	.350
정서	긍정정서	3.06(.22)	2.95(.35)	3.233	.180
	부정정서	2.47(.84)	2.31(.84)	.143	.707

<표 7> 실험집단과 통제집단간 차이검증

구분	행복		정서			
			긍정정서		부정정서	
	실험집단(N=20) M(SD)	통제집단(N=20) M(SD)	실험집단(N=20) M(SD)	통제집단(N=20) M(SD)	실험집단(N=20) M(SD)	통제집단(N=20) M(SD)
사전검사	2.56(.37)	2.58(.43)	3.06(.22)	2.95(.35)	2.47(.84)	2.31(.84)
사후검사	2.82(.30)	2.52(.42)	3.36(.25)	2.88(.53)	1.90(.32)	2.66(1.07)
t값 및 유의도	-3.10**	.39	-4.45***	.48	2.88**	-1.15

**p<.01, ***p<.001

2. 연구 집단 간의 동질성 검증

FAT프로그램을 실시하기에 앞서 긍정심리성향(행복, 정서)에 있어 실험집단과 통제집단의 동질성 여부를 알아보았다. 두 집단의 사전검사에 대해 Levene의 등분산 검증을 실시하였으며, 그 결과는 아래에 제시된 <표 6>과 같다. 행복의 경우 F=.895(p=.350)이고, 정서의 경우 [긍정정서는 F=3.233(p=.180), 부정정서는 F=.143(p=.707)]이므로 두 집단 간 분산의 동질성이 확인되었다. 따라서 FAT프로그램 실시 후의 결과에서 두 집단 간에 유의미한 차이가 나타날 경우, 그 효과가 FAT프로그램의 참여에 의한 것으로 해석할 수 있는 근거가 마련되었다.

3. FAT프로그램 실시이후의 실험-통제집단 차이 검증

FAT프로그램 실시이후 실험처치 효과를 분석하기 위하여 실험-통제집단에 사전-사후검사를 실시한 결과는 〈표 7〉과 같다. 실험집단에서는 행복(t=-3.10, p<.01)과 정서[긍정정서(t=-4.45, p<.001), 부정정서(t=2.88, p<.01)]에서 두 집단 간 유의미한 차이가 나타났다. 그러나 통제집단에서는 유의미한 차이를 보이지 않고 있다. 즉 FAT프로그램을 대학생에게 실시한 결과 행복감과 긍정적 정서는 프로그램 참여 이전보다 의미 있게 향상되었고, 부정적 정서는 의미 있게 감소하였음을 알 수 있다.

4. 피험자(프로그램 참여자)의 반응

FAT프로그램이 대학생들의 긍정심리성향 증진에 긍정적으로 영향을 미침이 가설검정에서 확인되었다. 그러나 본 연구에서의 가설검정에는 집단참여자들이 보고한 독특하고 다양한 경험들이 간과되었다. 따라서 피험자들의 프로그램 사후의 평가서와 경험보고서를 분석함으로써 본 연구의 결과에 질적인 자료를 보충하였다.

1) FAT프로그램 참여자들의 사후 평가지 분석

프로그램 종결 후에 참여자들은 A_4용지 한 장 분량의 프로그램 평가지를 작성하였다. '각 프로그램의 내용이 어느 정도 도움이 되었나요?'라는 질문에 대해 대체로 긍정적인 반응을 보였다〈표 8〉. 관계형성의 1회기 "나를 소개합니다!"는 95%가 매우 좋았거나 좋았다고 응답하였다. 자신이해의 2회기 "나에겐 이런 특징이 있어요."는 85%, 3회기 "이런 마음 저런 마음"은 85%, 4회기 "강점은 살리고 약점은 줄이고!"는 95%가 매우 좋았거나 좋았다고 응답하였다. 관점열기의 5회기 "스트레스 날려버려!", 6회기 "내가 말하고 싶은 것", 7회기 "나에게 가장 필요한 것"은 각각 90%가 매우 좋았거나 좋았다고 응답하였다. 긍정적 사고의 확장에서 8회기 "내 안의 긍정에너지 찾기"는 85%, 9회기 "희망의 메시지"는 90%, 10회기 "내가 꿈꾸는 세상"은 85%, 11회기 "새롭게 얻은 강점"은 85%, 12회기 "꿈꾸는 나"는 90%가 매우 좋았거나 좋았다고 응답하였다.

<표 8> FAT프로그램에 대한 도움 정도   N(%)

구분	변인	매우 도움됨	도움됨	보통	별로 도움안됨	전혀 도움안됨	계
관계형성	나를 소개합니다!	8(40)	11(55)	1(5)	0	0	20(100)
자신이해	나에겐 이런 특징이 있어요.	6(30)	11(55)	3(15)	0	0	20(100)
	이런 마음 저런 마음	7(35)	10(50)	3(15)	0	0	20(100)
	강점은 살리고! 약점은 줄이고!	7(35)	12(60)	1(5)	0	0	20(100)
관점 열기	스트레스 날려버려!	7(35)	11(55)	2(10)	0	0	20(100)
	내가 말하고 싶은 것	12(60)	6(30)	2(10)	0	0	20(100)
	나에게 가장 필요한 것	10(50)	8(40)	2(10)	0	0	20(100)
긍정적 사고의 확장	내 안의 긍정에너지 찾기	6(30)	11(55)	3(15)	0	0	20(100)
	희망의 메시지	11(55)	7(35)	2(10)	0	0	20(100)
	내가 꿈꾸는 세상	7(35)	10(50)	2(10)	1(5)	0	20(100)
긍정적 자아상 확립	새롭게 얻은 강점	10(50)	7(35)	3(15)	0	0	20(100)
	꿈꾸는 나	12(60)	6(30)	2(10)	0	0	20(100)

2) FAT프로그램 참여자들의 경험보고서 분석

FAT프로그램의 각 과정에 참여하면서 매회기마다 작성한 경험보고서를 프로그램 진행 순서에 따라 정리하여 분석하였다. 각 회기별로 참여자들이 보고한 내용들은 프로그램 참여과정에서 느낀 점, 배운 점 등 다양한 체험들이 드러나 있다.

(1) 관계형성

도입부는 【1회기: 나를 소개합니다!】의 주제로 진행되었다. 1회기의 목표는 마음을 열고 관계를 형성하는 것이다. 프로그램초반부에는 참가자들이 프로그램의 성격과 목적을 이해하도록 하고, 워밍업을 통해 참여 동기와 의지를 촉진하며 집단을 구조화하는데 주력한다. FAT에서 푸드의 본질을 기억하고 교감을 나누는 것만으로도 무디어진 원시적 감성을 일깨우며, 대자연의 섭리를 습득할 수 있다. 또한 푸드의 친숙함, 위로기능 등 장점을 잘 활용할 수 있음을 안내한다. 참여자들이 초반에는 처음 참여하는 프로그램에 대한 낯설음(구OO), 기대와 의심(김OOa), 가벼움(이OOe)으로 시작하였다. 그러나 직접 접해본 다음에는 점점 흥미와 재미가 생기고(김OOa), 자신의 감정을 자연스럽게 드러낼 수 있으며(김OOa, 이OOb, 이OOe), 자신발견(김OOc) 등의 긍정적 효과를 발견하였다. 전반적으로 아주 특별한 체험과정으로 인식한 것으로 보인다.

(2) 자기이해

자기 자신을 있는 그대로 정확하게 이해하는 것은 성숙한 인간이 되기 위한 지름길이다. 자기를 이해한다는 것은 자신의 참모습, 즉 자신이 무엇을, 어떻게, 왜 느끼고, 생각하고 행동하고 있는지를 이해하는 것이다(조주영, 2011). 자기이해 과정의 세부 프로그램은 "나에겐 이런 특징이 있어요(2회기)", "이런 마음 저런 마음(3회기)", "강점은 살리고! 약점은 줄이고!(4회기)"가 포함되어 있다.

【2회기 : 나에겐 이런 특징이 있어요.】

2회기의 주요 목표는 자신의 특징을 알아보고 탐색하는 시간을 갖는 것이다. 참여자들이 자신을 돌아보는 기회(박OO, 이OOb)를 얻었고, 자기를 이해할 수 있었으며(이OOb, 이OOd), 타인이 나를 어떻게 볼지에 대해 생각해 볼 수 있었고(박OO), 성격적 단점에 대해서는 발전 가능성을 발견(이OOb)한 것으로 보인다.

【3회기 : 이런 마음 저런 마음】

3회기의 주요목표는 영화 속의 주인공 마음을 통해 자신의 마음을 들여다보는 것이다. 참여자들이 FAT를 진행하는 순간에 생각나는 영화 속 주인공의 마음을 표현하며, 그 속에서 자신의 모습을 발견하였다. 주인공의 상처받은 마음이 자신의 상처받은 마음으로 연결되었고(이OOc), 절망 속에 있는 주인공의 모습에서 엄마와 자신을 발견하기도 하였으며(성OO), 주인공의 과거 반복되는 상처로 형성된 매 상황에 대한 불신의 모습이 자신과 닮아 있음을 발견(김OOc)하였다. 그리고 FAT과정에서 피드백을 반영하여 주인공의 마음을 재구성하며 참여자들도 희망을 얻고(성OO, 김OOc), 치유되는 느낌을 받았다(이OOc)고 보고하였다.

【4회기 : 강점을 살리고! 약점은 줄이고!】

4회기의 주요 목표는 자신의 강점과 약점에 대해 이해하고, 강점은 잘 유지하며 약점이나 어려움에 대해서는 긍정적 발전방향을 모색하는 것이다. 특히 무가치하다고 생각하는 것도 보는 관점에 따라 다르게 해석될 수 있으며, 그 쓰임이 있음을 아는 것이다. 참여자들이 자신에 대한 객관적 이해(이○○c, 길○○, 박○○), 강점은 살리고 약점은 보완할 방법 이해(이○○c), 강점파악이 내 삶에 미칠 영향과 발전방향 모색이 의미로움(김○○c), 약점이 큰 콤플렉스였었는데, 지금은 관점이 변하여 약점을 보완하면 강점이 될 것으로 기대(이○○c, 구○○). 강점발견으로 스스로에 대해 긍정적으로 자각하게 되었음(임○○a) 등을 보고하였다.

(3) 관점 열기

관점(觀點)의 사전적 의미는 사물이나 현상을 관찰할 때, 그 사람이 보고 생각하는 태도나 방향 또는 처지이다(NAVER 국어사전). 관점에 따라 사물이나 사람을 보는 방법이나 기준이 달라진다. 따라서 관점이 바뀌면 보는 방법과 기준이 달라지고 그에 따라 지각내용, 그것이 미치는 효과가 차이가 난다. 여기서는 참여자들이 긍정적 관점을 여는 것에 주안점을 두어 진행한다. 이 과정의 세부 프로그램은 "스트레스 날려버려!(5회기)", "내가 말하고 싶은 것(6회기)", "나에게 가장 필요한 것(7회기)"가 포함되어 있다.

【5회기 : 스트레스 날려버려!】

5회기의 주요목표는 내면의 부정적인 감정을 표출하고 스트레스를 해소하며 긍정적 관점을 여는 것이다. 참여자들이 내면의 부정적 에너지 파악(길○○), 스트레스 해소(이○○e, 김○○c, 임○○a, 임○○b), 내면에 감추었던 감정표출(유-○○a), 즐거움(이○○a)등의 효과가 있었던 것으로 나타났다.

【6회기 : 내가 말하고 싶은 것】

6회기의 주요목표는 내면의 억압된 외침을 표현하고 자신을 있는 그대로 수용하는 것이다. 밀가루 반죽으로 입을 만들어 색지 위에 올려놓고, 하고 싶은 말을 말주머니로 만들어 맘껏 표현한다. 충분히 표현한 다음, 밀가루반죽으로 미리 만들어 둔 입모양을 자신의 입 주위에 올리고 색지에 적었던 것을 크게 외친다. 이어서 귀를 만들어 듣고 싶은 말을 말주머니로 만들어 써 넣는다. 그리고 옆 사람과 짝을 지어 서로 듣고 싶은 말을 들려준다. 참여자들이 밀가루반죽을 이용하여 내면에 억눌린 외침을 표현한 것이 현실감 있게 느껴짐(이○○e), 후련함(이○○b, 이○○e, 유-○○a, 임○○b, 윤○○탈락자, 정○○), 내면탐색효과(백○○a, 김○○c), 표현력 향상(이○○d), 듣고 싶은 말을 스스로에게 하는 것도 좋은데(이○○a) 옆 사람에게 들어 더욱 좋음(이○○a, 이○○b)등을 경험한 것으로 나타났다.

【7회기 : 나에게 가장 필요한 것】
7회기의 주요목표는 자신에게 필요한 것을 찾고 그것을 얻을 수 있는 방법을 모색하는 것이다. 참여자들이 자신을 돌아봄(유○○a), 부족한 점 인식(김○○c), 자신의 욕구를 수용(길○○), 자기조절 노력과 의지생김(유○○a, 김○○a), 솔직하게 털어 놓고 조언 받은 기쁨(유○○b) 등을 보고 하였다.

(4) 긍정적 사고의 확장

긍정적 사고는 삶을 살아가는데 있어서 대단히 중요하다. 긍정적 사고방식은 세상을 넓게 볼 수 있으며, 주어진 일에 대해서도 진취적이다. 긍정적 사고는 좋은 예감으로 이어지며, 긍정적 자기암시와 브레인트레이닝 효과를 통해 원하는 것을 달성하도록 돕는다. 이 과정의 세부프로그램은 "내 안의 긍정에너지 찾기(8회기)", "희망의 메시지(9회기)", "내가 꿈꾸는 세상(10회기)"가 포함되어 있다.

【8회기 : 내 안의 긍정에너지 찾기】
8회기의 주요목표는 내 안에 있는(어쩌면 잊혀진) 특별한 긍정의 힘과 그 에너지를 찾아 그것을 강화하는 방법을 모색하는 것이다. 참여자들이 자신의 긍정에너지를 찾는 것이 쉽지 않았지만 찾고 나니 소중함을 발견(정○○), 장점발견기회 가짐(유○○a), 긍정의 힘 얻음(백○○a, 김○○c, 최○○) 등의 경험을 보고한 것으로 나타났다.

【9회기 : 희망의 메시지】
9회기의 주요목표는 나에게 희망과 긍정에너지를 주는 메시지(상징, 언어, 비언어 등)를 찾는 것이다. 참여자들이 흥미(성○○), 희망 얻음(성○○, 유○○a, 임○○b), 자신의 혼란 이해와 극복(이○○c), 무기력함 해소(임○○b)등의 경험을 한 것으로 정리된다.

【10회기 : 내가 꿈꾸는 세상】
10회기의 주요목표는 만다라작업을 통해 긍정적 사고를 확장하고, 인간의 본질을 이해하며 궁극적으로 자신의 본질을 기억하는 것이다. 참여자들이 작품에 의미가 잘 드러나고 마음에 들어 뿌듯함(이○○a), 치유(이○○c), 존귀함 깨달음(이○○c), 자신감 향상(길

OO), 자신의 미래생각(유-OOa), 자신에 대한 생각(김OOa), 평소에 지향하던 것을 표현함으로써 명료화되었고 보다 좋은 방향으로 자신의 미래를 설계할 수 있었음(김OOb) 등의 경험을 보고하고 있다.

(5) 긍정적 자아상 확립

긍정적 자아상은 자신을 가치 있게 여기는 자부심이다. 자부심은 자신감으로 이어지고, 생각과 언어 및 행동에 영향을 미친다. 자신을 알고, 자신의 있는 그대로의 모습을 수용하여 온전히 사랑할 때 긍정적 자아상을 확립할 수 있다. 이 과정의 세부프로그램은 "새롭게 얻은 강점(11회기)", "꿈꾸는 나(12회기)"가 포함되어 있다.

【11회기 : 새롭게 얻은 강점】

11회기의 주요목표는 이 프로그램 전반을 통해 새롭게 얻은 강점을 기억하고 자신의 존재감을 느낀다. 더 나아가 이번 과정에서 체험하였듯이 자신이해, 수용, 사랑을 통해 자신의 무한한 잠재력에 대한 믿음을 굳건히 지켜 범화해 가려는 의지에 힘을 실어준다. 참여자들이 긍정적 시각 확대(유-OOa, 백OOa, 백OOb, 성OO, 임OOa) 및 치유(임OOb), 미래에 대한 희망(이OOb), 강점을 확고히 함(유ooa), 지나고 나니 과정이 의미롭게 다가옴(정OO), 심리적지지(유-OOb), 자존감 향상(윤OO), 자아성찰 습관형성(이OOc) 등의 경험을 한 것으로 정리된다.

【12회기 : 꿈꾸는 나 & 나를 위한 상차림(꽃다발)】

12회기의 주요목표는 꿈꾸는 자신의 모습을 명료화하고 그 꿈의 실현을 기원하며 자신을 위한 상차림(꽃다발)으로 스스로를 격려한다. 참여자들이 나아갈 방향 찾음(이OOc), 심적 안정을 찾아 기분 좋음(김OOa), 격려 받음(이OOc), 꿈에 대해 생각하는 기회 얻음(유-OOb), 꿈꾸는 자신의 구체화와 꿈의 명료화(이OOa), 창작이 잘 되어 효과확대(이OOa), 자기자각 늘어남(구OO), 긍정적 변화 자각(길OO), 미래의 희망이 이루어진 기분(임OOb)등의 경험을 보고한 것으로 정리할 수 있다.

【프로그램을 마치며】

참여자들이 처음에는 낯설고 어색하여 불편감이 있었지만, 점차 적응하였고, 흥미와 재미가 늘어나 즐겁게 참여한(유-OOa) 것으로 보인다. 두드러진 효과는 자신을 점검하는 계기가 되었고(이○○c), 참 많은 것을 얻었으며(김○○c), 심리적 안정(최○○)과 사회성이 향상(성○○)되었다. 또한 긍정적 사고 및 정서의 확대(유○○a)와 그것을 키우려는 의지가 늘어났다(정○○, 임○○a). 전반적으로 유익하고 재미있었지만, 시간이 부족한 것에 대한 아쉬움도 보고하였다(이○○e).

한편, 프로그램 각 회기별 주제와 목표를 제시하고 해당 내용에 대해 지각하는 정도를 척도질문(1점은 해당내용의 점수가 가장 낮은 정도~100점은 매우 만족스러운 상태에 도달한 정도)하였다. 참여자들이 각 회기별 목표와 관련하여 프로그램 참여 첫 날과 프로그램 참여 마지막 날을 기준으로 자가 측정한 결과를 보면 다음과 같다. 관계형성은 평균 55.9에서 → 79.9로, 자신이해는 평균 61.3에서 → 87.5로, 관점 열기는 평균 67.8에서→ 87.9로, 긍정적 사고의 확장은 평균 67.9에서 → 84.2로, 긍정적 자아상 확립은 평균 69.0에서 → 88.1로 변화된 것으로 나타났다. 이러한 결과는 각 과정의 목표달성에의 긍정적 성과이다. 궁극적으로 본 연구의 가설을 뒷받침해주는 결과이며, FAT프로그램은 대학생의 긍정심리성향 향상에 긍정적으로 기여한 것으로 판단된다.

V. 결론 및 제언

본 연구는 FAT프로그램이 대학생의 긍정심리성향에 미치는 효과를 알아보고자 하는 것이다. 연구대상자는 충청남도소재의 B대학교 학생들로서 연구 설계는 2집단(실험집단 20명, 통제집단 20명) 사전사후측정 설계로 하나의 실험집단에 실험처치(FAT프로그램)를 가하고, 다른 하나의 집단에는 실험처치를 가하지 않는 유사실험설계 방식을 적용하였다. FAT프로그램의 실시는 2011년 9월 19일에서 11월 21일까지 총 12회기에 걸쳐 진행하였다.

본 연구의 결과는 아래와 같다.

첫째, FAT프로그램은 대학생의 주관적 행복감 향상에 효과가 있는 것으로 나타났다($t=-3.10$, $p<.01$).
둘째, FAT프로그램은 대학생의 긍정정서 향상에 효과가 있는 것으로 나타났다($t=-4.45$, $p<.001$).
셋째, FAT프로그램은 대학생의 부정정서 감소에 효과가 있는 것으로 나타났다($t=2.88$, $p<.01$).
넷째, FAT프로그램은 대학생의 긍정심리성향 향상에 효과가 있었다. 이러한 연구결과를 통하여 다음과 같은 논의와 시사점을 제공할 수 있다.

첫째, 대학생은 물론 모든 사람들의 행복증진은 개인적으로나 사회적으로 매우 중요한 과제이다. Hoggard(2005)는 행복한 사람이 남들보다 더 건강하고 활동적인 삶을 영위하며 타인과의 관계나 자신을 바라보는 시각과 미래에 대해 훨씬 희망적이고 긍정적이라고 하였다. 또한 Lyubomirsky등(2005)은 행복한 사람은 불행한 사람에 비해 학교나 직장에서 더 우수한 성취를 보이고, 다른 사람들과 더 좋은 관계를 맺으며, 평균 수명도 더 길었다고 보고하였다. 요즘 우리나라 대학생들의 행복지수는 낮고 스트레스가 높다는 연구결과 보도(경향신문, 2011년 5월 23일자; 한국경제, 2010년 9월 30일자)는 스트레스가 피할 수 없는 현상임을 느끼게 한다. 그럼에도 스트레스 해소나 관리를 위한 특별한 대책 또한 뚜렷하지 않다. 따라서 한시바삐 스트레스를 해소하고 잘 관리할 수 있는 완충자원 개발이 필요한 실정이다. 이러한 현실상황에서 진행된 본 연구에서, FAT프로그램이 대학생의 주관적 행복감 증진에 효과가 있다는 연구결과는 매우 고무적 대안이 될 것으로 보인다. 행복감 증진은 대학생들의 학교생활 적응을 돕고 더 나아가 진로를 위해서도 긍정적 기여를 할 것으로 사료된다.

둘째, 긍정정서는 인간의 진화, 적응, 생존에 절대적으로 필요한 것이다(권석만, 2008; Buss, 2000). 그렇다면 긍정정서가 부족할 경우 진화, 적응, 생존에의 위협이 예상된다. 긴장과 혼란 속에서 생활함으로써 삶의 질이 떨어질 것이다. Lopez와 Snyder(2003)에 따르면 긍정정서는 개인의 인생이 옳은 행로에 있다는 신호이고 개인이 긍정적 성과를 달성하도록 돕는 데 구체적인 역할을 할 수 있다고 하였다. 긍정정서를 경험하는 사람은 더 유연하고 창의적이며 공감적이고 이타적이다(George, 1998). 뿐만 아니라 긍정적 정서의 체험은 주관적 심리상태로서의 행복에 있어서도 매우 중요한 요소이다. 따라서 대학생을 위한 FAT프로그램이 활성화된다면 대학생들이 긍정정서의 향상으로 자신들의 인생을 올바르게 가이드하며 유연하고 창의적으로 당면과제를 해결하도록 도울 뿐만 아니라 이타적인 삶을 살아가도록 하는데 기여할 수 있으리라 예측된다.

셋째, 부정정서의 제거는 그 자체로 소중하다. 그 결과 얻게 되는 것은 중립정서일 뿐 긍정 정서가 자동적으로 유발되는 것은 아니다(권석만, 2008). 예를 들어 비관주의를 약화시키면 부정정서는 감소하지만 긍정정서는 증가하지 않는다(Peterson 등, 2002). 긍정정서는 낙관주의를 강화하여 증가시킬 수 있다(권석만, 2008). 결국 행복감을 증진하려면 비관주의를 약화시켜 부정정서를 감소시키고, 더불어 낙관주의를 강화하여 긍정정서를 고양시키는 것이 필요하다. 다양한 프로그램 개발로 그 효과를 측정해온 선행연구들은 긍정적 정서, 또는 부정적 정서의 어느 한 쪽에 초점을 두어 진행된 것이 많다. 그런데 본 연구는 한 연구 안에서 긍정정서와 부정정서를 다 살펴보았으며 더욱이 긍정정서 향상과 부정정서 감소의 효과가 유의미하게 나타난 것이 의의 있는 결과이다.

넷째, 긍정심리는 긍정적인 주관적 경험과 긍정적 특성 및 그것을 촉진하는 것이다. 긍정심리는 웰빙 및 기능최적화와 관련되며 고통을 완화시킬 뿐만 아니라 행복으로까지 확장시킨다(Duckworth et al., 2004). 본 연구에서 활용한 FAT프로그램은 그 과정이나 내용 그리고 기술적인 측면에서 슬라우 시 실험연구에 활용되었던 행복헌장 10계명(Hoggard, 2005)에서 추구하는 것들과 많이 닮아있다. 즉 사고·감정·행동적 요소를 긍정적으로 고루 자극하고, 교감하도록 안내한다. 현재에 충실하며 순간순간 즐거운 선택을 하도록 권장한다. "슬라우 시 행복만들기"프로그램이 대성공을 기록하였듯이 대학생의 긍정심리성향 향상에 도움이 된 FAT프로그램이 활성화되어 그 혜택이 보다 많은 학생들에게로 확산되길 기대한다.

다섯째, FAT프로그램 진행과정에서 보여준 참여자들의 경험보고에 따르면, 평소 자신에 대해 깊게 고민하지 않는 것이 드러났다. 선행연구에서도 중고교 시절은 입시위주 교육체계 속에서 수동적인 생활에 익숙해 있다가(최숙경 외, 2006) 대학생시기에 준비되지 않은 상황에서의 자율적이고 능동적 역할을 해야 하는 현실 때문에 고전한다는 점을 지적하고 있다(장현갑, 1996). 본 연구에서 대학생들은 FAT프로그램을 통해 자신에 대해 고민하고 탐색하였던 것을 의미 있게 수용하였다. 이는 푸드라는 자연친화적 재료가 편안하고 자연스럽게 자기를 탐색하도록 효과를 더해준 것으로 사료된다. 특히 성공경험이 부족한 대학생들에게 창작과정과 결과는 단시간에 성공경험을 체험할 수 있도록 하며 과정참여에의 동기유발로 이어져 교육적 성과 또한 크다. 또한 작품 활동에서의 성공경험은 청소년들로 하여금 '나도 할 수 있다'는 인식을 갖게 한다(정영남, 2000). 실제로 본 연구에의 참여자들 대부분은 자신이 완성한 작품에 상당한 자부심과 흡족함을 드러냈으며, 반복되는 창작과정에서 표현력이 늘어나는 자신을 발견하였다. 더 나아가 자기발견, 치유, 성장의 면에서도 그 효과가 확인되었다.

여섯째, 평소 매우 흔하고 가볍게 생각했던 것이 치료도구로 활용되고, 그 효과 또는 크다는 것을 직접 체험한 학생들은 FAT과정을 신기해하였고, 참여자들의 관점을 전환하는 계기로 발전하였다. 더 발전적인 방안으로 같은 문제를 가진 클라이언트집단의 치료과정에서 공통으로 느끼는 문제를 각자 창작한 후 다양한 다른 표현들 속에서 서로의 차이점과 공통점을 찾아볼 수 있을 것이다. 그 과정 속에서 현재 고민하는 것, 원하는 것, 해결방안의 다차원적 모색을 통해 해답을 이끌어 냄으로써 성장과 치유를 조력할 수 있을 것이다.

일곱째, FAT는 남녀노소 모든 연령층에서 부담 없이 활용할 수 있는 교육과 치료수단이 될 수 있다. 특히, 어린 나이일수록 덜 무디어진 오감의 발달을 자극하고 즐겁고 행복하게 참여를 촉진할 수 있으며 결과적으로 감성과 지성을 깨울 수 있는 아주 탁월한 수단이 될 수 있다. 선행연구는 어린 시절의 경험이 행복할수록 에니어그램 발달수준이 높은 것을(조주영, 차윤희, 2008) 보여주고 있다. 발달수준이 높은 사람은 성격의 구속에서 벗어나 보다 본질적인 자신이 되어 심리적 자유와 더불어 질적으로 행복한 삶을 살아갈 수 있다. 따라서 어린연령대에 FAT 교육과정 일상화로 아동의 자기관리를 돕는다면 성격적인 요소를 완화하고 보다 밝고 건강하게 살아가는데 기여할 수 있으리라 사료된다. 이렇게 될 경우 결국 아동이 성장하여 건강한 대학생이 될 수 있고 긍정심리성향이 유지되어 적응적인 대학생활과 행복실현이 가능하다.

여덟째, FAT는 인간의 선한 의지를 일깨우는데 매우 유효하다. 본 연구에서 한 참여자(이OOb)는 몇몇 사람들이 잘 사는 세상이아니라, 다 같이 잘 사는 세상을 꿈꾸었다. 이는 이정연의 FAT개발 철학과도 일치하는 것이다(이정연, 2006). FAT는 식품의 본질을 먼저 고려하며, 자연스럽게 자연의 섭리를 습득하고 따르도록 안내한다. 이에 더하여 FAT과정에 각종 생활상식이나 교양적인 내용이 자연스럽게 가미되어진다면 매우 탁월한 생활교육 및 교양교육수단이자 방법이 될 수 있다(조주영 등, 2010). 보다 많은 사람들의 선한 의지가 일깨워진다면 그것들이 선순환되어 개인과 가정, 그리고 사회의 행복이 증대되는 긍정적 파급효과가 일어날 것이다.

본 연구의 제한 점 및 후속연구를 위한 제언은 다음과 같다. 첫째, 본 연구는 기독교적 특성을 지닌 특정대학 학생들에 한정된 것이어서 그 결과를 일반화하기엔 무리가 따른다. 앞으로의 연구에서는 다양한 대학생들을 대상으로 폭넓은 연구가 필요하다. 둘째, 본 연구는 실험설계적 측면에서 유사실험설계라는 한계점이 있다. 미래연구는 이를 보완한 설계와 더불어 실험집단 및 통제집단간의 사전-사후, 추수연구가 필요하다. 셋째, 긍정심리의 연구주제는 매우 광범위하다. 크게 세 가지 주제로 분류(긍정상태, 긍정특질, 긍정기관)되는데, 본 연구는 긍정상태의 일부 주제에 국한하여 연구하였다. 미래연구는 긍정심리의 체계적 분류에 따라 영역별로 세세한 연구 분석이 필요하다. 넷째, 대학생활의 적응은 매우 다차원적 현상으로 다양한 종류의 요구들에 적절히 대처할 수 있는지에 따라 달라진다(김재은 외, 1997). 특히 대학생활 자체에 대하여 학생들이 지니고 있는 가치나 평가기준에 따라 크게 영향을 받을 수 있다(한덕웅, 전겸구, 이창호, 1991). 따라서 적응에 대한 다차원적 현상과 다양한 요구들을 분류하여 연구하는 방안을 제안하고자 한다.

※ 참고문헌

고현(2009). 갱년기 우울증에 걸린 부부의 사례. 한국푸드아트테라피학회 학술대회 자료집. 37-47
권석만(2008). 긍정심리학. 학지사.
기현정(2011). 대학생의 생활스트레스가 심리적 안녕감에 미치는 영향: 마음 챙김의 조절효과를 중심으로. 숙명여자대학교대학원 석사학위논문.
김보미(2010). 정서순화예술놀이가 아동의 공격성에 미치는 영향: 유리드믹스 음악놀이와 푸드아트 놀이를 중심으로. 숙명여자대학교 정책·산업대학원 석사학위논문.
김소희(2004). 스트레스 사건, 인지적 정서조절 전략과 심리적 안녕감간의 관계. 가톨릭대학교대학원 석사학위논문.
김양희(2009). 푸드아트테라피 프로그램이 청소년의 자기효능감과 대인관계에 미치는 효과
김인자 역(2006). 긍정심리학: 진정한 행복 만들기. 도서출판 물푸레.
김인자(2007). 행복한 세상을 만드는 긍정의 힘. 「생활심리」, 한국심리상담연구소.
김재은, 이은순, 강순화(1997). 한국대학생의 삶의 만족도. 아산재단 연구총서 제39집. 집문당.
김현룡, 이준엽(2007). 푸드아트. 대왕사.
김혜진(2009). 푸드아트테라피 프로그램이 청소년의 자기효능감과 대인관계에 미치는 효과. 목포대학교대학원 석사학위논문.
문용린(2009). 「긍정심리학의 입장에서 본 성격적 강점과 덕목의 분류」역서 해제. 한국심리상담연구소. 생활심리. 2006·2007·2009년치. 한국심리상담연구소.
송준호(2010). 컬처 테라피. 한국일보사.
이병태(2011). NEW법률용어사전. 법문북스.
이상월(2010). 푸드아트테라피가 가정폭력 피해여성의 우울과 자아존중감 회복에 미치는 영향. 배재대학교행정심리대학원 석사학위논문.
이정연(2006). 푸드아트테라피. 신정.
＿＿＿(2008). 푸드아트테라피의 이해. 한국푸드아트테라피학회 학술대회 자료집. 25-32.
＿＿＿(2009). FAT를 적용한 집단상담 프로그램의 개발. 한국푸드아트테라피학회 학술대회 자료집.
＿＿＿(2010). 푸드아트테라피를 적용한 가족상담. 한국상담학회 연차학술대회 워크숍자료집. 178-182.
장현갑(1996). 명상의 심리학적 개관: 명상의 유형과 정신생리학적 특징. 한국심리학회지:건강, Ⅰ, 15-23.
정영남(2000). 현실요법을 적용한 집단상담 프로그램이 사춘기 여성의 신체상과 우울에 미치는 효과. 고래대학교대학원 박사학위논문.
조주영, 차윤희(2008). 에니어그램 발달수준과 관련된 개인·가족 요인. 에니어그램연구, 5(2), 41-64.
조주영, 김남진(2009). VIA분류체계의 성격적 강점 및 덕성과 Enneagram성격유형과의 관계. 에니어그램연구, 6(2), 71-103.
조주영, 문정숙(2010). 건강가정지원센터에서의 FAT현황과 전망. 한국푸드아트테라피학회 학술대회 자료집. 30-50.
조주영(2011a). 에니어그램진로지도 프로그램이 대학생의 진로성숙에 미치는 효과. 에니어그램연구, 8(2), 189-229.
＿＿＿(2011b). 「KBS 2TV 휴먼 청춘 멜로드라마(수·목 방영) "영광의 재인"에서의 긍정시나리오 분석」. 미발표자료.
주식회사 친친가족문화원 리플렛(2010). 푸드아트테라피.

최숙경, 이현림(2006). 진로탐색 집단상담 프로그램이 고등학생의 진로의사 결정유형, 진로결정 장애 및 자존감에 미치는 효과. 상담학연구, 7(1), 85-101.

최정옥(2010). 푸드아트 프로그램을 통해 나타나는 유아의 표상에 관한 연구. 경남대학교대학원 석사학위논문.

한겨레 21(2009). "행복하십니까? 국민소득 좀 나아지셨습니까?". 제784호

한덕응, 전겸구, 이창호(1991). 한국 대학의 생활환경 변화와 대학생활 적응. 성균관대학교 학생생활연구소.

한수연(2009). 푸드아트테라피 프로그램이 노인의 우울과 자기효능감에 미치는 효과. 목포대학교대학원, 석사학위논문.

＿＿＿ (2010). 인터넷중독 청소년의 상담사례: 내 마음 좀 알아주세요. 한국푸드아트테라피학회 학술대회자료집.

현대그룹 TV 기업광고(2011), '나는 누구일까요? ~ 나는 긍정입니다'시리즈.

Baumgardner, S. R. & Crothers, M. K.(2009). Positive Psychology., 안신호, 이진환, 신현정, 홍창희, 정영숙, 이재식, 서수균, 김비아 공역(2009), 긍정심리학, 시그마프레스.

Buss, D. M.(2000). The evolution of happiness. American Psychologist, 55, 15-23.

Compton, W. C.(2005). An Introduction to Positive Psychology., 서은국, 성민선, 김진주 공역(2007), 긍정심리학 입문, 박학사.

Duckworth, A. L., Steer, T. A., & Seligman, M. E. P.(2004). Positive Psychology In Clinical Practice, Annu. Rev. Clin. Psychol. 1:629-651.

George, J. M.(1998). Salesperson mood at work: Implications for helping customers. Journal of personal Selling and Sales Management, 18, 23-30.

Hoggard, L.(2005). How to Be Happy., 이경아 역(2006), 영국 BBC다큐멘터리 행복, 예담.

Lyubomirsky, s., King, L. A., & Diener, E.(2005). The benefits of frequent positive affect: Does happiness lead to success? Psychological Bulletin, 131, 803-855.

Lopez, S. J & Snyder, C. R.(2003). Positive Psychological Assessment - A Handbook of Models and Measures., 이희경, 이영호, 조성호, 남종호 공역, 긍정심리평가 모델과 측정(2008), 학지사.

Peterson, C., & Steen, T. A.(2002). Optimistic explanatory style. In C. R. Snyder, & S. J. Lopez(Eds.), Handbook of positive psychology. pp. 244-256. New York: Oxford University Press.

Seligman, M. E. P.(2004). Authentic happiness: Using the new positive psychology to realize your potential for lasting fulfillment. New York: Free Press.

Wubbolding, R. E.(2000). Reality Therapy for the 21st Century., 박애선 역(2004), 21세기와 현실요법, 시그마프레스.

[보도자료]

강원도민일보. 2011년 8월 15일자. "고성군 건강지원센터 27일 부모·자녀 상담"

강원일보. 2011년 8월 17일자. "집단상담프로그램 운영"

경북일보. 2010년 9월 27일자. "인제요양원서 푸드아트테라피 심리치료"

경향신문. 2011년 5월 23일자). 재학생 '스트레스 지수'가장 높은 대학은 어디?

동아일보. 2011년 5월 14일자. "김인자 총장, 긍정심리학을 말하다"
문화일보. 2005년 12월 6일자. "「미혼모 아픔」예술로 치료"
부산일보. 2011년 7월 28일자.
시민일보. 2011년 11월 1일자. "강동평생학습축제 2일 막 올라"
씨앤비뉴스. 2011년 10월 9일자. 슬로우 푸드-신석기 체험…'강동선사문화축제' 열려
연합뉴스. 2011년 3월 28일자. "한국 '종합복지지수' OECD 회원국 중 26위"
오센(OSEN). 2010년 5월 27일자. "푸드아트테라피', 푸드예술로 심리를 치료하다"
중앙일보. 2011년 6월 15일자. "예술과 치료의 만남, 아트테라피"
충남지역인터넷신문(C뉴스041). 2011년 3월 18일자. "천안시 재미있는 독서교실 인기 '짱'-드림스타트센터
　　　프로그램 운영…푸드아트테라피 인기"
프라임경제. 2011년 7월 18일자. "긍정과 희망의 메시지를 담은 H.O.P.E 마케팅 눈길"
한국경제. 2010년 9월 30일자. 대학생 10명중 6명 "난 행복하다".

[웹사이트]

http://krdic.naver.com(NAVER 국어사전)
http://news.cnbnews.com
http://news.search.naver.com
http://www.asiae.co.kr/news
http://www.authentichappiness.sas.upenn.edu
http://www.nanet.go.kr(국회도서관)

3 성폭력 피해 지적장애청소년에 대한 개입 사례연구
(조주영, 2014)[16]

I. 서론

"안전"은 2013년에 들어선 현 정부의 정책적 화두 중에서 대표적인 키워드이다. 국민의 안전 관련 세부 항목 중에서도 '4대악'은 현 정부가 근절시키고자 하는 중점 과제이며 그 주요내용은 성폭력, 학교폭력, 가정폭력, 불량식품 등이다. 이들 4대악은 국민의 생활에 직·간접적으로 악영향을 끼치는 범죄를 의미한다.

특히 성폭력은 현 정부가 꼽는 4대악 중에서도 가장 민감한 사안으로 문제의 척결을 위해 특별한 관심과 지원 대책이 필요한 주제이다. 성폭력에 대한 정의는 시대와 문화에 따라 다양하다. 현재 우리나라 "성폭력범죄의 처벌 등에 관한 특례법제12조(통신매체를 이용한 음란행위)"에 따르면 개인의 성적자기결정권을 침해하는 모든 행위를 성폭력으로 간주한다. 그 내용은 신체접촉이 없는 성폭력(성희롱, 성적 노출, 성적 사진 및 동영상 시청 등)에서부터 신체접촉을 수반하는 성폭력(만짐, 입 맞추기, 성교 등)까지를 포함하고 있다.

성폭력피해는 그 특성상 외부로 드러나기 쉽지 않음에도 불구하고 최근 언론에서는 성폭력에 대한 기사가 끊임없이 보도되고 있다. 우리사회의 성폭력 피해자를 바라보는 잘못된 인식과 통념, 신고 시에 감내해야하는 더 큰 고통 등으로 인해 신고보다는 숨기고 지내는 경향이 많아 신고율이 10%에 불과하다. 무엇보다 한국사회에서 아동성폭력문제가 사회적으로 심각한 수준에 이르렀으며 이에 따른 정신건강 전문가들의 각별한 관심이 절실하다(임고은, 이동귀, 2014).

아동기에 경험하는 성폭력 피해는 신체적, 심리-정서적, 인지적, 행동적, 사회적 영역에 걸쳐 영향을 미친다. 그 후유증은 시간의 경과, 성폭력의 지속성, 가해자에 대한 인식여부, 친밀감 수준, 상황의 위협성 정도, 그리고 성폭력 사실이 밝혀졌을 때 부모, 친구, 이웃, 선생님 등 주변사람들의 반응 등에 따라 달라질 수 있다(이현혜, 2011).

한편 장애인은 비장애인이 생각하기 어려운 삶의 다양한 어려움에 봉착하는 경우가 많다.

---

22) 본 논문은 한국푸드아트테라피학회에서 발간하는 푸드아트테라피 3권 1호에 게재된 논문임.

장애인이면서 여성인 경우, 아동이나 청소년인 경우 등 이중삼중으로 약자의 위치에 놓여 있는 경우 그들의 곤란지경은 사회적 대책이나 제도가 마련되기 전에 이미 문제가 발생하고 방치됨으로써 가중된다. 특히 성폭력피해는 일반인보다 훨씬 더 심각한 사각지대에 놓여있다. 장애인 성폭력은 성폭력특별법 제8조(장애인의 간음 등)에 "신체장애 또는 정신상의 장애로 항거불능인 상태에 있음을 이용하여 여자를 간음하거나 사람에 대하여 추행한자는 형법 제 297조(강간) 또는 제 298조(강제추행)에 정하는 형으로 처벌한다고 명시되어 있다.

장애인의 성폭력 피해 중에서도 지적장애인의 성폭력피해가 가장 많은 비중을 차지하는 것으로 보고되고 있다. 2013년 서울시 여성가족정책실의 보고에 따르면 장애인 성폭력피해자가 313명으로 경찰에 신고 접수된 76건의 4배에 달하며, 그 중에서 지적장애인의 비중이 74%(232건)로 가장 많았다(서울시, 2013). 전국성폭력상담소협의회 장애상담소권역 20개소 통계에 따르면, 2013년 한 해 동안 상담소에 접수되어 지원한 피해자 중 비장애인을 포함한 성폭력피해자는 총 3천875명이며, 그 가운데 43%인 1천673명이 장애인성폭력 피해자다. 이 중 지적장애인은 1천227명으로 73%를 차지했다(http://www.cowalknews.co.kr).

통계에서 알 수 있는바와 같이 지적장애청소년은 성폭력에 상당히 취약하다(김경, 강영심, 2008; 최금란, 김갑숙, 2004; Beirne-Smith, Patton & Kim, 2006). 성범죄자들은 자신들의 범죄대상으로 접근이 용이하고 조종하기 쉬운 청소년을 선택하는 경향이 있다(Beirne-Smith, Patton & Kim, 2006). 지적장애 청소년은 모르는 사람을 쉽게 믿고 타인의 동기와 상황을 적절히 판단하여 행동할 능력이 부족하며(Zigler, Bennett-Gate & Hodapp, 1999), 일반청소년에 비해 성에 대한 지식이 매우 부족하다(McCabe & Cummings, 1996). 성폭력에 대한 개념인지가 안 되어 성폭력을 애정으로 오인하기도 하고, 부정적 느낌을 알더라도 주변 어른에게 표현하는데 한계가 있다.

한편 지적장애인은 비장애인에 비해 일반적 발달은 지체되지만 성적발달은 거의 차이를 보이지 않는 것으로 알려져 있다. 이러한 상황에서 지적장애인이 당면한 문제는 그들의 성에 대한 발달이나 성적인 욕구에 맞는 성교육을 받을 수 있는 체계가 갖추어져 있지 않으며, 성폭력 피해의 위험에는 상시 노출되어 있다는 점이다. 뿐만 아니라 성폭력 피해에 노출된 후에도 적절한 상담 및 치료나 보호를 받지 못해 상처가 깊어지는 사례가 심심찮게 보도되고 있다. 많은 사람들의 공분을 샀던 광주 인화학교의 성폭력 피해사례는 영화 '도가니'를 통해 재조명되기도 했었다.

그 외에도 "지적장애 여성 성폭력 보호책 급하다(부산일보, 2014년 3월 29일).", "장애인 성폭력 피해자 10명 중 7명 지적장애인(여성신문, 2014년 4월 2일자).", "안성 버스기사들, 수년간 지적 장애 여성 성폭행(국민일보, 2014년 10월 10일)", "지적장애 10대여성 상습 성폭행 40대 실형(뉴시스, 2014년 11월 25일)"등 끊이질 않고 있다. 이와 같이 수시로 제기되는 지적장애인의 성폭력 피해문제와 그로 인한 부정적 파장과 심각성에 비해 그들을 전문적으로 치유하고 조력할 수 있는 체계는 여전히 미흡하다.

특별히 지적장애인 지도 시에 유의할 점은 칭찬 등 정서적 교감에 주목하고 피해자의 자연스런 진술 속에서 공소사실 특정의 단서를 찾으며 피해자의 입을 통하지 않아도 되는 사실을 확인하기 위해 피해자를 지치게 하지 말 것이며 피해자의 양가감정에 대한 이해가 필요하다(김재련, 2012). 대부분의 성폭력 피해자는 자신이 처한 상황과 피해의 정도에 따라 차이가 있지만 대체로 문제 상황에 대한 생각과 회상으로 두려움에 시달리며 일상생활에 어려움을 초래하고 무력감, 절망감, 과도한 경계, 분노 같은 과민 반응을 나타냈다.

특히 지적장애인은 그들이 표현할 수 있는 언어가 적어 성폭력상황이나 일상에서의 문제와 내면상태, 정서불안 등을 언어로 다 표현하기 어렵다(김진희, 2014). 선행연구들은 성폭력피해 지적장애청소년의 적절한 조력수단으로 사건상황을 자연스럽게 표출하고 언어적 표현에 대한 거부감 없이 불안 심리를 표출하는 방법이 유용하다(김경, 강영심, 2009; 이영옥, 최외선, 김갑숙, 2007; 조정자, 2006)고 제안하였다.

예술치료는 비언어적 활동을 통해 심리치료를 하는 효율적인 대안으로 인정받고 있으며 특히 방어적인 내담자에게 효과적이다. 김진희(2014)는 내담자가 창조적 과정에 깊이 몰입하는 것은 의식 상태를 변경시키고 또한 말로 옮기기는 어렵지만 강력하게 편안한 느낌을 줄 수 있다고 보았다. 한국문화관광연구원은 "2012년 문화예술의 새로운 흐름 분석 및 전망"보고서를 통해 10가지 트렌드를 제시하였는데, 그 중에는 '예술로 불안 심리를 치유하는 경향 심화'도 포함되어 있으며, 예시들 중에 푸드아트테라피(Food Art Therapy: FAT)도 포함되어 있다(박소현, 안이영노, 2011).

FAT는 음식재료 및 식품을 매체로 하여 창의적 놀이와 예술 활동을 통해 자신의 내면세계를 표현하고 긍정적 사고의 전환과 확장을 통해 자아 찾기와 자아초월에 이르도록 하는 통합적 예술치료이다(이정연, 2008). FAT는 다양한 재료와 색채, 형태를 사용하여 내담자의 내면을 표현하도록 조력하고 무의식적으로 표출된 의미를 분석해보면서 또 다른 느낌을 감지하도록 하는데 탁월한 수단이 된다. 자연스럽게 매체를 사용하고 표현하는 FAT를 통한 작업이 성폭력 피해 지적장애아의 내면표현을 용이하게 하고 인식하지 못했던 생각이나 느낌을 드러내게 도움으로써 심신의 안정과 치유를 도모할 수 있다.

성폭력피해 지적장애아들은 장애로 인한 한계점 및 피해에 대한 불안감으로 인해 집중력부족을 드러낸다(김진희, 2014). 푸드는 그 자체가 갖는 탁월성으로 인하여 매우 큰 위로효과가 있으며, FAT에서의 작품 활동은 몰입(flow)측면에서 그 효과가 뛰어나 치료적으로 연계하기에 수월성을 더해준다. 풍부한 천연색의 푸드 재료들은 내담자의 오감과 감성을 자극하여 자연스럽게 비방어적으로 만들고, 작품 활동은 부담 없이 내면의 감정을 분출하도록 도움으로써 상당한 카타르시스, 스트레스 해소, 긴장이완, 자아성장, 문제치유의 효과를 얻도록 한다(조주영, 2012).

미술치료 또한 놀이요소와 치료요소를 두루 갖추고 있어 비언어적 활동으로 조력하기에 수월한 방법이다. FAT와 마찬가지로 예술치료의 하나이며 미술매체를 활용하여 심리치료를 할 수 있다. 미술치료는 성폭력 피해 청소년의 심리적으로 억눌린 정서표현을 돕고(석혜원, 2011; 정여주, 2006) 표출된 감정을 거리를 두고 보게 하여 차후에 심리적 및 이성적 균형을 잡게 하는데 도움이 된다(정여주, 2006). 해결중심단기상담모델은 내담자의 문제보다는 해결에 초점을 두어 다양한 질문기법으로 내담자를 조력할 수 있다. 현실치료는 내담자의 효율적인 행동에 초점을 두고 있으며, 그것을 위해 내담자의 지혜로운 선택을 조력하거나 가르친다.

본 연구는 성폭력 피해 지적장애청소년에게 상담 및 치료를 시도하였던 한 치료 상담 사례를 정리하여 보고하는데 목적이 있다. 상담을 의뢰받았을 때 기관을 통해 연구목적을 설명하고 연구동의를 얻었다. 연구목적을 위해 사례의 개입에 통합적으로 적용한 상담모델을 고찰하고 임상사례의 실제를 분석함으로써 내담자에게 일어난 상담과정을 비교적 상세히 설명하고자 한다. 상담기법으로는 FAT와 미술치료를 주로 활용하였으며, 해결중심단기상담모델과 현실치료를 보충적으로 활용했다. 내담자를 적절히 조력하기 위해 상담의 전반적 과정에서 FAT의 주요단계별 장의 흐름인 애정 어린 시선, 정감어린 교류, 진심어린 관심, 생기어린 한마당의 관점을 유지하고자 의도했다. 특히 내담자가 상담과정에 부담 없이 즐겁게 참여하면서 치료효과를 가져올 수 있게 하는데 역점을 두고 진행하였다.

II. 상담모델

내담자에게 상담을 통한 조력을 하는데 있어서 내담자를 보다 정확히 이해하고 효율적으로 돕기 위해서는 상담모델적용의 융통성과 통합·절충적 접근에의 개방성이 강조된다(이정주,

2011; 현병선, 2012; Corey, 2001; Nicholas & Schwartz, 1991; Prochaka & Norcrodd, 1999). 이러한 관점을 근거로 본 사례에서는 푸드아트테라피와 미술치료를 중심으로 하되 기타 통합적 관점에서 해결중심단기상담모델과 현실치료 등의 상담이론과 기법을 동원하여 적용하는 방식을 택하였다.

푸드아트테라피(Food Art Therapy: FAT)는 음식을 매체로 하여 예술놀이를 하면서 몸과 마음을 살리는 테라피이다(이정연, 2012a). FAT는 놀이치료와 예술치료의 특성을 동시에 지니고 있으며 인지·정서·행동의 여러 영역에의 변화로 연결되어 이른바 통합적인 상담접근으로서의 면모를 갖추고 있다(이정연, 2012b). 푸드는 우리에게 매우 친숙하고 자연친화적인 주제여서 처음 접하는 경우에도 저항감이 적고 작품에의 몰입과 완성에 이르게 하여 성공경험을 제공한다. 푸드 자체가 갖는 탁월성으로 인하여 위로효과가 클 뿐만 아니라 스트레스 해소, 긴장이완, 자아성장, 문제치유의 효과가 있다(조주영, 2012).

FAT상담과정에서 상담자는 내담자에게 생명 중심 사상과 장의 흐름을 고려하여 상호작용하는 것이 필요하다(이정연, 2014). 생명 중심 사상은 생명존중, 생명사랑, 생명살림, 생명지킴의 4가지를 핵심개념으로 삼는다(이정연, 2012a). 장(場)의 흐름은 심신에너지를 모두 포괄하는 상호작용을 의미하며 애정 어린 시선(맞이하기), 정감어린 교류(받아들이기), 진심어린 관심(찾아들어가기), 생기어린 한 마당(받아내기)이 되도록 치료적 관계형성과 공동협력의 자세를 갖는 것이 가장 본질적인 것이다(이정연, 2014).

이러한 점을 토대로 본 사례에서 성폭력 피해로 상처를 받아 위축되고 잠재된 분노를 안고 있는 내담자에게 애정 어린 시선, 정감어린 교류, 진심어린 관심, 생기어린 한 마당의 장을 마련함으로써 상처받고 위축된 내담자의 마음을 보듬고 자기효능감과 자아존중감을 향상시키고자 하였다. 푸드는 그 어떤 색으로도 표현할 수 없는 다양한 색, 질감, 그리고 형태를 고루 갖춘 천연재료로서 색에 따라 뇌가 활성화되는 영역이 달라 색채치료로서의 의미도 지닌다. FAT상담과정에서 내담자는 작품을 완성하며 성취감을 느끼고, 할 수 있다는 자기효능감이 완성된다.

미술치료는 심신의 어려움을 겪고 있는 사람들을 대상으로 하여 그들의 미술작업과 작품을 통해 심리를 진단하고 치료하는 것이다(한국미술치료학회, 1997). 내담자는 미술활동을 통해 작품에 자신을 투영시키거나 무의식적인 심상을 표출하고 자신의 경험이나 주변 환경을 재현한다(김정은, 2014; Wadeson, 1980). 내담자는 미술작업과 미술작품에 대한 생각과 느낌을 나누는 과정에서 표현력이 늘어나고(이상준, 2013) 감정표출과 자기조절력이 향상된다(박지현,

2010). 본 사례에서는 내담자가 흥미로운 미술활동을 통해 심리적 방어는 줄이고 보다 편안하게 작품 활동을 함으로써 자기내면의 어려움을 표출하고 치료적 성장으로 이어지도록 하는 방안이 부단히 시도되었다.

해결중심단기상담이론은 내담자의 문제보다는 해결에 초점을 맞추는 것으로 내담자가 가진 자원을 활용하여 해결 지향적으로 개입한다. 본 사례에서도 내담자의 자원을 활용하면서 문제의 해결에 초점을 두었다. 구체적인 개입전략으로는 내담자의 성취경험을 찾아 칭찬하고 개선과 변화에 대한 질문을 하며 상담과정에서 보여준 변화나 노력에 대해서는 적극적 격려와 지지를 해주었다.

현실치료는 인간의 존엄성과 잠재가능성에 대한 믿음을 토대로 하는 이론으로 내담자가 자신의 인생을 통제하여 자신이 원하는 건강하고 책임 있는 행동을 선택하도록 돕는 것이다. 본 사례에서는 내담자가 자신에게 질적으로 도움이 되는 효율적인 선택을 하도록 상담환경을 조성하고 구체적이고 숙련된 질문으로 이끌어가는 방식을 적용했다.

청소년상담의 일차적 대상은 청소년 개인이지만 청소년 관련인 및 청소년 관련기관 또한 청소년상담의 대상이 될 수 있다(한상철, 이수연, 임순선, 류수현, 김우철, 2012). 본 상담에서는 총 18회기 중에서 지적장애청소년내담자와 16회기, 담당사회복지사 및 관리교사와 2회기의 상담을 진행했다.

III. 상담의 진행과정

1. 사례개념화

1) 내담자 특성 및 의뢰경위

본 사례의 내담자는 성폭력피해 지적장애 3급 청소년으로 C지역의 성폭력전문상담기관인 C´기관으로부터 의뢰되었다. C´기관은 특수아동 및 청소년 전문수용시설인 C´´시설로부터 상담을 의뢰받았으며 C´´시설은 C´´´학교와 연계되어 있다. C´, C´´, C´´´등은 내담자가 전문적 조력을 받기까지의 복잡한 과정을 보여주며, 이러한 문제에 대한 개선의 필요성이 제기된다. 내담자의 어머니는 돌아가셔서 안계시지만 어머니에 대한 그리움을 갖고 있고, 아버지는 살아계시지만 내담자와 안 좋은 관계여서 보고 싶지 않다고 하였다. 어머니가 돌아가신 후 이웃할머니로부터 돌보아지다가 버림받은 적이 있다. 그 이후 외할머니 집에서 오빠와 함께 지내며 시설에 입소하기 전까지 크고 작은 상처를 입었으며, 낯선 남자로부터 성폭력 피해까지 당하여 시설에 입소하게 되었다고 한다.

성장과정에서 적절한 가정교육이나 가정적 위로기능이 별로 없었으며 성폭력 피해를 입었지만, 내담자가 거주하는 시설이나 학교의 상황이 수용인원이 많아 내담자에게 특별한 관심과 섬세한 돌봄의 여력이 닿기 어려운 실정이었다. 더욱이 내담자는 인지수준이 낮은 지적장애아여서 스스로를 돌보거나 자신의 문제처리 및 자기조절에 있어 일반아동보다 어려움을 보인다.

2) 주호소

내담자는 지적장애 3급으로 자신의 문제를 충분히 표현하는데 한계가 있어 내담자의 호소와 주요관련인의 호소를 토대로 정리하였다. 내담자는 성장과정에서 버려진 경험에 대한 상처로 인하여 또 다시 버려지는 것에 대한 두려움이 있다. 이웃할머니로부터 돌봄 받다가 버려진 경험이 있고, 그 이후 외할머니와 지낼 때도 내담자가 말을 안 들으면 외할머니가 버리겠다고 한 적이 있어 두려웠다고 한다.

성폭력피해를 입은 후 돌보는 할머니가 감당하기 버거워 시설에 입소하게 되었으며, 가해자에 대한 분노감을 드러냈다. 시설에 입소하여서는 친구들과의 원활한 상호작용에 어려움이 있으며 때로 친구들로부터 돌리는 상황에 놓이면 예민해지는 경향을 보였다. 같은 방에 거주하는 아이들이나 좋아하는 사람들로부터 관심을 받거나 관심을 끌기위한 행동을 하고자 하는 경향이 있다. 때로는 돌출행동을 보이기도 하고 성이야기도 거침없이 표현하기도 하였는데 그럴 때 아이들의 시선이 집중되는 경험이 강화작용을 한 듯하다.

3) 문제의 사정과 가설설정

(1) 심리평가

집-나무-사람 그림검사(House-Tree-Person Test: HTP), 동적가족화(Kinetic

Family Drawing: KFD), 아동용회화통각검사(Korean Children a Perception Test: K-Cat), 그리고 검사 도구는 아니지만 곰돌이 카드 등은 마치 놀이하듯이 참여하며 내담자의 내면을 평가하기에 용이하고 치료의 수단이 되기도 한다.

　이들 도구는 내담자를 보다 효율적으로 이해하기 위한 진단의 수단이 되기도 하고 동시에 치료효과를 발휘하는 것으로 알려져 있다. 신민섭(2003)은 다년간 마음이 아픈 많은 어린이와 청소년들을 만나 조력하는 과정에서 그들이 말로나 행동으로는 자신이 겪고 있는 심리적 어려움과 갈등을 잘 표현하지 못하는 경우가 많지만 그림을 통해서는 너무나 생생하게 자기 내면의 실제 모습을 잘 보여준다는 것을 보고하였다. 본 사례에서도 이들 기법이나 도구를 놀이형식으로 도입하여 진행하며 내담자의 내면을 이해하고자 했고 그 과정자체가 치료의 기능을 발휘하기를 기대하며 시도하였다.

　내담자를 보다 객관적으로 이해하기 위한 정보수집과 적절한 조력을 위한 상호작용 및 심리검사실시결과와 임상적 관찰에 따르면 곰돌이카드를 활용하여 자신의 모습을 찾아보는 과정에서 웃어야만 다른 사람들로부터 사랑받고 인정받는다는 생존전략을 채택하고 있음이 드러났다.

　HTP검사에서는 성폭력 가해자로부터 피해당했던 경험을 표현하며 신체적 경직과 분노를 표출했다. 자신에 대해서는 아기시절로의 회귀소망을 보였다. KFD검사에서는 오빠와 할머니의 모습을 화난 표정으로 그려 양가감정을 드러냈다. 아동용회화통각검사에서는 음식에 대한 경쟁, 자립에 대한 충동, 누군가를 그리워하며 걱정하는 모습, 혼자 있는 것에 대한 두려움과 외부관심의 필요성, 지배적 할머니에 대한 두려움을 나타냈다.

(2) 가설설정

　내담자가 학교생활에서 마음이 불편하더라도 웃음으로 대처하고 태연한 듯이 생활하는 경향을 보인 것은 일종의 생존전략으로 선택한 행동으로 보인다. 내담자가 좀 더 오랜 시간을 보내는 시설에서는 때로 불안 증세와 돌출행동을 드러내는 등 어려움이 발견되는 것은 상처로 인한 위축, 불안, 잠재된 분노에 대한 억압의 결과이며 일상생활 및 친구관계에까지 예민한 상호작용양상으로 드러난 것으로 보인다. 내담자에게 성폭력 피해경험은 분명 무섭고 마음이 불안하며 가해자를 향한 분노가 내재되어 있지만, 그것을 그대로 드러내는 것은 더 무서운 문제를 야기할까봐 두려워 어려운 상황임에도 불구하고 오히려 웃음으로 대처하는 경향을 보였을 것으로 유추된다.

2. 상담목표

본 사례에서 내담자는 어려서 어머니를 여의고 권위적이고 통제적인 아버지를 두려운 존재로 지각하고 있으며 마주치고 싶지 않다고 한다. 잠시 이웃할머니의 돌봄을 받았지만 중간에 버려졌던 기억이 상처로 남아있고 외할머니가 오빠와 내담자를 돌보아 오다가 성폭력피해를 당하는 등 어려움이 가중되어 현재 그룹홈 형식으로 운영되고 있는 특수아동시설에 입소하여 생활하며 특수학교에 재학 중이다.

학교에서 교사들이 관찰한 내담자는 성폭력 피해자임에도 불구하고 특별한 문제가 없는 듯 밝아 보이며 웃기도 잘한다고 하였다. 그렇지만 그룹홈 시설에서 사회복지사가 관찰한 내담자는 잘 지내는듯하다가 불안한 모습을 보이기도 하고, 돌출행동을 보여 사회복지사를 난감하게 만들기도 하며, 또래들과 잘 지내지 못하며, 혹여 또 문제를 만들까봐 모든 아이들이 함께 하는 산책 등 일부활동은 제한하기도 했다고 했다.

본 사례에서 상담자로서 내담자를 조력할 수 있는 시간과 기간이 제한되어 있었지만, 다음과 같은 상담 및 치료목표를 가지고 상담을 진행하였다.

첫째, 내담자가 성폭력 피해로 상처받아 위축되고 불안한 마음과 잠재되어 있는 분노를 FAT와 미술치료 작업을 통해 고통 없이 표현하고 정화시켜가도록 돕는다.
둘째, FAT의 핵심개념을 반영한 돌봄 기능으로 내담자를 조력함으로써 문제를 치유하고 자기존중감과 자기효능감을 향상하도록 한다.
셋째, 내담자가 친구관계를 회복하도록 하여 보다 즐겁고 행복한 생활을 통해 현재와 미래지향적 삶을 살아가도록 돕는다.

3. 상담과정

상담기간은 2010년 12월 8일부터 2011년 1월 26일까지 총 18회기동안 진행하였으며, 그 중에서 내담자와 16회기의 상담을, 그리고 담당사회복지사 및 관리교사와 각 1회의 면담을 실시했다.

1) 내담자 상담

상담이 이루어진 장소는 학기 중에는 내담자가 다니는 학교에 본 연구자가 직접 방문하여 수업대신에 상담을 하였고, 방학 중에는 내담자가 지내고 있는 시설로 방문하여 진행하였다. 상담은 주 1회 하루 2~3시간씩 진행하였으며, 회기는 1시간을 기준으로 분류하였다(〈표 1〉 참조).

〈표 1〉 상담진행 단계 및 회기별 주요내용

단계	회기	상담목표	활동내용
초반기	1	관계형성 상담에 관심 갖기	– 초기면접 – 곰돌이카드 활용 상호작용 놀이
	2	상담참여 동기유발 및 사정	– 그림검사(HTP) 실시
	3	상담에서 원하는 것 탐색	– FAT : 상담을 통해 얻기 원하는 내용을 작품으로 표현하기 – 재료 : 귤, 아몬드, 잣, 검은콩, 솔방울, 부직포
중반기	4	심층욕구탐색과 충족방향모색	– 아동용회화통각검사
	5	가족관계 탐색과 관계개선	– 그림검사(KFD)실시
	6	주변인물 탐색과 관계개선	– FAT : 쿠키를 활용하여 다양한 표정을 만들고 상호이야기기법으로 전개함 – 재료 : 다양한 모양의 쿠키, 초코시럽, 접시
	7	현재의 핵심적 가족관계 탐색과 관계개선	– 미술치료 : 할머니, 오빠, 내담자 자신에 대한 동그라미 중심화 작업을 함
	8	과도한 스트레스 및 부정적 감정 해소	– FAT : 뻥튀기를 활용하여 불쾌한 기억을 날리기 위한 퍼포먼스를 하고 치유를 위한 상담조력을 함 – 재료 : 뻥튀기, 부직포
	9	할머니와의 관계탐색과 개선	– 미술치료 : 손 본뜨기 활동과 할머니로부터 주로 들은 얘기와 듣고 싶은 얘기를 다루고 관계개선책 모색
	10	내적인 힘 강화	– 미술치료 : 데칼코마니를 실시하고 상호이야기기법으로 전개함
	11	걱정과 염려 다루기	– FAT : 걱정되는 것을 작업하고 문제의 개선과 건설적인 발전방안 모색 – 재료 : 견과류와 계란 넣은 영양빵, 접시
	12	마음의 흐름파악과 조력 ①	– FAT : 즐겁게 놀이형식으로 내담자의 마음흐름대로 창작하여 스토리텔링을 통해 흐름의 내용을 파악함 – 재료 : 초코파이, 쌀, 뻥튀기, 대추, 부직포
	13	마음의 흐름파악과 조력 ②	– 미술치료 : 풍경구성법을 실시하여 상호작용놀이형식으로 조력
	14	소망확인과 대체방법탐색	– FAT : 내면자극에 탁월성을 지닌 푸드 재료를 활용하여 소망하는 내용을 작업으로 확인하고 그것의 충족이나 충족이 어려울 경우 대체하는 방법 찾기 – 재료 : 수재쿠키, 부직포
후반기	15	자신의 소중함 인식하기	– 미술치료 : 손 본뜨기 활동과 꾸미는 작업을 통해 자신의 소중함을 인식하도록 조력하기
	16	배운 것 통합 및 마무리	– FAT : 전체회기 요약. 푸드 재료를 활용한 만다라 작업과 자신을 위한 상차림을 통해 배운 것을 통합하고 스스로를 격려하고 지지하기 – 재료 : 각종 씨앗, 각종 떡과 과일, 접시

(1) 초기단계(1~3회기)

① 1회기 :

본회기는 내담자와의 관계형성과 상호작용과정에서의 지지를 통해 내담자가 상담에의 관심을 갖도록 유도하고 내담자의 문제를 파악하는 것을 상담목표로 삼았다. 이를 위해 해결중심단기상담모델의 주요가정 중의 하나인 '의미와 체험은 상호작용 속에서 일어난다.'는 전제하에 상담자는 내담자에게 관심을 보이며 인사를 나누고 상담자를 소개한 뒤 상담에 대해 구조화하였다. 상담자와 나누고 싶은 얘기를 묻자 친구얘기를 하였고 그들과 잘 지내고 싶은데 오빠들이 놀려서 속상하다는 얘기를 하였다. 상담자가 공감해주자 미소를 보였다.

상담자는 내담자와 이야기 상호작용을 하고자 미리 준비한 곰인형 카드들(다양한 자세와 표정을 나타내는 48장의 카드)을 제시하였더니 내담자가 흥미를 보였다. 그 중에서 내담자 자신을 가장 잘 나타내는 것을 고르게 하자 웃고 있는 표정의 곰인형 카드를 골랐다. 상담자가 어떤 곰인형인지 설명해 달라고 하자 "곰돌이는 엄마, 아빠한테 사랑받으려고 웃고 있다"고 하였다. 상담자가 수용적으로 경청하며, 안 웃으면 사랑을 못 받는지 묻자 "네, 사랑을 버릴 것 같아요"라고 하였다.

내담자가 선택한 곰인형 카드를 활용하여 질문 및 상호이야기기법으로 이야기를 확장시켜 나갔다. 친구들이 놀릴 때는 무시하지만, 대체로 다른 사람이 행복해지면 편할 것 같아서 웃는다고 한다. 산 속에서 버림받은 곰 이야기를 하며, 불쌍하고 가여워서 집에 데려다주길 바란다고 하였다.

1회기의 상담을 마무리하며 소감을 묻자 곰인형 카드로 선생님과 얘기를 나눌 수 있어서 좋았다고 하였다. 내담자는 상담하는 동안 내내 중간 중간 미소를 보였는데, 내담자의 웃음이 내면에서 우러나오는 웃음이라기보다는 사랑받기 위한 의도가 작용한 것으로 보인다.

② 2회기 :

HTP검사 실시를 안내하자 그림 그리는 것을 좋아한다고 하여 자연스럽게 상담참여에의 동기가 유발되었다. 미술치료학자들은 그림검사가 사정의 수단이 됨은 물론 치료효과도 발휘한다고 말한다. 내담자는 House를 그리고 난 뒤 연상 질문에서 낯선 사람이 사는 집이라고 하여 어떤 낯선 사람인가에 대해 묻자 자신을 끌고 갔던 낯선 사람이라고 하며 거지같고, 기분이 무섭다고 했다. 상담자가 "낯선 사람이 데려갈 때 많이 무서웠구나!"라며 공감해 주자 "네. 아저씨가 문을 잠그고 귀, 목덜미, 가슴을 빨았어요."라고 말하며 표정이 굳어졌다.

상담자가 "그래 많이 무서웠지. (내담자가 고개를 끄덕임) 지금은 이렇게 잘 보호받고 있고, 앞으로는 그런 일이 일어나지 않을 거야."라며 안심시키고 다독이며 잠시 동안 마음을 진정시켰다.

내담자의 마음이 진정된 후 낯선 사람이 어떻게 되길 바라느냐고 질문하자 경찰서에 잡혀가서 콩밥 먹었으면 좋겠다고 하였다. 가해자는 내담자가 원하는 대로 되어가고 있음을 알려주고 내담자의 마음을 안정시켰다. Tree는 전체적으로 균형 잡히지 않고 기둥이나 가지를 약하게 묘사하여 내적인 안정이나 능력, 자아강도 면에서 약함을 드러냈다. Person 그림에서 반대성의 그림을 그릴 때 처음에는 5세 남자라고 하더니 표정을 화낸 모습으로 그리고는 성폭행한 아저씨라고 하였다. 가해자에 대한 분노에 공감과 지지를 해주자 위로받는 듯이 안도의 표정을 지었다.

③ 3회기 :

FAT를 적용하여 핵심개념에 따라 내담자를 인간적으로 대접하는 생명존중, 내담자에게 정성으로 대하는 생명사랑, 내담자의 氣가 원활하게 운행되도록 지지하는 생명살림, 내담자를 살피고 보살피는 생명지킴을 시도하였다. 먼저 내담자에게 FAT 재료를 제시하자 매우 흥미를 보였다. 푸드 재료를 오감각적으로 체험하며 교류하는 시간을 가졌다. 거친 것도 있지만, 어떤 것은 부드럽고 달콤한 냄새가 나서 먹고 싶다고 하여 함께 먹는 시간을 가지며 위로기능을 더했다. 상담을 통해 어떻게 되기를 바라는지에 대해 부직포 위에 꾸며보라고 하자 주저함 없이 바로 작품 활동에 몰입하였다.

내담자의 꽃 작품

내담자는 꽃을 꾸몄으며 양옆에 공간을 마련하고는 한쪽은 기어들어가는 곳이라고 말하고, 다른 한쪽은 편하게 걸어 나오는 곳이라고 말하였다. 내담자는 상담을 하고 나올 때는 마음이 편해졌으면 좋겠다고 표현하였다. 내담자가 활짝 핀 꽃을 묘사하여 잘 헤쳐 나오는 모습을 생각하고 있는 것에 대해 격려하고 지지해주자 표정이 밝아졌다.

이번 회기를 요약하며 마무리 소감을 묻자 자신을 괴롭힌 아저씨 얘기를 할 수 있어서 마음이 편해졌으며, 상담종료가 아쉽다고 하였다. 일정기간동안 매주 만날 수 있음을 안내하고 아쉬움을 달래준 후 다음 회기를 기약하며 마무리했다.

(2) 중기단계(4~14회기)

    심리검사는 상담초기에 실시하여 그 결과를 상담개입에 반영하는 것이 일반적이나 본 사례에서는 내담자가 지적장애아이고 집중시간의 제한 및 흥미롭게 참여하도록 여건조성 등을 고려하여 안배하여 실시하였다. 다른 한편으로는 중기단계의 초기에 실시한 아동용 회화통각검사는 내담자가 흥미롭게 이야기로 상호작용하는 느낌과 함께 실시할 수 있는 검사이고 동적가족화(Kinetic Family Drawing: KFD)는 사정의 수단이기도 하지만 치료의 수단으로도 유용하게 쓰이므로 중기단계에 실시하는 것도 치료적 흐름에 유의미한 작용을 할 것으로 판단하였다.

④ 4회기 :

    이번 회기에서는 K-Cat을 실시하여 내담자의 심층욕구를 알아보고 충족방향을 모색하고자 했다. 검사결과 도판 1에서 음식에 대한 경쟁을, 도판 2에서는 줄다리기의 경쟁을 나타내어 자립에 대한 충동을 드러냈다. 도판 3은 누군가를 그리워하며 걱정하는 모습을, 도판 4에서는 혼자 있는 것에 대한 두려움과 외부 관심의 필요성을 나타냈다. 도판 5에서는 의식을 찾아서 나가는 모습을, 도판 6에서는 공격에 대한 두려움을 나타내었으나 원숭이가 호랑이를 해치웠을 것이라고 말하였다. 도판 7에서는 지배적인 할머니에 대한 두려움을, 도판 8에서는 목욕시켜주는 장면을 묘사하여 청결문제를 시사했다. 도판 9에서는 돈을 안 내고 사과를 훔쳐가 혼나는 장면을 묘사하여 도덕과 벌에 대한 개념을 드러냈다.

    각 도판에서 내담자가 보여준 문제성향의 두드러진 스토리에 대해서는 핵심요소에 대해 숙련된 질문기법으로 건설적인 방향을 찾아가도록 이끌었다. 마지막으로 이번 회기에서 다룬 것을 요약해주며 소감을 묻자, 재미있었고, 특히 원숭이 얘기(도판 6)할 때 재미있었으며 어렵지 않았다고 했다. 본 연구자는 내담자가 K-Cat 실시과정에서 원숭이가 호랑이를 해치웠을 것이라고 표현하며 약자가 승리한다는 스토리를 재미있다고 기억하고 있음에 주목하였다.

⑤ 5회기 :

    이 회기는 가족관계를 탐색하고, 필요한 개선을 도모하고자 KFD 실시를 안내하고 지시문을 제시하자 주저함 없이 그림을 그렸고, 그림 그리기 대회에 나가고 싶다고 말하였다. 그린 내용은 오빠, 내담자, 할머니 순서로 그렸다. 자신을 그릴 때는 자주 지우는 모습을 보여 내면의 불안감과 초조감, 불만족을 드러냈다. 연상질문에서 다른 가족은 없는지 묻자 엄마는 돌아가셨고, 생각하면 눈물이 날려고 한다고 하여 엄마에 대한 그리움에 대해 공감을 해주었다. 아빠는 멀리 떨어져 있으며 무섭고 싫어서 안보고 싶다고 했다.

시설에 들어오기 전에 같이 살았던 외할머니와 오빠가 보고 싶다는 표현은 하였지만 KFD에서 내담자 자신의 표정은 웃는 표정이고, 할머니와 오빠는 화난 표정을 그려 양가감정을 드러냈다. 할머니가 어떤 상황이냐고 묻자 내담자가 돈을 훔쳤을 때 슬프고 걱정이 되어서 화난 표정이고, 오빠는 내담자에게 컴퓨터를 못 쓰게 해서 화난 표정을 그렸다고 하였다. 내담자는 돌아가신 엄마를 제외한 나머지 가족에 대해서는 부정적으로 지각하고 있어, 충분히 공감해 준 후 밝음과 어둠의 비유를 통해 누구든 장단점이 있음을 안내하고 내담자의 가족에 대해서도 긍정 요소를 찾도록 도왔다.

⑥ 6회기 :

FAT를 통해 내담자의 주변인물에 대한 감정탐색과 관계개선을 시도했다. 상담자는 애정 어린 시선으로 각종 쿠키를 재료로 제시하며 내담자가 오감각적으로 체험하고 교감하며 워밍업 하도록 했다. 초코 시럽을 활용하여 쿠키위에 다양한 표정을 넣어보자고 제시하자 재미있을 것 같다며 즐거운 표정으로 작업을 시작했다.

다양한 얼굴표정

좌측의 사진은 내담자가 만든 표정이며, 우측의 사진은 상담자가 만든 표정이다. 하나하나 표정을 넣는 과정을 격려하고 지지하자 이런 활동 처음이라며 즐거워했다. 상담자가 편안한 자세와 태도로 안전한 분위기를 조성하면 장의 흐름이 애정 어린 시선으로 전개되면서 상담자와 내담자 사이에 치료적 관계가 형성된다.

다양한 표정이 접시에 한가득 만들어졌을 즈음에 좌측과 우측의 쿠키에 담겨 있는 표정과 닮은 주변사람을 연상해 보게 하였다. 상담자와 내담자가 쿠키 위에 그린 다양한 표정들을 활용하여 상호이야기 기법으로 정감어린 교류를 하며 스토리를 만들어가는 과정에서 내담자는 히죽히죽하거나 깔깔 웃기도 하며 즐겁게 참여했다. 내담자가 밝고 긍정적 표정으로 연상한 사람은 친한 친구, 담임선생님, 부엌선생님 등이었고, 주로 내담자에게 칭찬과 지지를 보내주는 사람들이라고 한다. 어둡고 부정적이며 화난 표정으로 연상한 사람은 낯선 아저씨(성폭력 가해자), 괴롭히는 친구, 야단치는 선생님, 지저분한 친구들이라고 한다. 이정연(2014)은 정감어린 교류를 통해 내담자가 자신의 존재가치를 인정받으며 자기이해와 자기사랑이 증진되고 자기조절을 하게 된다고 보았다.

상담자는 진심어린 관심으로 내담자가 힘들 때조차도 웃는 것과 관련하여 자각하도록 조력하고 각 상황에 맞는 표정과 그에 따른 바람직한 의사표현을 지도하였다. 또래와 잘 못 지내는 상황에서는 어떻게 다가갈지에 대해 역할연기를 하며 실생활적용을 도왔다. 또한 싫고 두려우며 괴로운 기억에 대해서는 이미지 연상으로 분리를 시도하고, 즐겁고 행복한 기억에 대해서는 이미지 연상으로 연합하여 다루어준 후 다시 그 장면을 연상하게 하였더니 많이 편안해졌다고 하였다.

금회기에 다룬 것을 내담자에게 요약해 주고 상담에 대한 소감을 묻자 마음이 살 것 같다고 표현하는 것으로 보아 상담효과가 잘 나타나고 있음을 보여준다.

⑦ 7회기 :

내담자에게 지난 회기를 회상해보도록 안내하며 쿠키에 그렸던 것을 단서로 제시하자 다양한 표정을 그리고 나누었던 것을 상기하였다. 기억해낸 것을 칭찬해주자 인정받은 것에 대해 환하게 웃으며 기쁨을 드러냈다. 그리고 지난 회기 이후 어떤 일이 있었는지 묻자 계란 빵 먹은 얘기, 춤 연습을 했는데 못 춰서 걱정이라는 얘기 등을 했다. 내담자가 지난 회기 이후 상담의 연계성을 고려하여 몰입하기엔 제한적인 모습이 드러났다. 그래서 지금-여기에서 드러낸 내담자의 표현을 존중하여 연습하면 잘 할 수 있다고 지지해주자 열심히 연습하겠다는 의지를 보였다.

내담자의 실제가족에 대한 지각을 탐색하고 관계개선을 돕고자 동그라미중심화를 안내하고 할머니중심화, 오빠중심화, 내담자 자신중심화 순으로 그리는 시간을 가졌다. 먼저 원의 중심에 할머니를 그리고 그 주변에 할머니에게 떠오르는 상징을 표현하게 하였다. 내담자가 표현한 상징에서 연상되는 것을 통해 관련된 가족과 내담자의 관계를 탐색할 수 있다. 내담자는 할머니 주변에 꽃, 할아버지, 동생, 구름·해·달을 그렸으며 할아버지와 엄마에 대한 그리움을 드러냈다.

오빠중심화에서 원의 중심에 그린 오빠의 얼굴 표정을 화난 모습으로 묘사하였으며 생각하기 싫고 너무 무섭다고 하였다. 또한 그 주변에는 여자친구, 컴퓨터, 의자를 그렸으며 의자는 오빠를 에워싸고 있는 모습으로 그려 오빠에 대한 부정적 감정을 드러냈다. 내담자 자신의 중심화에서는 연필, 지우개, 책, 립스틱, 강아지, 체육선생님을 그렸다. 학용품은 할머니가 사주신 것들이며, 체육선생님은 내담자에게 MP3를 사주신다고 하여 생각났다고 하였다. 상징은 의식의 여러 수준을 고리처럼 연결하는 기능을 한다. 내담자는 자신이 아끼는 소지품과 관련스토리를 삶의 끈으로 간직하고 있음을 알 수 있다. 전체적으로 볼 때 내담자는 합리화를 통한 자기방어와 오빠에 대한 양가감정이 있는 것으로 드러났다.

⑧ 8회기 :

FAT를 통해 과도한 스트레스와 부정적 감정을 해소하기 위한 세션이다. 먼저 뻥튀기 재료로 관계형성을 시도하였다. 상담자는 애정 어린 시선으로 내담자와의 만남 자체가 상담자에게도 의미 있는 영향을 주고받는 일임을 전달하고 미리 정성을 담아 준비한 재료로 맞이하며 내담자가 오감을 활용하여 체험하고 교감하는 시간을 갖도록 했다. 내담자는 부드럽고 좋은 냄새가 나며 느낌이 좋다고 했다.

[그림 3] 뻥튀기 격파모습

내담자가 뻥튀기를 먹고 싶어 하여 두어 개 먹을 수 있도록 배려하며 자연스럽게 뻥튀기에 얽힌 스토리를 경청하며 정감어린 교류로 이어갔다.

이어서 뻥튀기 한 개를 부직포 위에 올려놓고 불쾌한 기억을 날려버린다고 상상하며 손으로 내리치게 하였다. 내담자의 활동몰입이 깊어 뻥튀기를 몇 군데 여러 겹 쌓아 두고 마음껏 내리치게 한 후 뻥튀기 내리치기 활동에 대한 느낌을 묻자 게임용 두더지 생각이 났으며, 속상한 것을 날리는 느낌이라고 했다. 아침마다 게임용 두더지가 하나 있었으면 좋겠다고 하여 스트레스가 많음을 드러냈다.

게임용 두더지가 있으면 어떤 속상한 것을 날릴 것이냐고 묻자 낯선 아저씨(성폭력 가해자)를 두더지처럼 패주고 싶다고 했다. 상담자가 뻥튀기를 쌓아 놓고 게임용 두더지처럼 내리치도록 재연하게 하자 두 손으로 펑펑 내리치기를 반복하였다. 한참을 내리친 후, 내담자는 한숨을 쉬며 후련해하는 모습을 보였다.

상담자가 낯선 아저씨한테 별명을 지어주자고 제안하자 내담자도 그것을 수용하며 "짠순이 투"라고 짓자고 하였다. 내담자가 가해자에게 붙인 "짠순이 투" 별명을 외치며 또 다른 뻥튀기 내리치기 작업을 몇 번 더 반복하도록 했다. 한참을 내리치고 나더니 성폭력피해를 당했던 당시의 상황을 얘기하기 시작했다. 가해자가 내담자에게 김탁구[KBS2 드라마 "제빵왕 김탁구(2010. 6. 9~ 2010. 9. 16 방영)"의 주인공]를 만나게 해 준다고 거짓말로 꾀어 집으로 데려 가서 묶고 피해를 주었다고 한다.

"푸드는 부담 없이 내면의 어려움을 술술 풀어내게 만드는 마력이 있는 것 같아서 신기하다."는 한 교육 참여자의 보고가 있다(조주영 외, 2014). 본연구의 사례자도 FAT의 장의 흐름에 따라 자연스럽게 자신의 내면적 어려움을 술술 풀어내고 치유의 과정에 접어든 것으로 보인다.

내담자의 가해자를 향한 분노, 그리고 속은 것에 대한 억울함을 충분히 공감해준 후에 진심어린 관심의 장으로 이어가며 뻥튀기 조각들을 가지고 재구성을 안내하자 입으로 읊조리듯 공, 산, 리모콘, 산꼭대기 구름, 지구, 동물농장 등등을 만들어 가더니 전체적으로 이것은 우주라고 말하였다. 하늘나라 예수님이 생각난다고 했다. 예수님은 어떤 분인지에 대해 묻자 예수님은 착한 분이며 생각만 해도 기분이 좋다고 했다.

정감어린 교류가 일어나기 위해 가장 효율적인 상담기술은 포용이며, 알아가기, 반응하기, 신체언어 사용하기, 깊은 이해, 받아주기, 받쳐주기 등의 공감과 경청기술이 포함 된다(이정연, 2014). 내담자가 재구성과정에서 보여준 여러 읊조림을 그 자체로 포용하며 반응적 경청을 해 주고 격려와 지지를 해 주었다. 그렇게 내담자는 FAT의 생기어린 한 마당의 장에 도달하였다.

생기어린 한 마당을 통해 내담자가 참된 욕구를 해결할 수 있는 내면의 능력을 발견하고 이미 해내고 있는 증거들을 확인하며, 현실적으로 가능한 희망을 가지게 되면서 일상생활에서의 구속과 제한으로부터 더 자유롭게 자신을 살리는 대안을 찾을 수 있도록 생명력을 통합할 수 있다(이정연, 2014). 상담자는 본 연구의 사례자가 작품으로 해낸 것을 확인시켜주고 해냄을 축하해주며 비유적으로 곤경과 시련 속에서도 성장점이 가까이 있음을 인식하게 도왔다. 그리고 모든 공(功)을 내담자에게 돌리고 내면적인 성취감과 자신의 능력을 확인한 것을 현실적으로 가능한 희망으로 이어가도록 조력했다.

이번회기에 진행한 내용을 내담자에게 요약해 주며 소감을 묻자 마음에 있던 걱정, 두려움, 스트레스가 날라 갔으며 자신감이 생겼다고 하였다. 걱정, 두려움, 스트레스의 정도를 파악하기 위해 척도질문(10은 매우 심각, 1은 매우 미미)을 하자 상담 초에는 10정도였던 것이 지금은 2~3정도 남아 있다고 했다. 반면에 자신감은 처음엔 2~3정도였던 것이 지금은 7~8정도라고 했다.

⑨ 9회기 :

　미술치료를 통해 할머니와의 관계탐색과 개선의 시간을 이어갔다. 내담자가 상담 중에 할머니를 그리워하는 얘기를 몇 번 언급하였으나, 그림검사에서는 부정적 감정을 드러낸바 있어서 그것에 대해 자연스럽게 좀 더 명료화하기 위해 손 본뜨기를 통해 탐색하는 시간을 가졌다. A_4용지 위에 내담자의 오른손과 왼손을 본뜨게 한 후에 왼손에는 할머니로부터 자주 듣는 얘기를, 오른손에는 할머니로부터 듣고 싶은 얘기를 적게 하였다.

　내담자가 왼손에 적은 내용은 양말 빨아라, 신발 빨아라, 머리 감아라 등이었고, 오른손에 적은 내용은 사랑해, 공부해라, 핸드폰 사줄게 등이었다. 실제로 듣고 싶은 얘기를 얼마나 들었는지를 물었더니 별로 기억에 없다고 하는 것으로 보아 상호관계에 아쉬움이 있어 보인다. 작업을 하다가 중간에 주변인물로 바꾸어 내담자가 생각나는 대로 전개해 나갔다. 혼자 읊조리듯 "춤 연습은 열심히 해서 잘 하는 게 좋은 거야" "신OO는 너무 놀려서 싫어!, 바보"라고 적어가며 중간 중간 웃기도 하였다. 상담자가 "OO(내담자 이름)가 열심히 하는구나!"라고 지지해주자 더 적극성을 보였다.

⑩ 10회기 :

　내담자의 내적인 힘을 강화하고자 물감을 활용한 데칼코마니를 실시하고, 상호이야기 기법으로 풀어 갔다. 상호이야기를 통해 상담자와 내담자가 문답식으로 이야기를 나누며 상호의견을 교환하여 이야기를 풍부하게 만들어 갈 수 있다.

　내담자는 물감을 짜며 친구와 물감놀이 하면서 놀았던 것이 생각났다고 했다. 첫 번째 작품은 잠자리를 닮았다고 하여 상호이야기를 전개하자 속상할 때 잠자리가 되어 날아다니면 편하고 좋겠다고 하였다. 상담자가 어떨 때 속상한지에 대해 묻자 친구들이 놀릴 때라고 하여, 그 상황을 구체화하고 그 때 취할 수 있는 방식을 알아보며 바람직한 표현을 역할 연습으로 습득하도록 지도했다.

놀릴 때 대처하는 방법으로는 놀림에 맞장구칠 수도 있고, 가만히 있을 수도 있으며, 다른 얘기를 꺼내어 화제를 전환할 수도 있고, 그 상황으로부터 벗어나는 방법 등 여러 가지가 있을 수 있음을 인식하도록 했다. 내담자는 잠자리가 내담자에게 잘하라고 응원하는 것 같다며 앞으로는 잘할 수 있을 것 같다는 의지를 드러냈다.

두 번째 작업에서는 상담자가 묻지 않았는데도 물감을 짜며 그동안 애들한테 놀림 받은 것 때문에 화가 난 것들이 풀리는 것 같다고 했다. 그렇게 만든 작품은 토끼라고 하여 상호이야기를 전개하자 호랑이가 토끼를 괴롭히는 것이 생각났단다. 내담자 자신은 토끼를 괴롭히지 않을 것이라고 말하여, 옳은 생각을 한 것에 대해 격려해 주자 뿌듯해하는 모습을 보였다. 내담자는 토끼와 자신을 동일시한 것으로 보인다.

세 번째 작업에서는 작품을 마무리한 후에 강아지라고 하였다. 강아지가 주인을 보면 짓는데, 버림받아서 버리지 말라고 짓는 것이라고 하였다. 강아지 같은 경험이 있는지 묻자 지금 외갓집 할머니가 내담자를 키우기 전에 키워주던 이웃할머니가 자신을 버린 경험이 있다고 했다. 그때의 느낌을 묻자 무섭고 두려웠다고 하여 공감해주고, 지금의 외할머니도 버릴 것 같은지 질문하자 지금 할머니는 착하신데, 말을 안 들으면 집에 못 오게 멀리 제천에 버린다고 하였단다. 상담자가 "할머니 말씀 잘 듣는 일 밖에 없네."라고 말하자 내담자는 그렇다며 웃었다.

상호이야기기법은 내담자가 제시한 이야기에 상담자가 더 적응적이고 치유적인 이야기로 전개해 감으로써 내담자의 결핍된 이야기를 풍부하게 해 줄 수 있다. 내담자는 금회기의 활동에 대해 물감활동이 재미있었고, 얘기를 많이 해서 좋았다고 했다.

⑪ 11회기 :

FAT를 통해 내담자의 걱정과 염려를 다루고 문제의 개선과 건설적인 발전방안을 모색하고자 했다. 내담자는 자신이 제일 염려되는 것으로 "속상한 것을 마음 속에 담아 두는 것이며, 친구들이 자신에게 얼굴을 찡그리는 것"을 들었다. 자신을 잘 감싸주고 도와주는 친구가 있었으면 좋겠는데 그런 친구가 없어서 염려된다고 하였다. 그런 친구가 있어서 내담자 자신의 아픈 어깨도 주물러주고 마사지도 해 주었으면 좋겠다고 하였다. 내담자의 그런 마음을 작품 활동으로 풀어내도록 돕고, 현재 상황을 공감해 주며 오늘은 상담자가 친구가 되어주는 것(상담기간 동안)을 제안하자, 표정이 밝아지며 좋다고 수용하였다. 내담자가 친구가 있었으면 해주길 바랐던 어깨 주물러주기를 해주자 얼굴표정이 더 밝아졌다.

내담자에게 상담자가 어떤 친구가 되고 있는지 물었더니 '착하고 친절한 친구이다'고 하였다. 내담자의 칭찬에 상담자가 기쁘다고 하자, 뿌듯하다는 듯이 같이 소리 내어 웃었다. 친구를 사귀기 위해 먼저 다가가고 호감을 표현하며 긍정적 상호작용을 통해 친구를 만들어가는 것에 대해 지도하였다.

본회기를 마무리하며 상담내용을 요약해 주고 상담소감을 묻자 선생님(상담자)이 친구가 되어주어 참 좋았고 또 친구를 만드는 것을 배워서 좋았다고 하여, 내담자가 잘 이해하고 있음에 대해 격려하고 칭찬하며 배운 것을 직접시도해 보도록 하고 11회기를 종료했다.

⑫ 12회기 :

FAT를 통해 내담자의 마음의 흐름을 파악하고 조력하고자 하였다. 몇 가지 푸드 재료를 통해 애정 어린 시선으로 관계를 형성한 후 내담자의 마음에 이끌리는 것을 작업하는 시간을 가졌다. 내담자는 처음엔 초코파이와 쌀과 뻥튀기만으로 열심히 작업하다가, 다시 하겠다며 작품을 해체하더니 대추씨를 포함하여 작품을 완성했다. 내담자는 자신의 작품에 대해 "친구의 마음을 잇는 가마솥"이며, 마음을 담아서 밥을 해 줄 것이라고 하였다. 상담자의 정감어린 교류와 진심어린 관심을 반영한 개입으로 내담자의 작업은 깊어졌다. 내담자가 한 밥(창작품)을 상징화하여 먹는 의식을 수행하였더니 자신의 속상함을 위로 받는 것 같다고 하였다. 내담자의 해냄을 확인하고 일상에서의 구속과 제한으로부터 자유롭게 자신을 살리는 대안을 찾는 것은 내담자가 생기어린 한마당에 도달했음을 말해준다. 본회기를 마무리하며 상담내용을 요약해주고 상담소감을 묻자 내담자는 자신이 예쁜 짓을 하면 그대로 하고, 귀여운 짓을 하면 또 친구가 그대로 하는 것 같다고 표현했다. 지금 현재의 기분은 하늘나라에서 내려오는 느낌이며, 행복하다고 표현했다. 내담자의 표현에서 생기어린 한마당이 일어나고 있음을 알 수 있다.

⑬ 13회기 :

미술치료를 통해 또 다른 활동으로 내담자의 마음의 흐름을 파악하고 조력하고자 풍경구성법(Landscape Montage Technique: LMT)을 실시하였다. LMT를 위해 4면을 테두리로 그어진 구조화된 공간에 상담자가 강, 산, 논(밭), 길, 집, 나무, 사람, 꽃, 동물, 돌 등 10가지 항목을 내담자에게 차례로 제시하고 그것에 대해 내담자가 그림으로 그리며 풍경을 구성하게 했다. 내담자는 LMT에서 계절적으로는 봄을, 시간대는 낮 3시대를 묘사하였다. 날씨는 쌀쌀한 봄이며, 강물의 흐름은 오른쪽이라고 하였다. 언어적 묘사에서 엄마가 산을 볼 수 있게 하려하며 밭에는 배추와 무를 재배하려 한다고 말하였다. 나무는 포도나무를 묘사하였고, 동물은 핑크색 토끼라며 생각만 해도 기분이 좋아진다고 하였다.

　그림은 전체적으로 볼 때 비교적 조화롭고 안정된 모습으로 그려 내담자의 불안정함이 많이 완화된 것으로 보인다. 이번 상담회기의 종료를 위해 전반적 과정을 요약해주고 본회기에 대한 소감을 묻자 그림을 그리니까 마음에 뭔가 막혀있던 것이 쑥 내려가는 것 같은 느낌이라고 하였다.

⑭ 14회기 :

　FAT를 통해 내담자의 소망을 확인하고 대체방법을 탐색하고자 시도했다. 푸드는 내면 자극에 탁월성을 지니고 있다. 먼저 푸드 재료와 오감을 활용해 교감하는 과정에서 내담자는 아기였을 때, 먹고 싶었던 것이 생각난다고 하였다. 간절히 먹고 싶었는데 할머니가 안 주셨던 것, 할머니가 야단치시며 밖에 내 보내 얼어 죽을 것 같았던 두려움 등을 얘기하며, 그때 일을 지금 생각하면 끔찍하다고 하였다. 상담자가 내담에게 당시의 기분을 묻자 집을 나가고 싶었고 친구네 집에서 자고 싶었다고 하였다. 그런데 나중에 할머니가 잘못했다고 집에서 자라고 해서 집에 자게 되었다고 하였다. 내담자의 과거기억에 대한 끔찍한 심정을 공감하고 지지해주자 상담자에게 다 얘기하고 나니 괜찮아졌다고 하였다.

　할머니로부터 듣고 싶은 얘기에 대해서는 "받고 싶은 선물"이라며 립스틱, 시계, 안경을 묘사하였다. 내담자의 소망 속에는 여성성이 드러나고 있음을 알 수 있다. 내담자가 할머니로부터 마음보다 물질로 받고 싶은 마음을 읽어주고, 지금 그것을 이룰 수 없음에 대해 다루어주었다. 그리고 상담자가 만든 사랑의 상징적 선물인 "하트"를 묘사하여 상담자의 마음이라며 전하였다. 내담자는 상담자의 사랑의 선물에 대해 감사한 마음이 든다고 했다.

　"꿩 대신 닭"이라는 속담에서 '꿩'이 필요한데 '꿩'이 없어서 대신 '닭'으로 하듯이 내담자가 원하는 것도 그것의 실현이 불가능하거나 어려울 때 다른 것으로 대체할 수 있음을 다루어주자 수긍하였다. 본회기를 마무리하며 "상담종결"에 대해 안내하고 내담자가 맞이하는 감정을 다루어주고자 시도했다. 이번회기에서 다룬 내용을 요약해주고 종결이 가까워오고 있음을 안내하며 느낌을 나누고 그것을 다루었다. 내담자는 자신이 상담시간을 매우 좋아하는데, 이제 곧 상담을 마친다고 생각하니 섭섭하다고 표현했다.

(3) 종결단계(15~16회기)

⑮ 15회기 :

　미술치료를 적용하여 내담자 자신의 소중함을 인식하도록 돕고자 손 본뜨기를 하여 꾸미는 작업을 하였다. 내담자는 자신의 손을 A_4용지위에 본을 뜬 뒤에 그려진 손가락에 반지와 시계를 그려 넣고 그리고 옆에 립스틱을 그렸다. 반지, 시계, 립스틱은 자신이 잘 지내면 선생님과 할머니가 사주실 선물들이라고 기대감을 표현하였다. 상담자가 "OO(내담자의 이름)이는 좋겠네. 잘 지내면 선물을 사줄 분이 있어서"라고 하자, 환하게 웃었다. 반지, 시계, 립스틱은 FAT작업을 한 이전회기에서도 동일한 묘사를 한 것으로 보아 내담자가 그동안 선물 받고 싶은 것에 대해 오랜 기간 간절하게 마음에 담아온 것으로 보인다. 본회기를 마무리하며 미술작업을 하고 상담자와 나누며 다룬 것들을 간단하게 요약해준 뒤에 그 느낌을 묻자 그동안 마음속에 있던 것을 그림으로 그리고, 또 말로도 표현하고 나니 마음이 편해졌다고 하였다.

⑯ 16회기 :

　이번회기는 종결회기임을 안내하고 FAT를 통해 배운 것을 통합하고 마무리하는 시간을 가졌다. 내담자는 상담자의 안내에 따라 크레파스를 활용하여 만다라를 그리고 푸드 재료를 활용하여 정성스럽게 꾸몄다. 완성 후에 자신이 성공적으로 만든 만다라를 바라보면서 뿌듯함을 표현했다.

　마지막 작업으로 푸드 재료를 활용하여 내담자 자신을 위한 상차림을 하도록 이끌었다. 내담자는 자신을 위해 즐겁게 상을 차리며 음식이 자신을 위로해 주는듯하다는 표현을 했다. 상담자는 내담자에게 상차림은 내담자가 직접 하였지만, 그것은 상담자가 내담자에게 주는 선물임을 설명하자 그 선물을 내담자도 좋아한다고 하였다. 내담자는 만다라 작업과 상차림을 하고 나서 스스로 느낌을 묘사하였다. 열쇠로 내담자 자신의 몸을 푼 것처럼 뭔가 푹 빠져 나가서 기분이 편해졌다고 했다.

　본회기는 마지막 회기여서 전체회기에 대한 요약과 종결의식 시간을 가졌다. 1회기부터 16회기까지의 전반적 과정에서 다룬 내용과 내담자가 보였던 반응, 변화된 점을 개략적으로 정리하였다. 내담자는 세세한 내용에 대해서는 기억하지 못하는 부분이 있었으나 핵심적인 작업내용은 그 당시에 내담자가 작업했던 작품을 설명하자 이내 기억해 냈다. 기억할 때마다 그 회기에 다루었던 관련내용에 대해 맞장구를 치기도 하며 회상과 나눔을 즐거워했다. 성폭력 가해자에 대해서도 상담 중에 다루었던 닉네임(짠순이)으로 언급하자, 그것을 처음다룰 때 분노감으로 긴장되고 굳어졌던 표정과는 달리 표정이나 신체반응 등에서 전반적으로 많이 안정된 모습과 반응을 보였다. 만남과 헤어짐에 대해 의미를 나누며 내담자의 평화를 기원하였다. 내담자는 상담이 종료되는 것에 대해 큰 아쉬움을 표현하며, 상담자를 더 이상 못 보는 것에 대해 매우 섭섭하고 보고 싶을 것이라고 하였다. 상담자도 상담의 종료가 아쉽고 섭섭하지만 내담자를 만나지는 않더라도 늘 마음으로 함께 하고 응원할 것이라는 점을 설명하며 내담자의 아쉬움을 달랬다.

2) 내담자 관련인 상담

내담자를 조력하는 과정 중간 중간 담당 사회복지사 및 관리교사와 수시로 전화통화하며 간접적으로 내담자를 조력하고 각각 1회의 면담기회를 가졌다.

(1) 담당 사회복지사 면담

내담자 상담 15회기와 16회기 중간에 내담자가 기거하고 있고 그룹홈 형태로 관리되고 있는 숙소의 사회복지사와 면담하는 시간을 가졌다. 사회복지사는 숙소에서 내담자에 대해 실제적 보호자역할을 하고 있다. 사회복지사는 내담자가 본 상담자와의 상담시간을 좋아하고 있으며 전보다 표정이 밝아지고 행동이 모범적이 되어가고 있다며 고마워했다. 사회복지사는 내담자를 보호하고 관리하는데 있어서 보편적인 일들은 무리 없이 잘 할 수 있는데, 때로 내담자가 성(性)관련 질문을 할 경우 어디까지 어떻게 지도해야 할지에 대해 난감하다며 본 상담자의 조언을 듣고 싶어 했다. 사회복지사가 질문하는 내용을 대화와 토론식으로 하나하나 짚어가며 솔루션을 제공 했다.

내담자가 직접 질문하는 것 외에도 내담자의 "성폭력피해 사건을 알고 있는데 가끔 물어도 될지?"에 대해서는 계기가 되어 내담자로부터 단서가 보일 때 자연스럽게 다독이며 다루어주는 것이 좋으며, 과도한 관심은 강화로 작용하여 바람직하지 않은 행동을 형성할 가능성이 있음을 설명하고 지도했다. 예를 들어 드라마 시청을 하는 상황이나 성교육 시간에 무심결에 관련 얘기가 나오면 자연스럽게 풀어가며 간접적으로 지도해 주고, 그 과정에서도 내담자만의 아주 사적인 얘기는 다른 아이들이 없는 상황에서 별도로 대화를 나누며 지도하도록 안내했다.

　때로 내담자가 시설에서 같은 방에 거주하는 아이들과 TV를 시청하다가 성에 대한 내용이 나오면 내담자자신에게 있었던 일을 그 친구들에게 얘기하게 되고, 그것으로 인해 아이들의 관심이 내담자에게 쏠리는 경우가 있다고 한다. 내담자가 처한 현실과 주변아이들의 관심이 더 내담자의 성폭력 피해경험을 드러내도록 유도하는 강화효과로 작용한 것으로 판단된다. 사회복지사는 그 전에는 자신이 맡은 그룹홈과 다른 그룹홈 아이들이 단체로 산책활동을 하는 시간에 혹시 내담자가 사고를 칠까봐 내담자만 안 내보내기도 했었는데 상담을 받은 이후 전보다 나아져서 내보내기도 한다고 했다. 앞으로 상담이 종결되더라도 내담자만 산책활동에 안 내보내기 보다는 반복적으로 규칙을 지도하고 함께 하도록 하는 것이 바람직함을 안내하였다.

(2) 관리 교사 면담

　예정된 전체회기의 상담을 종료하고 마지막으로 관리교사를 면담하였다. 관리교사가 시설의 아이들을 총괄관리하고 있어서 처음에 성폭력피해전문상담기관인 C'센터에 내담자의 상담을 의뢰하였다고 한다. 관리교사에게 상담의 전반적 경과와 사후처리 등 관련내용을 정리하고 인계했다. 상담을 의뢰한 관리교사는 내담자가 상담초기보다 시설에 좀 더 잘 적응하고 있다고 하였다. 그 전에는 잘 지내는듯하면서도 불쑥불쑥 돌출행동을 하여 사회복지사나 함께 지내고 있는 주변 아이들을 놀라게 하였는데 그러한 것이 줄어들었다고 한다. 내담자가 선생님에게 도움을 요청하는 법, 아이들에게 더 원활히 다가가 가까워지는 법 등을 잘 터득한 것 같다고 했다. 관리교사는 앞으로 또 어려움이 있을 때 자신이나 그룹홈의 사회복지사가 자문을 받기 위해 도움 요청할 수 있기를 희망하여 상담자의 연락처를 남기고 최종마무리 하였다.

Ⅳ. 결론 및 제언

　본 연구는 성폭력 피해 지적장애 3급 청소년의 치유사례를 정리하여 보고하고자 하는 것이다. 내담자의 상처회복과 일상생활의 적응력을 향상하고 자기존중감 및 자기효능감을 증진하는데 역점을 두어 조력하였다. 내담자를 조력하기 위해 적용된 관련 상담모델을 고찰하고 임상사례와 상담실제의 전반적 과정을 분석하여 그 과정을 비교적 상세히 설명하고자 했다. 주요

상담모델은 FAT와 미술치료를 기본으로 활용하며 해결중심단기상담이론과 현실치료를 보충적으로 도입하여 개입했다.

내담자는 많은 아이들과 함께 지내는 학교장면에서 언뜻 보기에 큰 문제없이 지내는 듯 하다고 했다. 그러나 내담자가 주로 시간을 보내는 거주시설 담당사회복지사의 보고에 따르면 또래관계에서 문제를 일으키기도 하고, 불안한 모습을 보이기도 하며, 가끔씩 돌출행동을 하는 등 때때로 곤란한 일을 저질러 난감한 지경에 처한다는 보고가 있다.

상담과정에서 관찰한 내담자는 내면에 사랑받고 싶은 마음(1회기 곰돌이카드 등), 성폭력 가해자에 대한 분노, 공격성 및 두려움 내재(HTP, K-Cat, FAT), 친구들과의 관계 어려움(회기전반), 수동적인 성향(회기 전반), 가족관계의 문제 등이 보였다. 내담자의 인지수준이 낮아 이러한 경향이 성폭력 피해로 인한 것인지는 확인할 수 없으나 적어도 성폭력 피해로 가중되었을 가능성은 있을 것으로 판단된다.

상담초반기엔 초기면접과 곰돌이카드 활용 상호작용 놀이로 관계형성과 상담에 관심을 갖도록 유도하고 그림검사(HTP)와 FAT를 통해 상담참여 동기유발과 사정을 하였으며, 내담자가 상담을 통해 얻고자 하는 것과 필요한 것을 탐색하였다.

상담중반기엔 아동용회화통각검사나 그림검사(KFD)를 통해 내담자의 심층욕구탐색과 충족방향을 모색하고 가족관계 탐색과 관계개선을 시도하였다. FAT와 미술치료를 통해 주변인물 탐색과 관계개선, 현재의 핵심적 가족관계 탐색과 관계개선, 과도한 스트레스 및 부정적 감정 해소, 할머니와의 관계탐색과 개선, 내적인 힘 강화, 걱정과 염려 다루기, 마음의 흐름파악과 조력, 소망을 확인하고 충족하도록 하거나 충족이 어려울 경우 대체방법 탐색 등의 상담목표달성을 위해 활동을 진행했다.

상담후반기엔 FAT와 미술치료를 통해 내담자 자신의 소중함 인식하기, 배운 것 통합 및 마무리의 상담목표와 활동을 진행하였고, 사회복지사와 관리교사를 면담하여 내담자의 근황을 확인하고 내담자를 원활히 조력할 수 있는 방안을 구축했다.

본 연구의 내담자는 상담을 통해 성폭력 피해로 상처받아 위축되고 불안한 마음과 잠재되어 있는 분노가 상당부분 해결되고 완화되었다. 특정대상에게 사랑받고 싶은 기대를 열망으로 전환하였고, 성폭력가해자에 대한 공격성과 두려움은 완화하였으며, 친구들과의 관계가 향상되고 능동적으로 삶을 살아갈 수 있게 되었다. 가족관계의 문제는 여전히 남아 있지만, 내담자가 그것을 바라보는 시각을 변화시켜 보다 편하게 수용할 수 있게 되었다. 이러한 점은 내담자가 기거하고 있는 시설의 담당사회복지사와 관리교사의 보고에서도 확인되었다. 즉 상담초기보다 시설에서의 적응이 잘되고 있으며, 크게 무리는 없어 보이고 친구들과의 관계도 많이 나아졌으며, 일상에서 즐거움을 찾아가고 있는 듯 하다고 한다.

상담의 효과검증과 관련하여서는 상담과정 중과 상담종료 후에 객관적 평가에 가능할 수 있는 척도질문과 주관적 자기보고식 평가로 확인하였다. 8회기에서 걱정, 두려움, 스트레스 정도에 대해 확인한 결과 상담초기엔 매우 심각한 정도인 10에서 질문을 한 8회기엔 2~3정도로 떨어졌고, 자신감은 처음에 2~3정도에서 7~8정도라고 했다. 또한 주관적 자기보고식 평가에서 '얘기를 많이 해서 좋다.' '마음이 편하다.' '마음이 살 것 같다.' '기분이 하늘나라에서 내려오는 느낌이다.' '막혀 있는 게 쑥 내려가는 느낌이다.' '열쇠로 몸을 푼 것처럼 편하다.' 등의 반응을 보여 상담 전에 갖고 있던 문제를 상당부분 해소하였음을 보여주었다. 다만, 그 결과가 제한된 회기 속에서 보여준 것이고, 일상생활로의 전이측면에서 보자면, 보다 장기간 관찰하며 현실적응을 도와야 할 것으로 보인다.

이처럼 FAT나 미술치료 같은 예술치료는 특히 불안, 언어적 표현의 어려움, 자신감부족과 같은 특징을 가진 위축된 아동이나 청소년들에게 효과적이다. 본 사례의 상담 및 치료적 개입은 일단 내담자의 성폭력 가해자에 대한 분노완화, 표정이 밝아진 점, 자기효능감 증진, 또래관계의 개선, 일상에서 보인 불안이나 돌출행동의 완화와 개선, 행복증진 등의 보고가 있었다는 점에서 성공적이었던 것으로 판단된다.

그러나 상담치료 면에서 다음과 같은 사항들에 대해 다소 미흡했거나 제한점이 있다.

첫째, 본 상담과정에서 주로 사용한 상담 및 치료모델은 FAT와 미술치료로서 다양한 기법을 도입함으로써 내담자는 흥미롭게 참여하였으나 상담자의 과한 의욕이 깊은 탐색과 개입을 저해할 수 있다는 점을 유념하지 못했다. 사례연구를 통해 이점을 확인하였으며, 개입을 보다 적절히 하였다면 내담자의 더 깊은 내적 성숙을 이끌었을 것으로 보인다.

둘째, 내담자는 상담 중에 가족에 대한 그리움을 내비치거나 양가감정을 드러내 보이기도 했는데, 이에 대한 적절한 개입이 미흡했다. 내담자가 시설에 기거하고 있고, 법적 보호자인 할머니와 만날 수 있는 기회를 얻지 못하여 가족에 대한 직접적 개입은 미해결 과제로 남아 있다.

셋째, 본 상담의 효과검증 면에서 내담자가 해결중심단기상담접근의 척도질문을 통해 측정한 결과 상담초기엔 걱정, 두려움, 스트레스의 정도가 매우 심각한 수준인 10에서 척도질문으로 측정이 이루어진 8차 면담현재에 2~3으로 떨어진 수치로, 자신감은 처음에 2~3정도에서 7~8정도로 향상된 수치로 파악되었다. 또한 내담자의 주관적 자기보고식 평가에서 '기분이 하늘나라에서 내려오는 느낌이고 행복하다.' '열쇠로 몸을 푼 것처럼 편하다.' 등의 내용으로 나타났고 담당사회복지사나 관리교사의 긍정적 평가가 있었으며, 상담의뢰기관에서 제시한 상담기간도 만료되어 종결을 결정지었지만 지적장애 청소년의 특성상 상담기간을 좀 더 늘려 추가상담을 진행할 필요성이 있어 보인다.

이러한 제한점이 있기는 하나, 본 상담을 통해 내담자가 정서적으로 안정되고 일상생활의 조화를 찾아가는 등 상담초기에 수립한 목표를 무난히 달성하였으며, 내담자의 행복증진에 기여한 것으로 판단된다. 더 나아가 성폭력피해 지적장애청소년의 상담조력에 대한 사례연구가 많지 않은 현실에서 그 과정을 구체적으로 정리하여 제시하였다는데 의의가 있다. 특히 본 연구의 사례에서 몇 가지 상담모델을 절충적으로 적용하기는 하였지만, FAT를 주된 접근으로 도입한 것이 특이점이다. 관련사례에서 FAT를 도입한 연구는 찾아볼 수 없는 현실(근거: 국회도서관 통합검색, 검색어: 푸드아트테라피, 푸드예술치료)에서 FAT를 통해 내담자가 부담 없이 참여하면서 긍정적 성과로 이어진 점은 FAT가 향후 성폭력피해 지적장애청소년의 상담조력을 위한 탁월한 대안이 될 수 있다는 점을 시사한다.

본 연구를 마무리하며 본 연구자는 지적장애청소년의 성폭력 피해를 예방하고, 부득이하게 피해가 발생하였을 때 보다 바람직한 조력을 위해 몇 가지 제언을 하고자 한다.

첫째, 성폭력은 그 무엇보다 일어나기 전에 예방이 우선되어야 한다. 지적장애청소년의 특성을 고려한 예방프로그램의 개발과 적용 및 효과검증 연구를 확대하여 사전예방에 주력할 필요가 있다. 지적장애청소년들이 자신의 성에 대해 보다 잘 이해하고 대처할 수 있도록 충분한 성교육을 받을 수 있는 전문시스템 구축이 절실하다. 특별히 현 정부의 4대악 근절에 성폭력이 들어가 있음에도 불구하고 여전히 현장에서 느끼는 분위기는 과거와 크게 개선된 점이 드러나지 않고 있는 것이 안타까운 현실이다.

둘째, 성폭력 피해 문제가 발생하였을 때는 피해자가 보다 간소한 절차를 통해 조력 받을 수 있도록 여건조성이 필요하다. 본 연구에서의 내담자는 성폭력 피해를 입은 후에 전문상담자의 조력을 받는 과정에서 C′, C′′, C′′′의 단계를 밟아야 하는 어려움이 있었다. 이러한 절차를 간소화하고 그 사실을 보다 많은 사람 알 수 있도록 대국민홍보가 병행되어야 할 것이다.

셋째, 현재 운영되고 있은 성폭력피해치유 전문상담기관의 전문성과 운영역량강화가 요구된다. 지역의 몇몇 성폭력 피해자지원 전문상담기관에 따르면 매우 열악한 근무환경과 업무과잉으로 인해 상담자의 소진문제 등이 제기되고 있으며 전문성제고가 어려운 여건에 놓여있다. 본 연구에서 다룬 내담자의 경우도 성폭력피해치유 전문상담기관에서 인력부족으로 본상담자에게 의뢰한 것이다. 이러한 현실적 어려움에 대한 제도적 개선이 요구된다.

넷째, 본 연구는 성폭력 피해자의 조력에 초점이 맞추어져 있지만, 향후 현 정부가 추진하는 4대악 근절을 제대로 하려면 성폭력 가해자를 위한 적절한 조력프로그램도 절실히 요구된다. 선행연구(조주영, 2010)는 성폭력 가해자 지원프로그램에 대한 FAT의 가능성을 언급한바 있다. FAT의 핵심개념인 생명존중, 생명사랑, 생명살림, 생명지킴(이정연, 2012)은 피해자는 물론 가해자에게도 긍정적으로 작용하여 개인의 문제뿐만 아니라 사회적 문제까지 개선해주는 데 유용한 수단과 방법이 되어줄 것으로 사료된다.

참고문헌

김경, 강영심 (2009). 성폭력 피해 지적장애여자청소년의 문제행동 개선을 위한 미술치료 사례 연구, 한국장애인복지학, 11, 69-111.
김정은 (2014). 선택적 함묵 아동의 문제행동 완화를 위한 미술치료 사례연구, 영남대학교 환경보건대학원 석사학위논문.
김재련 (2012). 개정된 성폭력법과 법적 지원의 문제점, 국립재활원 성재활실 제13회 성재활 세미나 자료집.
김진희 (2014). 성폭력 피해 지적장애청소년의 자기피해촉진경험에 대한 현상학적 연구: 집단미술치료를 중심으로, 중앙신학대학원대학교 박사학위논문.
김혜진 (2013). 학교부적응 청소년의 사회성 향상을 위한 통합예술치료 프로그램 개발연구: 사이코드라마를 활용하여, 한양대학교교육대학원 석사학위논문.
박강화 (2009). 정신분열병 환자와 양극성 장애 환자의 풍경구성법 표현특징 비교, 건국대학교디자인대학원 석사학위논문.
박소현, 안이영노 (2011). 2012 문화예술의 새로운 흐름(trend) 분석 및 전망, 서울: 한국문화관광연구원.
박지현 (2010). 위축아동의 위축행동 감소와 자아개념향상을 위한 인간중심미술치료 사례연구, 영남대학교 환경보건대학원 석사학위논문.
석혜원 (2011). 미술치료가 외상후 스트레스 청소녀의 우울감 감소 및 자아존중감 향상에 미치는 효과: 성폭력 피해 지적장애 청소녀 단일사례 연구, 한양대학교산업경영디자인대학원 석사학위논문.
신민섭외 12인 (2003). 그림을 통한 아동의 진단과 이해, 서울: 학지사.
임고은, 이동귀 (2014). 성폭력 유경험 어머니가 겪는 심리적 어려움이 성폭력 피해자녀에게 미치는 영향, 상담학연구 15(3), 1009~1034.
이상준 (2013). 위축행동과 자기표현문제를 가진 지적장애 아동의 미술치료 사례연구, 영남대학교 환경보건대학원 석사학위논문.
이영옥, 최외선, 김갑숙 (2007). 아동기 성학대 피해청소년의 전반적 문제행동 개선을 위한 미술치료사례연구, 미술치료연구, 14(1), 103-130.
이정주 (2011). 영재아의 리더십 향상을 위한 통합적 상담 프로그램 개발 및 효과성 검증, 서울교육대학교 교육대학원 석사학위논문.
이정연 (2008). 푸드아트테라피의 이해, 한국푸드아트테라피학회 학술대회 자료집. 25-32.

_____ (2012a) 푸드아트테라피에서의 생명중심사상, 푸드아트테라피, 1(1), 5-17.
_____ (2012b) 창의적인 감성표현을 위한 푸드아트테라피, 전국영양사학술대회 자료집, 사단법인 대한영양사협회.
_____ (2014). 푸드아트테라피에서의 효율적인 상담기술, 서울 초중등 영양교사 직무연수교재.
이현혜 (2011). 지적장애청소년, 바라보는 인식의 문제에 대한 연구, 양성평등교육진흥원.
정여주 (2006). 미술치료의 이해: 이론과 실제, 서울: 학지사.
조주영 (2012). 푸드아트테라피 프로그램이 대학생의 긍정심리성향에 미치는 효과, 푸드아트테라피, 1(1), 31-52.
조주영, 문정숙 (2010). 건강가정지원센터에서의 FAT현황과 전망, 한국푸드아트테라피학회 학술대회 자료집. 30-50.
조주영외 7인 (2014). 유카(Youth Counselling)팀의 FAT 입문기, 백석대학교평생교육원 미간행자료.
조정자 (2006). 아동기 성학대 피해여성의 외상 스트레스 장애극복을 위한 인지행동 미술치료 사례연구, 미술치료연구, 13(2), 227-253.
최금란, 김갑숙 (2004). 성폭력피해를 입은 정신지체아의 위기극복을 위한 미술치료 사례연구, 미술치료연구, 11(1), 101-122.
한국미술치료학회 (1997). 미술치료의 이론과 실제, 대구: 동아문화사.
현병선 (2012). 직장인의 직무만족도 향상을 위한 통합적 접근의 집단상담 프로그램 개발연구. 한남대학교 대학원석사학위논문.
한상철, 이수연, 임순선, 류수현, 김우철 (2012). 청소년 심리 및 상담, 파주: 정민사.
Beirne-Smith, M., Patton, J. R. & Kim, S. H. (2006). An Introduction to Intellectual in Mental Retardation. Meorill Prentice Hall.
Corey, E. (2001). Theory and Practice of Counseling and Psychotherapy(6nd Ed). 조현춘, 조현재 공역(2003). 심리상담과 치료의 이론과 실제, 서울: 시그마프레스.
Kelly, K. R. (1991). Theoretical integration is the future for mental health counseling. Journal of Mental Health Counseling, 13(1), 106-111.
Lazarus, A. A. (1996). The Utility and futility of combining treatments in psychotherapy, Clinical Psychology: Science and Practice, 3(1), 59-68.
McCabe, M. P. & Cummings R. A. (1996). The sexual knowledge, experience, feelings and needs of people with mild intellectual disability, Educational and Training in Mental Retardation and Developmental Disabilities, 31, 13-21.
Nicholas, M., Schwartz, R. (1991). Family Therapy: Concepts and Methods(2nd ed.). MA: Allyn and Boston.
Wadeson, H. (1980). Dynamics of Art Psychotherapy; 장연집 역(2008). 미술심리치료학, 서울: 시그마프레스.
Zigler, E., Bennett-Gates, D. & Hodapp, D. (1999). Personality development in mental retardation, Cambridge University Press.

[보도자료]

경향신문 (2014년 10월 24일자). "「도가니」 이후 처벌 강화에도 지적장애인 성범죄 계속 왜?"
국민일보 (2014년 10월 10일자). "안성 버스기사들, 수년간 지적 장애 여성 성폭행"
뉴시스 (2014년 11월 25일자). "지적장애 10대여성 상습 성폭행 40대 실형"

부산일보 (2014년 3월 29일자). "지적장애 여성 성폭력 보호책 급하다"
서울시 (2013). 서울시, 여성장애인 성폭력방지 위한 상담소개관, 서울시 여성가족정책실 보도자료.
여성신문 (2014년 4월 2일자). "장애인 성폭력 피해자 10명 중 7명 지적장애인"

[웹사이트]
http://www.cowalknews.co.kr(장애우권익문제연구소)
http://www.nanet.go.kr(국회도서관)

4 『멋진 나 되기 프로그램』운영 결과[17) 18)] 보고서

1. 들어가는 글

청소년기는 인생의 다른 시기에 비해 짧은 기간 동안 생리적, 심리적, 사회적으로 많은 변화를 경험하는 시기이다. 청소년에겐 그들만의 독특한 세계가 존재하며, 무엇보다도 인생의 방향을 결정하는 중요한 시기이다. 인간의 삶은 가족관계, 친구관계, 다른 사회적 관계에 의해 이루어지며 그 경험이 다른 사람들과의 관계에 영향을 주기도 하고 받기도 하며 그들의 인생으로 이어진다. 특히 청소년이 처한 환경적 요인이 그들의 도덕성, 성격, 자아정체감, 친밀감, 성적 관심, 자율성과 같은 심리적 특성형성에 큰 영향을 미친다. 멋진 나 되기 프로그램에 참여한 OOO 청소년들은 대체로 가족관계, 친구관계, 다른 사회적 관계에 어려움이 있었으며, 가족과 생활환경에 대한 불편과 불만을 호소하였다.

---

23) 이 결과보고서는 D기관으로부터 위기 청소년 6명을 의뢰받아 푸드아트테라피 프로그램으로 운영하고 난 후에 사후 결과 보고한 자료로, 실명의 요소만 바꾸어 실은 것임.

24) "멋진 나 되기 프로그램"이 운영될 수 있도록 물심양면으로 지원해주신 OOO 대표님, OOO 부장님, OOO 선생님께 깊은 감사와 존경의 마음을 전합니다. 솔직히 말씀드리면, 저는 고작 일주일에 한 번 진행하는 프로그램이었지만 일반 청소년프로그램 운영에 비해 훨씬 더 많은 에너지를 쏟아야 하는 과정이었습니다. 세분의 OOO 청소년을 향한 애정, 사랑하는 마음으로 큰 것에서부터 소소한 것까지 모두 챙기는 모습에 큰 감동을 받았습니다. 이 결과 보고서에 제시한 제안은 예산상의 문제로 진행이 어려울 수도 있을 것입니다. OOO 청소년의 보다 건강한 성장과 발달을 위하여 서울 노원구의 "일대일 맞춤코치" 프로그램처럼 자치단체나 기업 등의 지원을 통해서라도 진행되는 것이 필요하다는 판단에 감히 제안 드립니다.

우리나라 국가청소년위원회에서는 "청소년 개인과 청소년을 둘러싼 가족, 학교, 또래, 지역사회에서 다양한 수준의 문제가 존재하고 이러한 문제들이 상호작용하여 더욱 발달되거나 악화될 수 있는 상태에 있는 청소년을 위기청소년이라 지칭한다(이창호 외, 2005). 최근 위기청소년 문제가 사회적문제로 대두되고 있으며 이런 위기 청소년을 위한 다양한 조력방안이 모색되고 있다. 위기청소년들은 개인적 특성이나 낙인효과 등으로 인하여 집단 상담에의 참여를 꺼리는 경우가 많다. 프로그램에 참여한 경우에도 상담효과에 대한 낮은 기대와 부정적인 태도로 인하여 자신의 문제에 대해 정확하게 인식하는 것을 방해한다. 고민이 생겨도 혼자 문제를 해결하거나 친구나 가족을 통해서 해결하려고 하여 적절한 전문적 도움을 받지 못하게 한다(홍혜영, 2006). 이처럼 상담참여 동기가 낮고 비자발적인 청소년 내담자들에게 FAT(Food Art Therapy)는 위기청소년상담의 대안이 될 수 있다.

FAT는 음식재료 및 식품을 매체로 하여 창의적 놀이와 예술 활동을 통해 내면세계를 표현하고 긍정적 사고의 전환과 확장을 이루며 자아 찾기와 자아초월에 이르도록 한다(이정연, 2008). 푸드는 그 자체가 갖는 탁월성으로 인하여 매우 큰 위로효과가 있으며, 푸드를 활용하여 직접 창작하고 해체하는 경험은 문화적인 욕구충족 이상의 가치를 지닌다. 스트레스 해소, 긴장이완, 자아성장, 문제치유의 효과가 있다. 즉 내담자가 창작활동을 통하여 감정을 분출함으로써 상당한 카타르시스와 치유로 이어진다(조주영, 2011).

II. 프로그램 추진 내용 및 결과

"멋진 나 되기 프로그램[25]"에서 적용한 FAT 프로그램은 아래와 같다.

[멋진 나 되기 프로그램의 세부 내용]

회기	주제	제목	목표	활동내용
1회기	관계형성	오리엔테이션	집단참여, 규칙 프로그램의 목적이해 집단원의 기대파악	사전검사, 비밀보장, 동의서 Food 재료와의 오감교류, Food를 활용하여 프로그램에 대한 희망과 기대를 담은 소망 탑 쌓기, 웃음명상, 소감나누기
2회기		반갑다친구야	관계형성 애칭 짓기	Food재료와의 오감교류, 희망을 담은 애칭 짓기, Food를 활용하여 창작하기, 나눔과 피드백, 웃음명상, 소감 나누기

---

25) 위기청소년대상 프로그램에서 프로그램 명칭이나 그것을 지칭할 때 '낙인효과'를 암시하는 내용이 포함되는 것은 바람직하지 않다. 실제로 본 프로그램 참여자들은 "심리치료프로그램"이라는 지칭에 매우 불편한 심기를 드러냈다. 본 상담자는 프로그램 참여자들에게 "멋진 나 되기 프로그램"으로 안내하여 운영하였다.

회기		주제	관계형성	활동내용
3회기	자기이해	신기한 문방구	관계형성 사고 싶은 마음 찾기 팔고 싶은 마음 찾기	Food재료와의 오감교류, 사고 싶은 마음과 팔고 싶은 마음 찾기, Food를 활용하여 창작하기, 나눔과 피드백, 웃음명상, 소감 나누기
4회기		내면여행	관계형성 자신의 욕구와 좋은 세계 탐색	Food재료와의 오감교류, 게임을 이용하여 욕구와 좋은 세계 탐색, Food를 활용하여 좋은 세계 창작하기, 나눔과 피드백, 웃음명상, 소감나누기
5회기		나의 강점	관계형성 장점 찾기 최고 강점 찾기	Food재료와의 오감교류, 4박자에 맞추어 장점 말하기, 최고 강점 찾기, Food를 활용한 창작하기, 나눔과 피드백, 웃음명상, 소감 나누기
6회기	자신돌보기	나만의 용을 찾아라!	관계형성 협력활동으로 공동창작 자신만의 용 찾기	관심이 필요해(잠하둘셋/어기역차/원무지계/나-전달), Food재료와의 오감교류, "흑룡의 해" 미니강의, Food를 활용하여 용 창작(공동작품), 나만의 용 찾기, 나눔과 피드백, 웃음명상, 소감 나누기
7회기		스트레스 날려버려!	관계형성, 최근 스트레스 받고 있는 것 찾기, 스트레스 날려버리기	Food재료와의 오감교류, 스트레스 받고 있는 것 적어보기, Food(뻥튀기)를 활용하여 상징적으로 스트레스 날려버리기, FAT재구성, 나눔과 피드백, 웃음명상, 소감 나누기
8회기		내가말하고 싶은 것과 듣고 싶은 것	관계형성, 말하고 싶은 것과 듣고 싶은 것 탐색, 새로운 나 찾기	Food재료와의 오감교류, 하고 싶은 말과 듣고 싶은 말 알아보기 Food를 활용하여 창작 및 표현, 재구성(공동작품), 나눔과 피드백, 웃음명상, 소감 나누기
9회기	긍정적 사고의 확장	희망의 메시지 찾기	관계형성 삶의 신조 나누기 희망의 메시지 찾기	Food재료와의 오감교류, 삶의 신조 나누기 (멘토들의 삶의 신조 알아보기), 자기 삶의 희망의 메시지 찾기, Food를 활용하여 창작하기, 나눔과 피드백, 웃음명상, 소감 나누기
10회기		칭찬세례	관계형성 칭찬받기	Food재료와의 오감교류, 4박자에 맞추어 칭찬세례 활동, Food를 활용하여 가장 마음에 드는 칭찬 창작, 나눔과 피드백, 웃음명상, 소감나누기
11회기		세계를 품어라!	관계형성 자신이 꿈꾸는 세상(세계) 찾기	Food재료와의 오감교류, 2명 한조가 되어 Food를 활용하여 세계전도 표현하기, 자신만의 세계(자신이 꿈꾸는 세상) 나누기, 피드백, 웃음명상, 소감 나누기
12회기	긍정적자아상 확립	나의 행복한 미래를 위하여	관계형성 나의 행복한 미래를 위하여 필요한 것 찾기	Food재료와의 오감교류, 자신의 행복한 미래를 위해 필요한 것 (심리적인 것) 생각해 보기, Food를 활용하여 창작하기, 나눔과 피드백, 웃음명상, 소감 나누기
13회기		나를 위한 상차림	관계형성 잘했군! 잘했어 (스스로 격려하기) 꿈을 향한 두드림	Food재료와의 오감교류, 준비회기~12회기 돌아보며 스스로 잘한 것 기억하기, Food를 활용하여 스스로 격려하고 상을 주는 마음으로 "자신을 위한 상차림", 나눔과 피드백, 꿈을 향한 두드림, 종합정리, 웃음명상, 소감 나누기
14회기	정리	작품에 대한 사진 전시회	관계형성 자신의 창작품 돌아보기	Food재료와의 오감교류, 창작품에 대한 사진 감상, 소감 나누기, 사후 검사

　　○○○ 청소년들이 FAT 집단상담 프로그램 첫 회기의 만남에서는 전반적으로 긴장감이 감돌았다. 프로그램이 진행되면서 점차 긴장감은 해소되었으나 참여의지는 매우 낮았다. 참여자

들의 표정이 굳어 있었고, 욕설이 툭툭 튀어 나왔으며 시작도 전에 '언제 끝나는가?'를 묻는 등 프로그램 참여에 대한 불편한 심기를 드러냈다. 본 프로그램이 FAT(Food Art Therapy)로 진행되는 것이어서 프로그램운영 재료가 제시되자 참여자들의 관심이 프로그램으로 쏠리기 시작하였고 진행과정에서 푸드의 활용이 참여자들의 동기유발로 이끌었으며, 그 회기의 종료소감에서는 전반적으로 즐거움을 보고하였다.

회기별 프로그램이 끝날 때는 다음회기의 재료에 대해 궁금해 하였고, 그 다음 회기에 와서는 어떤 재료로 당일 프로그램이 이루어질지에 대해 호기심과 관심을 보였다. 첫 회기에 빠졌던 대기만성[26]과 두드림은 2회기에 처음 참여한 후 이렇게 재미있는 프로그램을 처음부터 참여하지 못해 아쉽다는 표현을 하였다. 그리고 두드림은 여러 회기에 걸쳐 첫 회기 프로그램을 한 번 더 하자고 지속적으로 요구하기도 했다.

4회기에 참여자 두드림이 자발적으로 다른 참여자들이 있는데서 개인 상담을 희망하였다. 두드림의 개인 상담을 수락하며, 다른 참여자들도 주별로 돌아가며 상담하는 것을 제안하자 수용하여 개인 상담을 진행하였다. 개인상담은 집단 상담을 촉진하는 효과가 있었다.

회기가 진행될수록 참여자들이 표현하는 언어가 순화되었고(특히 타이어와 두드림의 욕설이 많이 줄어듦), 상담자가 요청하지 않아도 자발적으로 하는 행동(프로그램 종료 후의 정리 등)이 늘어났다. 특히 자신의 관심사항과 일치하는 주제나 내용(스마일과 희망이가 새로운 체험에 호기심을 보이고, 미래로가 자신의 전공과 관련되는 내용에 몰입함)에서는 임하는 태도가 적극적인 양상으로 달라졌다.

참여자들 대부분은 회기별로 창작한 작품을 통해 보람과 성취감을 느끼는 것으로 나타났다['마음에 든다' '내가 가장 잘한 것 같다' '뿌듯하다' '(지난 회기의 창작품 사진을 보고는)다시 보니 새롭다']

본 결과보고서에서는 프로그램 전반에 대해 상담자가 직접 관찰한 내용을 토대로 회기의 초반과 종료시점으로 나누어 참여자들의 변화양상을 기술하고자 한다.

자기보고법의 경우 처치의 효과를 내담자의 주관적인 보고에 의존하는 반면, 관찰법은 처치의 효과를 직접 확인할 수 있으며 비교적 자연스러운 상황에서 진실된 반응을 수집할 수 있다는 점에서 연구결과의 신뢰성을 높일 수 있다(한상철, 2005).

---

26) 여기서의 호칭은 푸드아트테라피 프로그램 2회기에 작품으로 표현한 애칭으로 표기하였다. 참여자들의 애칭은 스마일, 희망이, 대기만성, 타이어, 두드림, 미래로 이다.

[참여자별 프로그램 회기 초반과 종료시점의 변화내용]

구분	프로그램 회기초반	프로그램 회기종료시점
스마일	- 말을 빠르게 많이 함. 잘 못 들어서 되물으면 '아니에요'라며 뒤끝을 흐림. 칭찬에 쉽게 밝은 표정으로 변화. - 자신의 얘기는 많이 하지만, 다른 사람의 얘기는 듣지 않는 경향이 있음 - 언어적 표현, FAT창작, 그림검사 등에서 긍정적이고 과장된 표현을 많이 함. 그러나 본인의 생각과 다르거나 기다려야 하는 경우에는 인내심이 부족하고 충동적인 경향이 금방 드러남.	- 과도하게 표현하려던 것을 조절하고 다른 사람의 얘기를 경청하는 모습이 늘어남. - 초반엔 자신과 가족에 대해 긍정적으로 묘사하였으나(잘 보이려는 의도로 보임) 중반에 조모에 대한 분노가 있어 보이지만, 상담 초반에 비해 많이 완화되어 보임. 그러나 여전히 내재된 분노가 많이 보임. - 스스로 인내심이 늘어나고 더 긍정적이 되었다고 보고함. - 잘하고자 하는 열망은 있으나 그 열망을 실현해 나가는데 있어서 때때로 일어나는 순간적인 충동경향으로 인하여 어려움이 있어 보임. 이에 대해 꾸준한 지도와 안내가 필요함.
희망이	- 목소리가 매우 작고, 행동도 느리며 매우 조심스러움. - 장래희망에 대해 교사, 시인, 여행 작가 등 하고 싶은 것은 많지만 구체적인 계획이나 의지 면에서 매우 약함. - 조용하고 차분한듯하면서도 내재된 분노와 언뜻 언뜻 거친 표현이 나옴. 그러나 상담자 앞에서는 그러한 표현을 자중하는 모습이 보임.	- 창작과정에서 동화적인 요소가 많이 드러남. - 하고 싶은 것은 많지만 의지가 약한 면에 대해 직면하자 바로 인정함. 일상에서 생각과는 달리 실천이 어려움을 호소함. FAT를 통해 어떻게 할지 감을 잡게 되었다고 보고함. - 프로그램 과정에서는 평소보다 훨씬 꿈을 향해 계획을 실천하였으며(피아노연습시간이 늘어남) 자신의 진로를 향하여 더 적극적이 되었고 의지가 늘어났음을 보고함. 자신의 생활과 진로를 위해 멘토링의 필요성을 자각하고 있음.
대기만성	- OOO 오기 전에 친척집에서 생활하며 받은 상처, 父에 대한 신뢰감 상실 등으로 어려움을 겪고 있음. - 5세 때부터 변함없이 가수가 되고 싶었고, 너무나 간절한데 온가족이 반대하고 스트레스를 가중시키는 것으로 지각하고 있음(父: '저 년 뭘 해도 안 돼').	- 스트레스 관리와 내적인 힘을 강화하는 방법을 좀 알게 되었다고 보고함. - 생활하면서 당면하는 유혹의 요소를 견뎌야 한다는 다짐을 하였으며, 실천력이 늘어났다고 함. - 종료 회기에 울면서 들어옴. 오빠에게 혼났다며 20분가량 소리 내어 서럽게 욺. 그이후도 거의 끝날 때까지 소리 없이 눈물을 흘림(나중엔 이해 대해 미안해 함).
타이어	- 표정이 매우 굳어 있고, 수시로 창문을 열고 가래침을 뱉었으며 처음부터 욕설이 섞인 표현이 주를 이룸. - 신조가 "대충살고 대충 죽는 것"이라 함. 여자는 데리고 놀다가 재미 보고 버리고, 대충 노가다로 벌어먹고 살다가 40세쯤에 죽겠다고 함. - 진로나 하고 싶은 것을 묻는 질문에 "없다"로 일관함.	- 표정이 밝아졌고 웃음이 늘어남. 종료 즈음에는 가래침을 거의 뱉지 않았고 욕설도 하지 않음. - 6회기 야외프로그램 때는 프로그램 종료 시에 자발적으로 접시를 씻어 오기도 하였으며 그 이후도 협조적이 됨. - 개인상담 이후 상담자를 더욱 신뢰하고 있는 듯함. - (다른 참여자들이 이구동성으로) 타이어가 참을성이 늘어나고 좀 더 착해졌으며 아이들을 덜 괴롭히고 더 성실해졌다고 보고함. - 과거보다 훨씬 적게 싸운다고 함(cf. 집단원 미래로가 요즘 타이어가 많이 밝아졌고 화도 덜 낸다고 얘기함). - "평범한 회사원"이 되는 꿈을 갖게 됨.

구분	프로그램 회기초반	프로그램 회기종료시점
두드림	- 전반적으로 표현이 거칠고 수시로 욕설이 섞인 표현을 많이 함 - 스스로 스트레스가 누적되어 힘들다고 하며 그런 이유로 잘 때 가위눌림이 심하다고 보고함. - 매 회기 조부로부터 심각한 스트레스를 받고 있다고 함. 자신이 매우 힘들며 때로 가족과 친인척이 그것을 알아주길 바라는 맘에서 극단행동을 하였고 자살충동도 느낌	- 4회기에 자발적으로 개인상담을 요청하여 실시함. - 과거 '자살하고팠던' 것이 지금은 많이 안정되었고, 앞으로 더 잘 할 것임. - 간혹 욕을 하다가도 멈칫 놀라며 자제하는 모습을 보임('졸라' → '아! 엄청'). 거친 표현이 많이 수그러들었고 가족들과의 상호작용에서 무조건 화내던 것을 이해하려는 노력으로 변화되어 가고 있다고 보고함. 특히 조부에 대한 분노가 많이 해소되었으며 긍정적 평가가 시작됨. - 아침 일찍 일어나는 횟수가 늘어났으며(8회기가 있는 주엔 7시 20분에 기상) 인내심도 많아지고 잘 때 가위눌림도 완화됨. - 소설을 쓰며 스트레스도 해소하고 미래의 꿈도 키워가는 중이라고 함.
미래로	- 자신의 생각이나 느낌을 많이 억압하고 있는 듯하며 표현하는 것도 매우 서투름. - 프로그램 참여의지가 매우 낮고 내면에 분노가 많지만, 자기방어의 수단으로 웃음으로 대응하는 듯이 보임.	- FAT프로그램을 하면 활력이 생기며 지루할 때도 생각하면 재미있고 좋다고 함. - 표현이 늘었고, 애들이랑 친해졌으며 좀 더 발전한듯하여 행복. 미래는 더 좋아질 것이라는 기대를 표현함. - 8회기 때부터 끝나는 날이 얼마 남지 않은 것에 대해 아쉽다는 표현을 하였으며 마지막 회기에는 끝나는 것에 대해 저항을 드러냄('난 아직 외롭고 쓸쓸하다') - 앞으로도 상담자와 연락을 취하고 싶다고 함.

III. 나오는 글

"멋진 나 되기 프로그램"은 총 14회기(사전회기와 사후회기 포함. 회기당 100분~120분소요)에 걸쳐 진행되었다. 주로 매주 화요일 저녁 시간에 이루어졌으며 프로그램 회기 후반부에서는 프로그램 운영공간이 매우 더워 진행에 어려움이 있었다. 참여자 대부분이 일상에서 수시로 과도한 스트레스 사건에 직면하는 것으로 나타났다.

본 프로그램에 참여한 청소년들은 전반적으로 자신에 대한 객관적인 이해가 증진된 것으로 보인다. 자신의 스트레스, 부정적인 사고, 그리고 그에 따른 감정을 인식하고 그에 대해 긍정적인 방향을 모색하며 어떻게 자신을 돌볼 수 있을지에 대한 방법을 습득한 것으로 판단된다. 또한 효율적인 대인상호작용이 늘어나고 미래지향적 사고와 꿈을 그릴 수 있게 되었다.

그러나 이러한 성과는 한시적일 가능성이 크다. 참여자들에게 주중에 일상에서 감당하기 버거운 스트레스 사건이 발생할 경우 그 타격이 심하였고, 심리적 고통에서 헤어나는데 많은 시간이 소요되었다. 예를 들어 가족들과 싸우거나 지인들과 마음이 불편한 일이 있을 때는 그 심기가 그 주의 프로그램 회기 전반을 차지하였다. 따라서 참여자들이 지금 보여준 변화가 지속되기 위해서는 지속적인 지도 및 안내가 필요하다.

특히 본 프로그램에 참여한 OOO 청소년들은 성장기에 꼭 필요한 가정에서의 위로기능이 결여되어 있고 더욱이 다양한 위험요인들에 노출되어 있어 취약성이 크다. 가정적 위로기능이 한시적이어서는 안 되듯이 그것을 보완하는 위기청소년지원프로그램도 지속적이어야 할 것이다.

IV. 향후 청소년 조력방안

"멋진 나 되기 프로그램" 참여자 분석결과를 토대로 하여 향후 OOO청소년의 건강한 성장과 발달을 조력하기 위해 다음과 같은 내용을 제안하고자 한다. 아래 사항을 추진함으로써 잘 적용하는 청소년에게는 더 큰 성장과 발전을 지원할 수 있고, 위기청소년들에게는 문제를 완화하고 치유하는 효과를 기대할 수 있다.

1. 상근 전문상담자가 필요하다.[27]

청소년상담은 청소년의 성장을 촉진하고 성장의 방해물을 제거하는 것이다. 본 프로그램에 참여한 청소년의 경우 가정적으로 이루어져야할 심리적 위로기능이 거의 없고 청소년자신이나 생활주변 환경이 매우 취약하다. 심지어 몇몇 참여자의 경우 청소년자신을 추스르기조차 버거운 처지임에도 불구하고 함께 생활하는 조부모의 스트레스까지 감내해야 하는 부담이 가중되고 있는 실정이다. 이에 대해 상근 전문상담인력이 배치되어 가정적으로 결핍된 위로 기능을 보완하고 내면의 분노치유 및 지속적 관리를 조력해 주는 것이 절대적으로 필요하다. 가정적 위로기능이 한시적이어서는 안 되듯이 그것을 대치하는 상담기능도 일시적이기보다는 지속성을 갖추는 것이 필요하다.

이번에 운영한 "멋진 나 되기 프로그램"은 집단과정이어서 참여자 개개인의 내면적인 부분을

---

[27] OOO청소년을 위해 다양한 프로그램이 운영되고 있는 것으로 알고 있다. 그러나 그것들의 연계성이 부족하여 서로 조직적이지 않고 분산되어 있으며 효과성을 떨어뜨린 것으로 사료된다. 따라서 상담이나 프로그램이 운영될 경우, 이들을 서로 연계하여 통합하는 기능이 필요하다. 이러한 기능을 위해서도 상근 전문상담자가 필요하다.

충분히 다루기엔 한계가 있었다. 프로그램 과정 중에 개별적으로 1회기의 개인 상담을 실시한 결과 각자 치유되지 않은 깊은 상처와 어려움을 갖고 있음이 드러났다. 이는 프로그램을 통해 일시적인 효과는 나타났지만, 현재 이들 청소년은 취약한 상황에 처해있고 위험요인이 상존하고 있어 그것에 대한 대책이 마련되지 않는다면 쉽게 문제의 유혹에 휘말릴 수 있을 것이다.

2. 상담실을 심리적 안정감의 장소로 조성하여 내방에 대한 기대감을 높여야 한다.

상담 공간은 청소년들이 방문할 때마다 편안하고 안정감을 느낄 수 있도록 부드러운 분위기를 조성하는 것이 필요하다. 예를 들면, 부드러운 커튼, 원예식물 및 화초(그린 테라피), 심리적 안정에 도움이 되는 향(아로마테라피), 필요한 상담 도구 등을 갖추어 공간자체가 심리적 안정감을 줄 수 있어야 하고 철저히 비밀이 보장되게 운영되어야 한다.

상담의 기본은 비밀 보장이다. 이번 프로그램에 참여한 청소년들은 상담내용이 기록되어 보고되는지의 여부에 관심이 많았다. 특히 청소년상담에서 비밀보장은 절대적으로 중요하다.

3. 멘토링 및 코칭 시스템 도입이 요구된다.

청소년의 건강한 성장과 발달을 조력하는 데는 다양한 방법이 강구되어야 한다. 현재 이들 청소년이 당면한 위험요인을 상쇄시킬 수 있는 보호요인의 확충방안으로 멘토링 및 코칭 시스템을 도입하는 것이다. 그 과정에서 이들 청소년이 주변에 지지체계가 많음을 인식시켜 위로효과를 주고 어려움이 있을 때 언제든 도움을 요청하고 지원받을 수 있도록 한다.

- 멘토단의 예 : OOOOO을 거쳐 간 성인이나 선배, KYC(한국청년연합), BBS(Big Brothers and Sisters: 청소년 선도 단체), 삼락회 회원, 청소년지원센터, 노인종합복지관 어르신 중에서 사회공헌 활동을 희망하시는 분, 종교단체(각자의 종교에 맞게 매칭) 등
- 일대일 맞춤코치 : 사례) 서울 "노원교육센터 나란히"의 일대일 맞춤코치 프로그램

멘토링 및 코칭을 프로그램화하여 주기적인 이벤트를 통해 즐겁고 성장지향적인 방향으로 운영해 갈 수 있도록 기획할 수 있다. 「매칭-멘토링 및 코칭 과정(성공사례 발굴하여 확장)-해

단」 등의 과정으로 운영할 수 있으며, 지속적인 발전 방안을 모색한다.

4. 적극적이고 긍정적인 삶에의 동기부여 및 성취감을 느낄 수 있는 꺼리를 마련해야 한다.

본 프로그램에 참여한 청소년이 대부분 적극적이고 긍정적인 삶에의 동기가 약하고 성취경험이 부족한 것으로 나타났다. 일부 청소년의 경우 성공하고 싶은 열망은 있었지만, 그것을 위해 자기관리하며 추진해 갈 수 있는 의지력이 미흡하였다.

이에 대해 주기적이고 의미 있는 활동이 가능한 동아리를 구성하여 참여를 독려하는 등의 실질적인 방안 모색이 필요하다. 예를 들면, 예산의 범위 내에서 전문가, 자원인력, 관련전공학생 등과 연계하여 합창단, 밴드(1인 1악기 다루게), 축구단, 풍물패 등을 운영할 수 있다. 그리고 이들에 대한 정기적인 발표회나 시합 등을 통해 참여의지를 높인다. 또한 이러한 것을 운영하는 과정이나 성공사례를 건설적으로 활용하여 참여도가 낮은 청소년의 참여 동기를 북돋우도록 한다.

[관련 정보]
- 스마일재능뱅크(www.smilebank.kr) : 도시민 재능기부자와 농어촌 마을을 연결해주는 농어촌 재능나눔터.
- 문화체육관광부의 1인 2기(技) 정책
- 관련자료 : 한국의 '엘 시스테마' 꿈꾸는 금난새 유라시안 필하모닉 예술 감독 (매일경제 2012년 7월 16일자).
- 여성부 위민넷 사이버멘토링(http://www.women.go.kr)

개별 또는 단체가 승마(승마치료), 수영(수영치료, 2008년 베이징 올림픽 수영 8관왕 마이클 펠프스는 어리시절 주의력결핍과잉행동장애진단을 받고 이를 치료하기 위해 수영을 시작함), 요리(요리치료), 원예(원예치료), 독서(독서치료), 등산(걷기치료), 영화관람(영화치료) 등 다양할 활동을 통해 그들의 취미생활을 확장하여 삶의 활력을 높이고 치료효과도 얻을 수 있다.

5. 꾸준한 진로상담 및 지도가 필요하다.

청소년이 자신의 진로에 대해 어려서부터 한 분야를 정해 변함없이 그 분야를 추구하는 경우는 드물다. 청소년의 진로는 고민하고 탐색하며 점진적으로 찾아가는 것이 바람직하다. 즉 청소년의 진로는 어느 한 가지로 확정되는 것이 아니라, 꾸준한 탐색과정을 통해 자신에게 맞는 것을 찾아나가야 한다. 때로 어느 한 분야에 관심을 피력하였다가 쉽게 방향을 바꾸는 경우도 있다. 이런 경우에 그것을 꾸준히 하지 않아 소모적인 것처럼 비추어질 수 있으나 그러한 경험들을 긍정적인 발전을 위한 자원으로 활용해 갈 수 있다.

6. 청소년의 가족환경을 건강하게 가꾸기 위한 대책마련이 필요하다.

"멋진 나 되기 프로그램"에 참여한 대부분의 OOO청소년이 가족으로부터 심한 스트레스를 받는 것으로 나타났다. 일부 청소년은 조부모가 당신의 스트레스를 손자녀에게 전가하여 청소년자신의 어려움을 가중시키는 것으로 지각하고 있다. 따라서 OOO청소년과 함께 생활하는 가족과 조부모에 대한 상담 및 교육지원으로 각자의 스트레스를 관리할 수 있도록 돕고, 더 나아가 청소년과의 관계를 향상하고 행복을 증진해 갈 수 있도록 해야 할 것이다.

※ 참고문헌

- 강은주(2011), 위기청소년의 정서조절력 향상을 위한 집단영화치료프로그램의 효과, 경성대학교 대학원 박사학위논문.
- 노원교육지원센터 나란히(2010), 빈곤아동청소년을 위한 일대일 맞춤코치 매뉴얼.
- 이정연(2008), 푸드아트테라피의 이해, 한국푸드아트테라피학회 학술대회 자료집, 25-32.
- 이창호, 김영란, 김덕호, 박재연, 유순덕, 은혁기, 정찬석, 천성문(2005), 위기청소년 통합지원시스템 구축운영방안 연구, 국가청소년위원회.
- 조주영(2011), FAT프로그램이 대학생의 긍정심리성향에 미치는 효과, 한국푸드아트테라피학회 학술대회 자료집, 19-55.
- 한상철(2005), 청소년심리학의 기초, 청소년지도총서 7(청소년심리학)-한국청소년개발원편, 교육과학사.
- 홍혜영(2006), 청소년내담자 역할훈련 명상프로그램 개발 및 효과 연구, 이화여자대학교 박사학위논문.

2. 푸드아트테라피 관련 도서 및 자료

1) 한국푸드아트테라피학회 푸드아트테라피 학회지에 게재된 논문

(1) 창간호
- 이정연(2012). 푸드아트테라피에서의 생명중심사상.
- 김혜진, 이정연(2012). 푸드아트테라피 프로그램이 청소년의 자기효능감과 대인관계에 미치는 효과.
- 조주영(2012). 푸드아트테라피 프로그램이 대학생의 긍정심리성향에 미치는 효과
- 한수연, 이정연(2012). 푸드아트테라피 프로그램이 노인의 우울과 자기효능감에 미치는 효과
- 김덕선, 유가효(2012). 영화치료프로그램이 아동의 자아존중감에 미치는 영향: 지역아동센터 아동을 중심으로.
- 장경미, 유가효(2012). 소비자가 기대하는 차(茶)전문점의 이미지.

(2) 2권 1호
- 이정연(2013). 푸드아트테라피에서의 효율적인 상담기술에 관한 탐색적 연구
- 한수연(2013). ADHD 자녀를 둔 가족의 통합적 가족상담 사례연구
- 송진선, 심혜숙(2013). 푸드아트테라피 프로그램이 저소득층 아동의 자기효능감에 미치는 효과
- 김보미(2013). 정서순화예술놀이가 아동의 공격성에 미치는 영향: 유리드믹스 음악놀이와 푸드아트 놀이를 중심으로
- 노보례, 이정연(2013). 음식박물관 체험프로그램의 운영에 관한 연구
- 김정미, 배은희, 송진선, 정명희(2013). 편식개선을 위한 푸드아트테라피 프로그램 개발

(3) 3권 1호
- 김양희, 이정연(2014). 푸드아트테라피 프로그램이 청소년의 학교생활적응 및 자기효능감에 미치는 효과.
- 정희경, 이정연(2104). 푸드아트테라피를 적용한 비만캠프가 여대생의 폭식행동, 비만도, 신체상, 자기효능감에 미치는 효과.
- 조주영(2014). 성폭력 피해 지적장애청소년에 대한 개입 사례연구.

- 현해영, 이현옥(2014). 노년기 우울증 예방과 친화력 향상을 위한 FAT 프로그램 개발과 활용방안 연구.
- 류은순, 이경아(2014). 어린이급식관리지원센터의 현황과 FAT 활성화방안 연구.
- 김경순, 신선아(2014). 아유르베다(Ayurveda)를 적용한 체질별 컬러푸드요법.
- 위영희(2014). 푸드아트테라피 유아교육 적용을 위한 탐색적 연구.

2) 한국예술심리치료학회 예술심리치료연구에 게재된 논문

아래 논문은 국회도서관 인터넷 검색(키워드: 푸드아트테라피, 2015년 8월 4일 현재)으로 확인하였다.

- 고현(2014). 푸드아트테라피가 지적장애청소년의 사회·정서행동 변화에 미치는 효과, 10(1), pp. 173-196.
- 고현, 신명신(2013). 푸드아트테라피가 청각장애청소년의 자기효능감과 사회성에 미치는 효과, 9(4), pp. 419-441.

3) 학위 논문

학위논문은 국회도서관 인터넷 검색(키워드: 푸드아트테라피, 2015년 8월 4일 현재)으로 확인하였다.

- 김숙(2013). 푸드아트테라피가 중년 여성의 우울, 분노 및 자기효능감에 미치는 영향, 한세대학교 친환경디자인대학원 석사학위논문.
- 김양희(2009). 푸드아트테라피 프로그램이 청소년의 학교생활적응 및 자기효능감에 미치는 효과, 목포대학교 대학원 석사학위논문.
- 김연진(2014). 정서순화예술놀이를 통한 다문화가정 아동의 사회성 향상 연구 : 유리드믹스 음악놀이 & 푸드아트놀이를 중심으로, 숙명여자대학교 정책산업대학원 석사학위논문.
- 송진선(2013). 푸드아트테라피 프로그램이 저소득층 아동의 자기효능감에 미치는 효과, 부산대학교 교육대학원 석사학위논문.
- 정혜숙(2012). 푸드아트테라피가 한부모가정 아동의 또래관계에 미치는 효과, 서울사회복

지대학원대학교 석사학위논문.
- 김혜진(2009). 푸드아트테라피 프로그램이 청소년의 자기효능감과 대인관계에 미치는 효과, 목포대학교 대학원 석사학위논문.
- 정희경(2014). 푸드아트테라피를 적용한 비만캠프가 여대생의 폭식행동, 비만도, 신체상, 자기효능감에 미치는 효과, 목포대학교 대학원 석사학위논문.
- 조안남(2015). 푸드아트테라피 프로그램이 보육교사의 자기효능감 및 직무스트레스와 우울에 미치는 효과, 목포대학교 대학원 석사학위논문.
- 우주현(2102). 푸드아트테라피 프로그램이 중학교 여학생의 우울, 불안, 충동성에 미치는 효과, 순천대학교 교육대학원 석사학위논문.
- 이상월(2010). 푸드아트테라피가 가정폭력 피해여성의 우울과 자아 존중감 회복에 미치는 영향, 배재대학교 행정심리대학원 석사학위논문.
- 이평화(2012). 푸드아트테라피 활동이 노인의 자기효능감에 미치는 효과, 서울사회복지대학원대학교 석사학위논문.
- 한수연(2009). 푸드아트테라피 프로그램이 노인의 우울과 자기효능감에 미치는 효과, 목포대학교 대학원 석사학위논문.

4) 푸드아트테라피 관련 도서 및 자료

- 김민용, 김지유(2011). 푸드표현예술치료: 이해와 실제-한국푸드표현예술치료 협회 편. 양서원.
- 송준호(2010). 컬처 테라피, 주간한국 통권 2333호, 한국일보사.
- 서울초중등영양교육연구회(2015). 2015 융·복합 영영교육상담을 위한 직무연수 Ⅱ 교재.
- 서금순(2009). 행복한 마음으로 여행 푸드아트테라피, 도)갈릴리.
- 이정연(2006; 2009; 2012). 푸드아트테라피, 신정.
- 이정연. 마음밭 가꾸기(푸드아트테라피 2급 집단상담 교재), 목포대학교 아동학과.
- 이정연. FAT 1급 양성과정 자료집, ㈜ 친친 가족문화원.
- 전라북도교육청(2014), 영양교육 및 상담능력 신장을 위한 푸드아트테라피 직무연수 교재.
- 조주영(2014). 푸드아트테라피 입문, 백석대학교 평생교육원.
- 푸드교육상담연구회(2014). 채소 편식습관 개선을 위한 푸드아트테라피 학교 동아리활동의 실제, 푸드교육상담연구회.

- 한국푸드아트테라피학회(2008). 현대사회와 푸드아트테라피, 정기학술대회 자료집.
- 한국푸드아트테라피학회(2009). 현대인의 정신건강과 푸드아트테라피, 정기학술대회 자료집.
- 한국푸드아트테라피학회(2010). 가족상담과 푸드아트테라피, 정기학술대회 자료집.
- 한국푸드아트테라피학회(2011). 푸드예술치료사 3급 과정 발표회 자료집.
- 한국푸드아트테라피학회(2011). 관계치료와 푸드아트테라피, 정기학술대회 자료집.
- 한국푸드아트테라피학회(2012). 힐링과 푸드 그리고 바다, 정기학술대회 자료집.
- 한국푸드아트테라피학회(2014). 비만치료와 푸드아트테라피, 정기워크샵 자료집.
- 한국푸드아트테라피학회(2015). 아동의 건강한 성장·발달을 위한 푸드아트테라피의 적용방안
- 황보유순(2014). 표현예술치료: 푸드아트테라피 부부·가족·개인 상담, 호박.

3. 푸드아트테라피 관련 웹사이트

- 한국푸드아트테라피학회(http://www.foodarttherapy.or.kr)
- 한국푸드아트테라피학회 전용카페(http://cafe.naver.com/foodart2008)
- 친친가족문화원(http://www.chinchinfamily.com)
- 푸아하(푸드아트테라피를 사랑하는 사람들의 모임(http://cafe.daum.net/fooaha)

참고문헌

- 고현(2009). 갱년기 우울증에 걸린 부부의 사례, 한국푸드아트테라피학회 학술대회자료집, 37-47.
- 권성훈(2010). 시 치료의 이론과 실제, 시그마프레스.
- 김선종(2013). 에니어그램 성격유형에 따른 시치유 방안 연구, 장로회신학대학교 석사학위논문.
- 김보미(2010). 정서순화예술놀이가 아동의 공격성에 미치는 영향: 유리드믹스 음악놀이와 푸드아트 놀이를 중심으로, 숙명여자대학교 정책산업대학원 석사학위논문.
- 김양희(2009). 푸드아트테라피 프로그램이 청소년의 자기효능감과 대인관계에 미치는 효과, 목포대학교대학원 석사학위논문.
- 김재경(2014). 현대사회에 노인문제와 노인인권에 관한 고찰. 사회복지경영연구. 1(1), 2383-4676.
- 류정만(2008). 내 몸을 살리는 다이어트, 건강다이제스트사.
- 브레인 미디어(2014.12.19). 인성영재캠프-"질풍노도의 시기 사춘기, 인성 깨우면 인생도 달라진다"
- 소년한국일보(2012. 10. 3). "쫄깃한 '인절미'가 '임절미'였다고?"
- 서금순(2010). 행복한 마음으로 여행 푸드아트테라피, 도)갈릴리.
- 신민섭 외(2003). 그림을 통한 아동의 진단과 이해, 학지사.
- 안신호 외 공역(2009). 긍정심리학, 시그마프레스.
- 유만찬, 김진경(2013). 갖고 싶은 세계의 인형, 바다출판사.
- 윤영숙(1992). 가족상담사업의 활성화 방안에 관한 연구, 여성연구, 34.
- 윤운성(2010). 에니어그램 평가 : 통합으로 가는 여행, 한국에니어그램교육연구소.
- 윤운성, 조주영, 박현경(2012). 에니어그램과 진로지도, 한국에니어그램교육연구소.
- 윤운성, 조주영(2015). 마음치유 프로그램: 에니어그램 힐링, 한국에니어그램교육연구소.
- 위영희(2014). 푸드아트테라피의 유아교육 적용을 위한 탐색적 연구, 3(1), 101-124.
- 이상월(2010). 푸드아트테라피가 가정폭력 피해여성의 우울과 자아존중감 회복에 미치는 영향, 배재대학교행정심리대학원 석사학위논문.
- 이선혜, 신영화, 서진환(2005). 한국 가족치료의 현장과 인력 : 전국기관 조사연구, 한국가족치료학회지, 13(1), 79-123.
- 이승헌(2014), 건강도 습관이다, 일지희망편지 1544호.
- 이안태(2007). Basic 중학생이 알아야 할 사회·과학상식, 신원문화사.
- 이우경, 이원혜(2012). 심리평가의 최신흐름, 학지사.
- 이정연(2006; 2009; 2012). 푸드아트테라피, 신정.
- 이정연(2008). 푸드아트테라피의 이해, 한국푸드아트테라피학회 학술대회 자료집.
- 이정연(2010). 푸드아트테라피를 적용한 가족상담, 한국상담학회 연차학술대회 워크숍 자료집, 178-182.

- 이정연, 김연화, 조은숙, 최선혜, 한수연, 김보미(2011). 푸드예술치료사 3급과정 발표회 자료집, 한국푸드아트테라피학회.
- 이정연(2012a). 푸드아트테라피에서의 생명중심사상, 푸드아트테라피, 1(1), 5-17.
- 이정연(2012b). 창의적인 감성표현을 위한 푸드아트테라피, 전국영양사학술대회 자료집.
- 이정연(2013). 푸드아트테라피에서의 효율적인 상담기술에 관한 탐색적 연구, 2(1), 5-14.
- 이정연(2014a). 푸드아트테라피의 이해, 전라북도교육청 영양교육 및 상담능력 신장을 위한 푸드아트테라피 직무연수 교재.
- 이정연(2104b). 푸드아트테라피에서의 효율적인 상담기술, 서울초중등영양교사 직무연수교재.
- 이정연(2015). 푸드아트테라피 집단상담, 서울초중등영양교사 직무연수교재.
- 정희경(2014). FAT를 적용한 비만캠프의 효과, 한국푸드아트테라피학회 정기워크샵 자료집.
- 조맹제 외(1999). DSR-Ⅲ-R 주요 우울증에 관한 한국어판의 진단적 타당성 연구. 신경정신의학, 38(1), 48-63.
- 조선일보(2015. 7. 14). "콩나물국 대신 땅콩나물로 숙취해소"
- 조원근(2015). 원예치료 개론 및 자격제도, 충북대학교평생교육원 복지원예사 자격연수 교재.
- 조주영, 김민정(2002). 퓨전! 요리와 상담, 청주시청소년상담실.
- 조주영, 김영희(2006). "청소년의 위험 성행동과 관련된 개인·가족·주변 환경 체계요인의 경로모형", 대한가정학회지, 44(3), 192-193.
- 조주영, 문정숙(2010). 건강가정지원센터에서의 FAT현황과 전망. 한국푸드아트테라피학회 학술대회 자료집.
- 조주영(2012a). 푸드아트테라피 프로그램이 대학생의 긍정심리성향에 미치는 효과, 푸드아트테라피, 1(1), 31-52.
- 조주영(2012b). 멋진 나 되기-자존감향상 FAT집단상담 프로그램 결과보고서, 대우꿈동산.
- 조주영(2013). 아이는 놀이를 통해 세상을 배운다, 충청북도육아종합지원센터 월간 소식지(6월호).
- 조주영(2014a). 성폭력 피해 지적장애청소년에 대한 개입 사례연구, 푸드아트테라피, 3(1), 33-54.
- 조주영(2014b). 상호작용놀이로 아이의 경쟁력 키우기, 충청북도육아종합지원센터 월간 소식지(9월호).
- 조주영(2015a). 푸드아트테라피 상담사례 및 실습, 서울초중등영양교사 직무연수교재.
- 조주영(2015b). 원예치료 프로그램이 노인의 스트레스와 우울증상 완화에 미치는 효과, 137-138, 한국원예치료복지협회 학술축제 및 심포지엄 자료집.
- 조주영, 김경순, 김혜숙, 백현옥, 『인성개발을 위한 집단상담: 효과적인 현장 활용서』, 서울: 학지사, 2015년 12월 발간예정, 13-14.
- 중앙일보(2010. 11. 19). "꽁치는 서리 내려야 제 맛" 조상님은 이미 아셨던 거죠.

- 최규련(2008). 가족상담 및 치료, 공동체.
- 최옥환(2012). 스트레스 날리는 이미지 힐링, 도)생각나눔.
- 최정옥(2010). 푸드아트 프로그램을 통해 나타나는 유아의 표상에 관한 연구, 경남대학교대학원 석사학위논문.
- 통계청. 2015. 세계와 한국의 인구현황 및 전망 보고서. http://kostat.go.kr
- 하순혜 편저(2006). 허브도감. 아카데미 서적.
- 한림학사(2007). 통합논술 개념어 사전, 청서출판.
- 한수연(2009). 푸드아트테라피 프로그램이 노인의 우울과 자기효능감에 미치는 효과, 목표대학교 대학원 석사학위논문.
- 현성용 외 17인(2016). 현대 심리학의 이해, 학지사.
- 홍인종(2011). 가족상담의 미래와 전망, 한국가족상담학회 미간행 자료.
- Corey, G. 조현춘, 조현재 역(2003). 심리상담과 치료의 이론과 실제, 시그마프레스.
- Eysenk, M.W., & Keane, M. T.(2005). Cognitive psychology: A Student's handbook (5th ed.). Hove, UK: LEA.
- Gumaer, J./이재연, 서영숙, 이명조 옮김(1997). 아동상담과 치료, 양서원.
- Pennebaker, J. W., & King, L. A.(1999). Linguistic styles: Language use as an individual difference, Journal of Personality and Social Psychology, 77, 1296-1312.
- Prochaska, J. O., & Norcross, J. C.(1999). Systems of psychotherapy: A transtheoretical analysis(4th ed.). Pacific Grove, CA: Brooks-Cole/Wadsworth.
- Schiller, F.(1995). 인간의 미적 교육에 관한 편지(안인희 역), (원저: 1795출판), 청하.
- White, M.(1998). Some notes by Michael White. In C. White & D. Denborough(Eds.), Introducing narrative therapy: A collection of practice-based papers. Adelaide, South Australia: Dulwich Centre Publications.
- Wubbolding,R.E.(2000).Reality therapy for the 21st century. Muncie, IN: Accelerated Development(Taylor & Francis).

[참고 웹사이트]

- http://blog.naver.com/calebmktg/130105115413(커피 벨트 이야기-우리나라에서도 커피 나무가 자랄 수 있는가?)
- http://blog.naver.com/79fromheaven/220395175169(펜필드의 호문쿨루스)
- http://koreanie.co.kr/serve01_02.htm(신문고: 신문으로 두드려라! 논술과 영어의 북!)
- http://krdic.naver.com(네이버 국어사전)
- http://www.nanet.go.kr(국회도서관)

창의·인성교육 효율성(效率城)으로의 초대

부 록

☆ 부록1 ☆

푸드아트테라피 (　)급 활동지

- (　　) 회기 프로그램 명 :
- 강사명(소속) :　　　　　　　　　■ 일시:　　년　　월　　일　　시간
- 장　소 :
- 성　명 :　　　　　　　　　(별칭 :　　　　　　　)

내용	작품제목	작품에 표현한 마음	소감 및 피드백

수퍼바이저 이름:

수퍼바이저의 의견 :

☆ 부록 2 ☆

강 의 평 가

푸드예술치료사 ( )급 과정에 참여해 주신 여러분께 진심으로 감사드립니다. 본 설문은 보다 나은 교육서비스 제공과 더 나은 프로그램으로 발전시켜가기 위한 것으로 응답해 주신 내용은 비밀이 보장됩니다. 성실한 답변을 부탁드리며, 설문결과는 프로그램 개발 및 개선을 위한 기초자료로만 활용될 예정입니다. 감사합니다.   2014년   12월   일
백석대학교 평생교육원

□ 다음 문항을 읽고 자신의 생각과 가장 가까운 곳에 O표 해주세요.

문 항	전혀 그렇지않다	그렇지 않다	그저 그렇다	그렇다	매우 그렇다
1. 이과정은 나에게 유익하고 재미있었다.					
2. 이 과정은 앞으로 내가 하고자 하는 일에 도움이 된다.					
3. 강사진은 강의를 잘 진행하였다.					
4. 교육 장소는 이론과 실습하기에 적정하였다.					
5. 진행시간은 참여하기에 적절하였다.					
6. 이 과정은 전반적으로 만족스러웠다.					
7. 기회가 된다면 2급이나 1급 과정에 참여하고 싶다					
8. 기회가 된다면 워크숍이나 단기특강 등에 참여하고 싶다					
9. 다른 사람들에게 본 과정을 권하고 싶다.					
10. 나는 이 과정에 열심히 참여하였다.					

□ 다음의 해당란에 O표 하거나, 여러분의 주관적인 의견을 적어주세요.

성 별	남 ( ), 여 ( )	연 령	( ) 세
직 업			
혼인여부	기혼 ( ), 자녀수 ( ) / 미혼 ( )		
유관 프로그램 이수여부 (미술치료, 요리, 상담 등) 1) 있다 ( ) 2) 없다 ( ) 있다면 언제 어디서 몇 시간?			
본 프로그램의 유익했던 점과 구체적 소감을 적어주세요.			
개선점이 있으면 적어주세요.			
기타 의견이 있으시면 적어주세요.			

한국에니어그램교육연구소 교육과정

단계	단계명칭	교육목표 / 교육내용	시간	자격부여
1단계	에니어그램 이해 '나를 찾아 떠나는 여행'	• 한국형에니어그램 검사 • 에니어그램 성격이론 및 구조 • 유형별 특징·날개·분열 및 통합 개관	10시간 (매월)	한국형에니어그램 검사지 사용 자격
2단계	에니어그램 탐구 '나의 길을 따라가는 여행'	• 9 유형의 세부적 특징 • 날개, 분열, 통합, 성장 • 자아의식과 행동방식 (공격, 순응, 후퇴)	10시간 (매월)	한국형에니어그램 해석상담사자격 (1-2단계 & 검사지 교육 이수 및 자격신청 절차 후 자격부여)
3단계	에니어그램 적용 '너와 내가 함께 가는 여행'	• 하위유형 (본능동기) • 유형별 유사점 및 차이점, 성장전략 • 에니어그램과 인간관계 (아동/청소년,조직, 리더십)	10시간 (매월)	한국형에니어그램 일반강사 자격 (1-3단계 & 검사지 교육 이수, 보고서 제출 및 자격 신청 절차 후 자격부여)
4단계	에니어그램 평가 '통합으로 가는 여행'	• 관련이론과의 비교 및 포괄성 (성격유형론, 프로이드, 신프로이드, 융, DSM-IV) • 의식수준 / 양육과 발달적 접근 • 에니어그램분석 / 윤운성 연구 결과 • 비디오 상영	16시간 (년4회)	교육용 걸개 제공 및 사용자격
4.5 (심화) 단계	심층 에니어그램 의식수준 '여기 그리고 지금'	• 본질적 접근 • 자아집착 • 부모의 양육과 아동의 초기경험 • 유형별 심층적 분석 • 유형별 체험을 통한 진정한 자기발견 • 패널의 경험 모두 나누기 • 유형별 노래명상 • 여기 그리고 지금	32시간 (년2회)	1단계 강사 자격 (일반강사 자격취득을 완료하고 전문강사 훈련 1단계 수료 및 1단계 청강 완료 후 자격부여)
5단계	에니어그램 슈퍼비전 '가르치며 배우는 여행'	• 에니어그램 슈퍼비전 • 전문강사 지도자 훈련 (패널 교육) • 자기관찰 훈련 • 방어기제 체험 • 영적 성장을 위한 체험	32시간 (년1회)	한국형에니어그램 전문강사 자격 (1-5단계 & 검사지 교육 이수, 일반강사 자격 취득 완료, 전문강사 훈련 1-2단계 수료, 보고서 제출 및 자격신청 절차 후 자격 부여)

※ 검사지 교육

• 1단계 교육 이상 이수시 수강 가능   • 검사지 교육을 이수 하지 않아도 2-5 단계 교육은 이수 가능

검사지 교육	한국형에니어그램 검사의 해석과 활용	• 한국형에니어그램 검사의 필요성과 목적 • 한국형에니어그램 검사의 실시와 채점 • 한국형에니어그램 검사의 해석과 집단지도	3시간 (매월)	한국형에니어그램 모든 자격

※ 검사지 신청

- 한국형에니어그램검사지(성인, 청소년) : 1set 30,000원(10부)
- 한국형에니어그램 프로파일/응답지(성인, 청소년) : 1set 25,000원(10부)
- 진로 및 학습, 아동용 검사지/프로파일/응답지 : 1set 30,000원(10부)
- 간편성격유형검사지(성인)/아동·청소년간편검사지 : 1set 20,000원(10부)
- 간편성격유형 프로파일/응답지(성인) 1set 25,000원(10부)/ 아동·청소년간편프로파일/응답지 1set 30,000원(10부)
- 한국형에니어그램 단계별 교재 : 각각의 단계교육 이수자 이상 판매
- 한국형에니어그램 검사지 및 프로파일 / 응답지는 10부 단위로 판매됩니다.
  11만원 이하 발송비 주문자 부담, 50만원 이상 5% D/C & 100만원 이상 10% D/C -

한국에니어그램교육연구소 단계별 교재 및 참고서적

단계	단계명칭	참 고 서 적	저 자
1단계	에니어그램 이해	– 성격을 알면 성공이 보인다. (역, 학지사, 1998) – 한국형에니어그램 성격검사 [성인용(KEPTI) / 청소년용(KEPTI-J)] – 한국형에니어그램 해석과 활용 (2004) – 에니어그램으로 본 다문화세상 (공저, 양서원, 2011) – 한국형에니어그램 용어사전 (한국에니어그램교육연구소, 2012) – 핵심에니어그램가이드 (한국에니어그램교육연구소, 2015) – 에니어그램성격:자기발견과 인간관계 (역, 한국에니어그램교육연구소, 2016)	윤운성 윤운성 윤운성 윤운성 외 윤운성 외 윤운성 윤운성
2단계	에니어그램 탐구	– 에니어그램 정복 : 자기발견을 통한 자기완성의 길잡이 (역, 학지사, 2002) – 성공적인 자녀양육을 위한 9가지 성격 (한국에니어그램교육연구소, 2008) – 한국형에니어그램 용어사전 (한국에니어그램교육연구소, 2012) – 에니어그램과 12단계-강박의 극복 : 삶을 위한 영적 도구 (공역, 한국에니어그램교육연구소, 2012) – 한국형에니어그램 용어사전 (한국에니어그램교육연구소, 2012) – 핵심에니어그램가이드 (한국에니어그램교육연구소, 2015) – 에니어그램성격:자기발견과 인간관계 (역, 한국에니어그램교육연구소, 2016)	윤운성 윤운성 윤운성 외 윤운성 외 윤운성 외 윤운성 윤운성
3단계	에니어그램 적용	– 에니어그램 : 성공하는 사람의 성격관리 (공역, 학지사, 2001) – 최강팀 만들기 : 팀워크 에니어그램 (공역, 흐름출판, 2005) – 에니어그램으로 본 다문화세상 (공저, 양서원, 2011) – 한국형에니어그램 사례집 1 (한국에니어그램교육연구소, 2012) – 한국형에니어그램 용어사전 (한국에니어그램교육연구소, 2012) – 한국형에니어그램 사례집 2 (한국에니어그램교육연구소, 2015) – 에니어그램 사회 (역, 한국에니어그램교육연구소, 2012) – 에니어그램 직업 및 학과사전 (한국에니어그램교육연구소, 2013) – 에니어그램 실제 가이드 (한국에니어그램교육연구소, 2013) – 한국형에니어그램성격하위유형검사 (한국에니어그램교육연구소, 2014) – 에니어그램과 행복 (한국에니어그램교육연구소, 2015) – 핵심에니어그램가이드 (한국에니어그램교육연구소, 2015) – 에니어그램성격:자기발견과 인간관계 (역,한국에니어그램교육연구소, 2016)	윤운성 외 윤운성 외 윤운성 외 윤운성 윤운성 외 윤운성 윤운성 윤운성 윤운성 외 윤운성 윤운성 외 윤운성 윤운성
4단계	에니어그램 평가	– 필수 에니어그램 : 정확한 성격유형검사로 자기발견 및 자기성숙에 이르는 가이드 (역,학지사, 2002) – 한국형에니어그램 용어사전 (한국에니어그램교육연구소, 2012) – 에니어그램 사회 (역, 한국에니어그램교육연구소, 2012) – 에니어그램 성격유형 (공역, 학지사, 2010) – 에니어그램 명상 – 성장과 치유를 위한 학습힐링 (한국에니어그램교육연구소, 2013) – 핵심에니어그램가이드 (한국에니어그램교육연구소, 2015) – 에니어그램과 함께 영혼의 잠재력 발견하기 (한국에니어그램교육연구소, 2015) – 지금 이 순간을 자각하라 (역, 한국에니어그램교육연구소, 2012) – 에니어그램의 깨달음 (한국에니어그램교육연구소, 2015)	윤운성 윤운성 외 윤운성 윤운성 외 윤운성 외 윤운성 윤운성 윤운성 윤운성 외
4.5(심화)단계	심층 에니어그램 의식수준	– 성공적인 자녀양육을 위한 9가지 성격(한국에니어그램교육연구소, 2008) – 에니어그램 성격유형 (공역, 학지사, 2010) – 한국형에니어그램 용어사전 (한국에니어그램교육연구소, 2012) – 에니어그램 사회 (역, 한국에니어그램교육연구소, 2012) – 지금 이 순간을 자각하라 (역, 한국에니어그램교육연구소, 2012) – 에니어그램과 12단계 (한국에니어그램교육연구소, 2012) – 한국형에니어그램 1단계 교안 (한국에니어그램교육연구소, 2012) – 에니어그램 명상 – 성장과 치유를 위한 학습힐링 (한국에니어그램교육연구소, 2013) – 에니어그램의 깨달음 (한국에니어그램교육연구소, 2015) – 에니어그램과 함께 영혼의 잠재력 발견하기 (한국에니어그램교육연구소, 2015) – 핵심에니어그램가이드 (한국에니어그램교육연구소, 2015) – 신성한 사고의 에니어그램 (한국에니어그램교육연구소, 2014)	윤운성 외 윤운성 윤운성 외 윤운성 윤운성 윤운성 외 윤운성 윤운성 외 윤운성 윤운성 윤운성 윤운성 외
5단계	에니어그램 슈퍼비전	– 에니어그램 2 : 내안에 접혀진 날개 후편 (역, 열린, 2003) – 에니어그램 지능 : 효과적인 수업과 학습을 위한 성격의 이해 (공역, 교육과학사, 2003) – 에니어그램 성격유형 (공역, 학지사, 2010) – 한국형에니어그램 용어사전 (한국에니어그램교육연구소, 2012) – 에니어그램과 12단계-강박의 극복: 삶을 위한 영적 도구 (공역, 한국에니어그램교육연구소, 2012) – 에니어그램 사회 (역, 한국에니어그램교육연구소, 2012) – 한국형에니어그램 사례집 (한국에니어그램교육연구소, 2012) – 한국형에니어그램 2단계 교안 (한국에니어그램교육연구소, 2012) – 에니어그램 실제가이드 (한국에니어그램교육연구소, 2013) – 에니어그램 명상 – 성장과 치유를 위한 학습힐링 (한국에니어그램교육연구소, 2013) – 핵심에니어그램가이드 (한국에니어그램교육연구소, 2015) – 신성한 사고의 에니어그램 (한국에니어그램교육연구소, 2014) – 지금 이 순간을 자각하라 (역, 한국에니어그램교육연구소, 2012) – 에니어그램의 깨달음 (한국에니어그램교육연구소, 2015) – 집단지능과 번영을 위한 9가지설계원리: 에니어그램 (한국에니어그램교육연구소, 2014) – 에니어그램과 함께 영혼의 잠재력 발견하기 (한국에니어그램교육연구소, 2015)	윤운성 윤운성 외 윤운성 외 윤운성 외 윤운성 외 윤운성 윤운성 윤운성 윤운성 외 윤운성 윤운성 윤운성외 윤운성 윤운성 윤운성 외 윤운성

청소년리더십진로교육센터
www.leadershipcareer.kr

청소년리더십진로교육센터는 자기발견, 자기이해, 자기변형의 강력한 도구인 한국형에니어그램을 기반으로 학생들의 글로벌 리더십과 주도적인 진로설계 능력을 배양함은 물론 선생님과 학부모님에게도 학생과 자녀의 특성을 이해하며 훌륭한 리더로 성장하도록 돕는 다양한 프로그램을 제공합니다.

비전과 사명
청소년들이 올바른 가치관을 확립하고 명확한 목표설정으로 미래의 주인공으로 성장하도록 안내한다.

교육목표
본 센터는 우리 청소년들의 핵심역량을 강화하는데 목적이 있으며, 미래지향적 가치관 확립과 청소년기의 주도적인 인생관 확립을 목적으로 한다.

교육프로그램

청소년리더십진로교육센터

| 청소년교육 | 부모교육 | 교사교육 | 강사양성 | 상담 |

- 한국형에니어그램을 바탕으로 한 변화의 프로그램
- 내일의 희망인 행복한 청소년을 위한 청소년교육
- 자녀의 운명을 바꿀 수 있는 부모의 리더십 교육
- 아이들의 잠재능력을 일깨워줄 교사교육
- 다양한 청소년프로그램을 기획하고 교육할 수 있는 청소년 지도자 교육
- 청소년들의 인성교육 및 정서 안정을 위한 상담프로그램

한국형에니어그램성격유형검사-청소년용(KEPTI-J)

한국형에니어그램성격유형검사-청소년용(KEPTI-J)는 9가지의 성격유형에 대해 81문항으로 구성된 전국 표준화 검사이다. 본 검사의 Cronbach-α는 .879, 재검사 신뢰도는 .830으로 매우 양호한 검사이다.

- 에니어그램을 통해 나를 찾고, 상대방에 대한 이해의 폭 확대
- 자신에게 맞는 리더십 스타일에 대한 이해 및 삶 속에서 행복한 리더로 성장하도록 견인차 역할 수행
- 본인의 성격유형에 맞는 적합한 진로방향을 제시하여 자발적인 진로설계를 하도록 안내
- 본인의 스타일에 맞는 학습법을 제시하여 자기주도적인 학습능력과 자신감 고취

※ 본 검사는 지필검사, 온라인 및 OMR단체 검사 가능합니다.

청소년리더십진로교육센터
Junior Leadership Career Education Center
TEL: 02-3446-3165　www.leadershipcareer.kr　help@kenneagram.com

조 주 영

【경력】
- 충북대학교 문학박사(아동복지학-아동가족상담 전공)
- 백석대학교 사회복지학부(청소년학전공) 조교수
- 한국에니어그램교육연구소 연구개발국장 겸 전임교수
- 한국청소년상담복지개발원 부모교육·품성계발지도자·또래상담지도자 과정 교수요원
- 국가자격연수 청소년상담사 지도 강사
- 충북 ONE-STOP 지원센터 아동심리전문가·운영위원
- 상담·힐링·교육 관련 자격: 한국상담학회 수련감독급 전문상담사(부부·가족)·1급 전문상담사(아동·청소년/정신보건), 한국청소년상담학회 수퍼바이저, 한국복지상담학회 수퍼바이저, 한국푸드아트테라피학회 수퍼바이저, 보건복지부사회복지사1급, 문화관광부청소년지도사1급, 문교부중등2급정교사, ERICKSON COLLEGE NLP Master Practitioner, EFT KOREA EFT Practitioner
- 학회 및 협회 활동: 前) 한국상담학회 부부·가족상담학회 총무이사, 한국복지상담학회 총무이사, 한국부모교육학회 산학협력이사(상담분과), 한국푸드아트테라피학회 교육훈련위원 / 現) 한국에니어그램학회 부회장, 한국상담학회 부부·가족상담학회 홍보위원장, 한국NLP상담협회 고문

【주요저서】
- 한국형에니어그램 코칭워크북(공저, 한국에니어그램교육연구소, 2015)
- 통합의 측면 신성한 사고의 에니어그램(공역, 한국에니어그램교육연구소, 2014)
- 에니어그램과 행복(공역, 한국에니어그램교육연구소, 2014)
- 에니어그램과 자기주도학습(공저, 한국에니어그램교육연구소, 2014)
- 한국형에니어그램 용어사전(공저, 한국에니어그램교육연구소, 2014)
- 결혼과 가족(공저, 양서원, 2013)
- 꿈을 찾아 떠나는 동유럽·지중해 배낭여행(공저, 한비미디어, 2012)
- 행복의 선택(도서출판 행복, 2012)
- 에니어그램과 진로지도(공저, 한국에니어그램교육연구소, 2012)
- 집단상담의 이론과 실제(행복한가정연구소, 2011)
- 에니어그램 성격유형(공역, 학지사, 2010)
- 청소년 상담원교육(공저, 충청북도여성발전센터, 2010)
- 웃음예찬(공저, 행복한가정연구소, 2010)
- 성과 윤리(공저, 동문사, 2009)
- 행복의 계단(행복한가정연구소, 2008) 외 논문 다수

창의·인성교육 효율성(效率城)으로의 초대
푸드아트테라피

발　행 / 2015년 12월 10일
인　쇄 / 2020년 1월 10일 2판 1쇄
저　자 / 조주영
펴낸곳 / 한국에니어그램교육연구소

출판등록 / 2008년 1월 28일 제 2010-12호
서울시 금천구 가산동 60-19 SJ테크노빌 1116호
TEL / 02)3446-3165　FAX / (02)515-6784
E-mail / help@kenneagram.com
Homepage / http://www.kenneagram.com

ISBN : 979-11-85115-19-1
값 / 20,000원

파본은 교환해 드립니다.

이 책에 대한 모든 권한은 한국에니어그램교육연구소에 있으므로 무단전재와 복제를 금합니다.